Macht
macht müde Frauen
munter

Für Sabine



Viel Freude beim
Lesen.
von Hourvash Pourkian
HH, 07.10.00

Human Pourkian · Hourvash Pourkian

# Macht macht müde Frauen munter

## Der Machtanspruch der Frau im 21. Jahrhundert und warum Männer dabei nicht(s) verlieren

IHV

Internationaler
Human Verlag GmbH
Hamburg

Originalfassung des Autors
aus dem Persischen (Farsi) übersetzt von Tania Amini

Die Deutsche Bibliothek – CIP-Einheitsaufnahme

Umwelthinweis:
Dieses Buch ist auf chlor- und säurefreiem Papier gedruckt.


Umschlaggestaltung: Andreas Dude, Hamburg
Fotos: Svenja von Schultzendorff, Hamburg
Satz: Burfeind | Dude, Hamburg
Druck und Bindung: Clausen & Bosse, Leck
Printed in Germany

ISBN 3-9806223-0-4

Gewidmet

Allen Eltern, deren Herz für die Zukunft ihrer Kinder schlägt.
Allen Verliebten, deren Wunsch ewiges Lebensglück ist.
Allen Mädchen und Jungen, die am Horizont der Phantasien nach dem Glück suchen.
Allen, die sich vor dem nebelumwölkten Horizont der Zukunft fürchten.

Meiner geliebten Frau und meinen geliebten Kindern,
deren Glück und Erfolg mein letzter Wunsch sind.

*Human Pourkian*

## Inhalt

Geleitwort von Prof. Dr. Michel E. Domsch ..... 11
Vorwort der Autorin ..... 13
Vorwort des Autors ..... 16

**Einleitung** ..... 31

Die Frau, ein Konsumgut? ..... 33
Die Frau in der Gesellschaft ..... 42

**Geschichtlicher Verlauf** ..... 59

Die Macht und Stellung der Frau im Verlauf der Geschichte ..... 59
Die Frau in der Stammesgesellschaft und im Matriarchat ..... 66
Die Machtergreifung des Mannes ..... 70
Die Mythologie alter Völker ..... 76
Der Hexenwahn – die Angst vor weiblicher Stärke? ..... 82

**Starke Frauen, die an die Macht gekommen sind** ..... 86

Herrscherinnen in Märchen und Legenden ..... 88
Kleopatra – die Politikerin ..... 88
Theodora – die »kaiserliche Hure« ..... 89
Königin Elisabeth I. – die Mächtigste ..... 97
Katharina I. bis zu Katharina der Großen ..... 97
Joséphine Bonaparte
– von einer Gefängnisecke auf den Königsthron ..... 101
Königin Viktoria ..... 104
Zarin Alexandra ..... 104
Evita Perón – Engel der Bedürftigen ..... 105
Amerikanische Präsidentengattinnen ..... 111
Golda Meir – die große Mutter Israels ..... 112
Berühmte asiatische Frauen ..... 122
Indira Ghandi – Staatspräsidentin Indiens ..... 123
Margaret Thatcher – die »Eiserne Lady« von Großbritannien ..... 129
Rita Süssmuth – Deutschlands erste Bundestagspräsidentin ..... 135
Madeleine Albright – die erste Außenministerin der USA ..... 139

**Die unterschiedliche Psychologie der Geschlechter** 143

Der sechste Sinn . . . 144
Weibliche Phantasie . . . 145
Wesen und innerer Antrieb der Frau . . . 147
Unterschiede zum Mann . . . 155
Selbsterkenntnis . . . 161
Über die Ehe . . . 162
Aspekte zur Sittlichkeit . . . 172
Die Kindheit . . . 174
Die Erziehung von Mädchen und Jungen . . . 181

**Weibliches Denken** . . . 188

Eigene Stärken erkennen . . . 188
Was ist weibliches Denken? . . . 192
Führungsqualität durch Mutterschaft . . . 194
Mütter in Top-Positionen . . . 195
Weibliches Denken in der Praxis . . . 197
Frauennetzwerke . . . 200
Frauenuniversitäten – die alte und neue Idee . . . 202
Der Erfolg der Frauencolleges in den USA . . . 204
Weibliches Denken im Gegenwind . . . 206
Ist Macht mit Einsamkeit verbunden? . . . 209
Nicht Frauen gegen Männer, sondern gemeinsam zum Erfolg! . . 210

**Mehr Frauenpolitik und Frauenförderung** . . . 211

Soziale Ungleichheit . . . 212
Die Quote als Mittel zur Förderung von Frauenkarrieren . . . 213
Europäischer Vergleich . . . 216
Internationale Arbeitsorganisation für schwangere Frauen . . . 216
Entwicklung eines Frauenförderungsgesetzes in Deutschland . . 218
Politische Partizipation von Frauen . . . 220
Repräsentation von Frauen im politischen System . . . 222
Weibliche Politik innerhalb männlicher Machtstrukturen . . . 224
Sinn oder Unsinn einer Frauenpartei . . . 226

Aufbau informeller Strukturen ........................ 227
Solidarität mit ausländischen Frauen .................... 228
Einseitige Sichtweise der Feministinnen .................. 229
Internationale Frauenpolitik ............................ 230

Ausklang ........................................ 232

Literaturverzeichnis ............................... 234

Zu den Autoren .................................. 237

## Geleitwort

Seitdem sich die Schöpfer unserer Erde entschlossen haben, Frauen und Männer zu entwickeln und dem Leben auszusetzen, ist die Diskussion über ein Mit- und Füreinander beider Geschlechter das wichtigste Thema bis in die heutige Zeit und wohl auch in Zukunft. Doch nach wie vor ist nicht ganz klar, ob mit der Schöpfung gleichzeitig eine Ordnung im Sinne: Wer ist wem untertan? Wer hat mehr Rechte? Wem gehört die Macht? Wer hat für wen zu sorgen? Wer darf sich mehr entfalten? verabschiedet wurde. Und weil dies von den Völkern, in den Religionen, in den Gesellschaften, in der Menschheitsgeschichte unserer Welt seit jeher so unterschiedlich gehandhabt wird, ist auch auf der ganzen Welt keine einheitliche Linie zu beobachten. Höchstens die, daß nach dem Prinzip des Faustrechtes einfach die – meistens Männer – die Macht ergriffen haben, die sie unbedingt wollten, und nicht daran gehindert wurden, sie oft per verfügbarer Mittel, Geld, Gewalt und Positionen weiter ausbauten. Und diese sind auch heute kaum gewillt, sie freiwillig in Zukunft wieder abzugeben, geschweige denn zu teilen – ist doch der wichtigste Besitzstand für sie die Macht.

Nun ist aus der Geschichte längst zu lernen, daß nur Machtgleichgewicht langfristig Erfolg für ein produktives, erfülltes und friedliches Miteinander garantiert. Gleichstellung, Gleichberechtigung, Chancengleichheit sind also wohlüberlegte Forderungen, die Gültigkeit in der Arbeitswelt, in der Politik, in Staat und Gesellschaft, in Verbänden, Gremien, in der Partnerschaft und Familie, letztendlich überall in unseren Lebensbereichen gewinnen müssen. Dieses Buch widmet sich dieser Frage unter besonderer Beachtung des Phänomens Macht. Dabei ist es für mich nicht so ausschlaggebend, ob man jedem Gedanken, jeder These, jedem Beleg folgen kann. Sicher nicht, dazu ist es viel zu facettenreich. Aber es dient der notwendigen weiteren Diskussion. Es reizt zum Widerspruch und zur Zustimmung. Was allemal gut ist, um als Ergebnis hoffentlich hitziger Debatten im Detail die Argumente schärfer zu sehen. Und fast wichtiger: um mit ihnen besser umzugehen, um neue Wege zum Machtgleichgewicht auch für sich und mit anderen zu entdecken und sie zu begehen.

Ich freue mich deshalb über das Werk, dient es doch zu einem Großteil auch der dringend erforderlichen Männerförderung. Nicht, um noch mehr Macht bei Männern zu konzentrieren. Nein, ganz im Gegenteil: Um Männer immer stärker zu sensibilisieren, daß Veränderungen in den Machtgefügen des Staates, der Wirtschaft, der Gesellschaft, in Verbänden, der Politik und in Familie und Partnerschaft sinnvoll sind, um ihnen bewußt zu machen, daß der Abbau von Diskriminierungen viel Nutzen bringt. Daß Chancengleichheit der Weg zum Ziel ist, das Leben unter ganzheitlichen Gesichtspunkten zu führen. Dies stellt für Frauen und Männer allemal eine bessere Vision dar als alles bisher Erlebte. Insofern sind auch die Fragen zu Beginn, wer denn die Macht haben soll, im Reichtum der Chancengleichheit unbekannt.

*Prof. Dr. Michel E. Domsch,*
Bundeswehruniversität Hamburg

**»Die Freiheit einer Gesellschaft läßt sich an der Freiheit der Frau messen.«**

*Charles Fourier,*
**französischer Philosoph, 18. Jh.**

## Vorwort der Autorin

Das Manuskript meines Vaters zu diesem Buch und seine Erkenntnisse über die Frauen haben mich derartig beeindruckt, daß ich motiviert wurde, mich mit der Benachteiligung von Frauen in der Gesellschaft intensiver zu befassen. Mein Vater und ich beschlossen, das Buch mit meiner Kooperation um einige Themen zu erweitern und zu aktualisieren. Ich bin insbesondere auf die Themen »Weibliches Denken« und »Mehr Frauenpolitik und Frauenförderung« eingegangen. Wir möchten nicht nur erreichen, daß Frauen Chancengleichheit erhalten, sondern die positiven Aspekte, die sich daraus ergeben können, auch den Männern sichtbar machen und sie daran teilhaben lassen.

Ich selbst genoß eine liberale Erziehung, in der ich immer wieder aufgefordert und ermutigt wurde, mir Bildung anzueignen, meine Ziele zu verfolgen und meine Talente zu erkennen und zu nutzen, ohne dabei menschliche Gesichtspunkte aus den Augen zu verlieren. So ist es mir gelungen, in Ausbildung, Beruf und Privatleben Erfolge zu erzielen. Meine Reisen in viele Länder der Erde – sei es geschäftlich oder privat – haben es mir ermöglicht, Menschen aus unterschiedlichen Kulturen und Gesellschaftsstrukturen kennenzulernen, zahlreiche Freundschaften zu schließen und vielfältige Erfahrungen zu sammeln.

Wir Frauen in der Welt wissen, obwohl wir uns innerhalb des patriarchalen Systems erst seit etwa hundert Jahren aktiv und öffentlich am gesellschaftlichen, wirtschaftlichen und politischen Leben beteiligen können und »dürfen«, daß wir gute Fortschritte in dieser kurzen Zeit gemacht haben. Dies wird besonders deutlich, wenn wir unsere heutige Stellung in der Gesellschaft mit der unserer Mütter, Großmütter und Urgroßmütter vergleichen.

Durch die jahrtausendealte Vorherrschaft der Männer ist unsere Kultur in ihren gesamten Grundlagen auf männliche Normen und Werte festgelegt, ohne daß Frauen wesentlich an diesen Definitionsprozessen teilgehabt hätten.

Bildung und Wissenschaft sind exportierbar, und den Fortschritt kann man nicht stoppen. Das heißt, daß jedes soziale und jedes politische Engagement einzelner Frauen zu Veränderungen führt und somit den unterdrückten Frauen und der Gleichheit zwischen Frau und Mann in der Gesellschaft zugute kommt.

Ich bin sehr optimistisch, daß die Zukunft weiblicher wird. Dies wird noch intensiver durch die gegenseitige Unterstützung und Vereinigung der Frauen der Fall sein. Darüber hinaus müssen wir gemeinsam mit den Männern daran arbeiten, neue Ziele zu verwirklichen. Das wird gelingen, wenn wir die Männer dazu anleiten, weiblicher zu denken (beispielsweise mehr Gefühle zuzulassen oder interaktiv zu denken). Dann würde das alte »männliche Denken« in der heutigen Machtstruktur durch neues »weibliches Denken« ersetzt werden.

Aus eigener Erfahrung kann ich sagen, daß die von vielen Männern belächelten, typisch »weiblichen« Attribute, wie Mitgefühl, menschliche Wärme und Anteilnahme zu zeigen, für unsere kulturelle, wirtschaftliche und politische Zukunft immer mehr an Bedeutung gewinnen. Schauen wir uns nur einmal den Dienstleistungssektor an: Freundlichkeit, eine angenehme Atmosphäre zu vermitteln und dem Kunden in jeder Hinsicht »ein gutes Gefühl zu geben« wird immer wichtiger für den Erfolg eines Unternehmens. Oder in der Politik: Immer noch verhungern tagtäglich Tausende von Menschen auf dieser Welt, obwohl es menschliche Lösungen gibt, das Problem in den Griff zu bekommen.

Ich möchte die Männer auffordern, sich menschlicher und »weiblicher« zu verhalten, um gemeinsam mit uns Frauen eine erfolgreichere, glücklichere und friedvollere Zukunft für alle Menschen auf der Erde zu gestalten. Die Erhöhung der Lebensqualität ist für alle Menschen von Interesse und auch realisierbar, denn wir leben in einer Zeit, die dies ermöglichen kann. Um diese Ziele zu erreichen, müssen Frauen mehr Mitsprache- und Mitgestaltungsrechte auf allen Ebenen erhalten.

Die Frauen dieser Erde sind sich aber ihrer Rechte und der damit verbundenen Pflichten und Möglichkeiten größtenteils nicht bewußt – wenn doch, dann fehlt ihnen meist die Praxis der Umsetzung und Durchsetzung. Auch wenn es bereits viele Gesetze gibt, die die Gleichberechtigung von Mann und Frau regeln sollen, sind diese oft nicht realisierbar, weil die gesellschaftliche Akzeptanz der traditionellen Rollenverteilung zu groß ist, um eine Veränderung durchzusetzen.

Ich habe in diesem Buch versucht, mit meinen persönlichen Erfahrungen und Beobachtungen dazu beizutragen, Denkanstöße zu geben und hoffe, auf diesem Wege einen zusätzlichen Beitrag zu einer gerechteren Machtverteilung sowie sozialer Gleichheit zwischen Frauen und Männern in der Welt zu leisten. Eine selbstverständlichere Einbeziehung der Frauen in allen gesellschaftlichen Bereichen und die Integration des »weiblichen Denkens« müssen unser aller Ziele für die Zukunft sein.

Ein guter Freund sagte kürzlich zu mir, daß Polarität zwischen Mann und Frau herrscht, daß Mann und Frau aber dennoch zueinandergehören. Die nicht vorhandene Gleichberechtigung zwischen diesen zueinandergehörigen Polen schafft eine Disharmonie, deren Auflösung das Ziel sein sollte, so schwer und langwierig der Weg auch sein mag.

In diesem Sinne soll dieses Buch zu einem Prozeß der Veränderung beitragen. Deshalb wünsche ich uns eine breite Leserschaft und einen starken Anklang bei Frauen wie auch bei Männern.

Für die umfangreiche Unterstützung bei der Entstehung dieses Buches möchte ich mich besonders bei Petra Vaessen, Katrin Wischert, Susanne Krumrey, Helga Richter, Sabine Bartholatus, Lucia Maierthaler, Irina Mamula, Mustafa Arki, meinen Brüdern Kourosh und Siavosh Pourkian und bei meiner geliebten Mutter bedanken. Mein Dank gilt auch Professor Domsch von der Bundeswehruniversität Hamburg und Anneli-Kathrein Westphal vom Internationalen Human Verlag. Außerdem danke ich den vielen, vielen anderen Frauen und Männern, die ihren Beitrag zu diesem Buch geleistet und mir während des Schreibens sehr geholfen haben.

*Hourvash Pourkian*

## Vorwort des Autors

Die Zeit, in der ich begann, etwas zu wissen und etwas zu verstehen, war die Zeit meiner Kindheit, als sich für unsere Nachbarsfrau das Folgende ereignete. Dieser Vorfall ist mir so lebendig im Gedächtnis geblieben, daß er aus dem Dunkel meiner Erinnerung hell wie der Tag hervorleuchtet, als ob es sich gerade vor einer Stunde zugetragen hätte:

Wir hatten eine junge Frau zur Nachbarin, deren Mann gestorben war. Diese Frau, die drei Kinder hatte – zwei Töchter, acht und drei Jahre alt, und einen vierjährigen Sohn –, arbeitete in einer Schneiderei. Eines Tages, als sie zur Arbeit gegangen war, stolperte ihre kleine Tochter beim Spielen über den Gaskocher, und sofort begann das Zimmer zu brennen. Die ältere Tochter war am Wasserbassin in der Mitte des Hofes dabei, Geschirr zu spülen. Als sie bemerkte, was geschehen war, rief sie mit Geschrei die Nachbarn zur Hilfe. Alle sahen, daß der kleine Junge und das kleine Mädchen in den Flammen eingeschlossen waren, aber niemand hatte den Mut, sich dem Feuer zu nähern. Das aufgeregte Geschrei aller stieg zum Himmel, jeden Moment schlugen die Flammen höher, und das Mädchen und der Junge, die im Feuer gefangen waren, heulten angstvoll und riefen um Hilfe. In diesem Augenblick kam der rettende Engel. Es war die Mutter der Kinder. Diese Frau stürzte sich, als sie das Haus betrat, sofort, ohne auch nur eine Sekunde zu zögern, todesmutig in die Flammen des brennenden Zimmers. In dieser kritischen Situation war es für sie unwichtig, was ihr selbst zustoßen könnte, für sie war nur wichtig, ihre Kinder aus den lodernden Flammen zu retten. Mit grenzenlosem Mut nahm sie ihre Kinder auf den Arm und brachte sie unter dem erstarrten Staunen der Nachbarn in Sicherheit. Diese Frau mußte danach aufgrund ihrer bei der Rettungsaktion erlittenen schweren Verbrennungen ins Krankenhaus gebracht werden und starb dort trotz Behandlung in weniger als 24 Stunden.

Ich hatte deutlich erkennen können, wie eine Frau auf Kosten ihres eigenen Lebens ihre Kinder beschützt. Sie hatte sich selbst Verbrennungen ausgesetzt, damit ihre Kinder am Leben blieben.

Diese Aufopferungsbereitschaft findet sich auch bei Männern, aber nicht in einem solchen Grade wie bei Frauen.

Wir sehen also, daß Frauen aufopferungsbereiter als Männer sind, und solche Aufopferungsbereitschaft erfordert ein tapferes Herz und einen entschlossenen Willen.

Im Leben eines Menschen ereignet es sich manchmal, daß er etwas sieht, etwas hört oder Zeuge eines Vorfalls wird, der in ihm einen tiefen

Eindruck hinterläßt, seine Einstellung und seinen Lebensweg gar verändert. Dieses Ereignis hat mich tief berührt und in meinem Denken und Handeln eine unauslöschliche Spur hinterlassen. Von dieser Zeit an beschäftigte ich mich mit dem Leben und dem Schicksal der Frauen.

Ist es heute unter der Herrschaft des Patriarchts etwa nicht viel schwieriger und leidvoller eine Frau zu sein als ein Mann?

Ist die Ausbeute der Frau von dieser Welt nicht viel geringer als die des Mannes?

Erfüllt die Frau nicht viel mehr Pflichten in der menschlichen Gemeinschaft als der Mann?

Indem die Frauen in der Gesellschaft eine verantwortungsvolle und verwundbare Stellung einnehmen, sind sie als Frau, Mutter, Ehefrau, Freundin, Mitarbeiterin, Lehrerin und Pflegerin die wahren Träger und Erzieher der Gesellschaft.

Die Frau ist ein Teil der menschlichen Gesellschaft und jeder gesellschaftlichen Schicht, der sie angehört. Aber dennoch bilden die Frauen eine eigene, unterdrückte gesellschaftliche Klasse, und eine große Last liegt auf den Schultern aller Frauen dieser Welt. Wenn eine Frau in ihrem Leben zu zweifeln beginnt und sich auf die Suche macht, wird sie sehen, daß ihr Leben aus einer langen Kette von Wünschen besteht, die sie nie erfüllen konnte. Und aus jedem früheren Wunsch entsteht ein neuer, mit dem sich die Frau etwas Freude verschafft, bis eines Tages ein immerwährender Frieden all diese Flammen erlöschen läßt. Die meisten Taten im Leben werden von Männern vollbracht. Das Leben der meisten Frauen aber ist von Anfang an vorgezeichnet.

Wenn man sich mit dem Leben der Frauen in vergangenen Zeiten beschäftigt, so wird man sehen, daß es aus nichts anderen als unerfüllte Wünnsche, ergebnislosen Hoffnungen und Illusionen besteht.

Wenn da nicht die kindliche Selbstsüchtigkeit der Männer wäre, so wäre das Leben der unglücklichen Frauen noch schwerer, als es jetzt schon ist. Ich habe es immer in Bezug auf eine bessere Lebensqualität und die Höherbewertung der Stellung der Frau für das Wichtigste gehalten, daß ihre Befreiung mit dem Abschütteln der Fesseln beginnt. Die Wurzeln dieser liegen in der Religion und in der Geschichte der vergangenen Jahrhunderte. Die Frage der Befreiung der Frau erfordert eine Umstrukturierung der Gesellschaft. Diese muß aber in fast allen Bereichen erfolgen. In dieser Auseinandersetzung muß das Denken der Männer und ihre Bewertung der Fragestellung berichtigt werden, in der Weise, daß sie in ihrem Bewußtsein jetzt jedes Mitglied der Gesellschaft zuerst als Mensch und dann erst als Mann oder Frau begreifen.

Die meisten der studierten Frauen sind der Meinung, daß ihre Kinder, nämlich die Männer, sie mit Willkür behandeln, denn sie konnten aufgrund ihrer größeren Macht in der Gesellschaft ihren Willen durch Gesetze und Verhaltensmaßregeln und sogar auch im Namen der Ethik und Philosophie durchsetzen.

Die Männer begegneten den Frauen mit Gleichgültigkeit und Verachtung, denn sie hielten sie nicht für ebenbürtig, behandelten sie also, um mit Schopenhauer zu sprechen, als »Menschen zweiter Klasse«. Sie hielten sie in einer Abhängigkeit, die in keinem Verhältnis zu den Fortschritten der Zivilisation stand.

Leider sprechen die Frauen zwar all dies offen aus und rufen mit feuriger Zunge nach »Unabhängigkeit« und »völliger Gleichberechtigung«, sobald sie aber der Wahrheit nahekommen, machen sie bedauerlicherweise einen Rückzieher.

Es ist erstaunlich, daß die Frauen, obwohl sie als Mütter die Männer zur Welt bringen und großziehen, diesen gegenüber seit Jahrhunderten benachteiligt sind und nun nur Gleichstellung erreichen wollen, anstatt mehr Rechte einzufordern.

Seit dem Anfang der Menschheitsgeschichte haben Milliarden von Frauen auf dieser Welt ihre Pflichten als Mutter erfüllt, sind gestorben und haben keine Spuren von ihrem Leben hinterlassen. Und das, obwohl alle großen Männer, die in der Geschichte verewigt sind und diese mitgeprägt haben, von Müttern großgezogen und angeleitet wurden. Aber mit Ausnahme der Mütter der Propheten, deren Namen in der Welt bekannt geblieben sind, sind die Namen aller Mütter dieser großen und namhaften Männer wie Staub vom Wind der Geschichte verweht worden.

Das Lächerlichste auf der Welt überhaupt ist, daß selbst die dümmsten, charakterlosesten und nutzlosesten Männer, die sich mit ihrer ganzen Häßlichkeit und Unwichtigkeit unter die Gesellschaft gemischt haben, sich für den Mittelpunkt der Welt halten, aber ihre Mütter mit keinem Wort erwähnen.

Obwohl die Welt auf den Schultern der Frauen ruht und in Wahrheit von ihnen geleitet wird, so findet doch niemals der Name einer dieser wahren Lenkerinnen der Gesellschaft Erwähnung. Tatsächlich schuldig daran sind die Frauen selbst, denn das ehrgeizige Streben nach Ruhm und Ansehen, das den Männern zu eigen ist, hat in der Welt der Frauen keine Bedeutung.

Zweifellos ist das grundlegende Problem für den Betrachter die Erkenntnis des Wesens der Frau als das eines Menschen. Erst dann kann der Mann, der nur durch die Ausbeutung der Frau zu einem Menschen geworden ist, tatsächlich wieder zu einem Menschen werden. Mein Ziel ist es, den Frauen die nötigen Informationen und Anregungen zu geben, damit sie sich in ihr eigenes Wesen versenken und ihren wahren Charakter erkennen können.

In der heutigen Gesellschaft hat man Information und Bewußtseinsbildung für die Entwicklung einer eigenen Persönlichkeit und der Erkenntnis der eigenen Lage als Notwendigkeiten erkannt. Und dies erfordert eine Neudefinition der Identität der Frau, ein Abnehmen der Masken, ein Beiseitelassen der aufgezwungenen und heuchlerischen Rollen. Über die Alltäglichkeit des Lebens hinaus muß die Kraft zu denken und zu erkennen gegeben sein, die überkommenen Muster müssen abgelegt und geistige Werte neu belebt werden. Die Gesellschaft muß sich Klarheit darüber verschaffen, wie unsinnig das Verhalten und die Verbreitung der Idee sind, die Frau zu einer Ware zu machen. Diese Erkenntnis ist eine kulturelle Notwendigkeit, die besonders von den Frauen begriffen werden muß. Das Bedürfnis nach einer Neudefinition der Frauenrolle muß geweckt werden! Leider sind viele Frauen noch immer in traditionellen Mustern verfangen, die sie oft willenlosen Puppe ähneln lassen. Ich bin davon überzeugt, daß das eigentliche Ziel der Frauen sein müßte, die tatsächliche Herrschaft zu erlangen. Dazu ist es nötig, daß sie eine eingehende Analyse ihrer Persönlichkeit vornehmen. Dabei müssen sie gleichzeitig auf der Hut sein, und sollten sich auf keinen Fall von den vorgefaßten Ideen der Massenmedien beeinflussen lassen, um schließlich ihre wahre Mission, das Erlangen der Herrschaft, erfüllen zu können. Sie müssen sich auf diesem Weg ihrer Verantwortung bewußt sein, denn einige Frauen haben sich zu geistigen Führern der Frauenbewegung aufgeschwungen, sind aber aufgrund fehlender Information zu falschen Lösungsansätzen gekommen. So forderten sie beispielsweise statt der Herrschaft der Frauen nur den gleichen Arbeitslohn wie für die Männer, daß heißt gleichen Arbeitslohn wie für die von ihnen aufgezogenen Kinder – und brachten sogar das Thema »sexuelle Selbstbefriedigung der Frauen ohne den Mann« ins Gespräch.

Und das, obwohl die Weisheit der Schöpfung die Kraft, Kinder zu gebären, in die Hände der Frauen gelegt hat. So, wie die Kräfte der Natur in ihren Diensten stehen, so ist auch der Mann mit all seinen Ansprüchen ihr unterlegen, »auf daß er alles, was sie befiehlt, ausführe«.

Wenn man es genau betrachtet, sieht man, daß die Naturgesetze unveränderlich sind, beispielsweise ist es die ureigenste Eigenschaft des Feuers zu brennen oder des Wassers naß zu sein, denn sie gehorchen ihrem eigenen Gesetz. Auch der Mensch steht nicht außerhalb der Natur, und jeder hat seinen besonderen Charakter und seine besonderen Eigenheiten, die selbst bei zwei Männern oder zwei Frauen nie identisch sind. Es ist offensichtlich, daß diese Eigenheiten der Hormonproduktion des menschlichen Körpers entspringen, und um diese zu verändern, wäre es nötig, die Hormondrüsen auszutauschen, was natürlich nicht akzeptabel ist.

Es soll nicht vergessen werden, daß es im Körper des Mannes und der Frau übereinstimmende Hormondrüsen gibt, die die gleichen Hormone produzieren, aber erst das Zusammenwirken dieser Hormondrüsen mit den geschlechtsspezifischen Drüsen bestimmen die persönlichen Eigenschaften eines jeden einzelnen. So kann es beispielsweise eine Frau geben, die wegen der höheren Produktion einer beiden Geschlechtern gemeinsamen Hormondrüse mutiger, beredter, furchtloser, kurz gesagt rauhbeiniger als mancher Mann ist, bei dem diese Drüse weniger Hormone produziert. Deshalb gibt es einige Frauen, bei denen männliche Eigenschaften, und einige Männer, bei denen weibliche Eigenschaften überwiegen. Aber wie eine einzige Schwalbe noch keinen Sommer macht, sind auch diese Ausnahmen noch kein Grund für das Außerkrafttreten aller Naturgesetze und heben daher auch nicht die Unterschiede zwischen Mann und Frau auf. So kann auch durch bloße Veränderung der Erziehung und der Lebensumstände durch die Geschichte nicht der Hormonhaushalt verändert und der Mensch zu einem anderen gemacht werden.

Natürlich geht es hier nicht um die verborgenen Eigenschaften eines jeden einzelnen, nicht um die verschiedenen Gottesgaben wie Verstand, Begabung, Intelligenz, Scharfsinn und andere, die jeder schon bei seiner Geburt mitbringt. Die verschiedenen Geschlechter haben verschiedene Eigenschaften, und selbst die Erfahrungen der Psychologen haben gezeigt, daß Frauen meistens intelligenter als Männer sind und die größere Auffassungsgabe haben. Diese Intelligenz ist der Grund, weshalb meiner Erfahrung nach in allen Familien das wahre Familienoberhaupt die Frau ist. Der Schöpfer oder die Schöpfung hat zur Erhaltung der Menschheit in ihrer unendlichen Weisheit der Frau großen Verstand gegeben, damit der starke und arbeitsame Mann ihr dienen und gehorchen soll. Aber weil sie großmütig ist, bereitet sie ihn statt dessen auf die Herrschaftsübernahme vor.

Ich denke, wenn die Frauen sich wirklich bemühen würden, sich selbst richtig zu erkennen, würde die wahre Herrschaft über die Welt sicherlich in ihren Händen liegen, das heißt die Männer würden unter ihrer Führung das tun, was ihre Pflicht ist.

Der kulturelle Bereich ist das Gebiet, in dem Frauen sich am ehesten und am besten äußern. Das Schicksal der Frauen ist auf das engste mit dem Schicksal der Literatur und der Künste verbunden. In der Vergangenheit waren bei den germanischen Völkern Mystik und Wahrsagerei Sache der Frauen, denn sie leben am Saum der Welt. Wenn Männer sich mit Hilfe der Kunst bemühen, über die Welt hinauszuwachsen und eine andere Welt zu erreichen, wenden sie sich an die Frauen. Die grundlegenden Gedanken der Männer und das Fundament vergangener Gesellschaftsordnungen lagen auf manche Art und Weise mit den Frauen im Kampf. In der Tat wurde verhindert, daß sich die schöpferischen Kräfte der Frauen entfalteten und sie ihre körperlichen und seelischen Grundbedürfnisse äußerten.

Das Ziel von Philosophie und Ethik sowie naturgemäß von allen anderen Ordnungsprinzipen der Gesellschaft müßte es sein, die Frauen aus den Ketten ihrer Gefangenschaft zu befreien und sie über die von ihnen erzogenen Kinder – und damit auch über die Männer – hinauszuheben. Die meisten heutigen Gesellschaften betrachten jedoch das Denken und Handeln der Frauen als nebensächlich.

Diese Gesellschaftsformen sind nicht nur in wirtschaftlicher Hinsicht ein Hindernis für die Entfaltungsmöglichkeiten der Frau, sondern entfremden die Frau in psychischer und seelischer Hinsicht von sich selbst und anderen und gefährden unheilbar ihre geistige und moralische Gesundheit.

Der einzige Weg, das Glück der Frauen und die Entfaltung ihrer schöpferischen Kräfte uneingeschränkt zu ermöglichen, ist, sie von den verschiedenen unnötigen Fesseln zu befreien, die ihre charakterliche und seelische Reifung behindern.

Frauen sind vollwertige Menschen. Das Ziel des Menschen ist wieder der Mensch, und darüber hinaus gibt es nichts Höheres. Solange die Persönlichkeitsentfaltung der Frau nicht die Persönlichkeitsentfaltung anderer Mitmenschen behindert und im Rahmen der gemäßigten Entwicklung einer fortschrittlichen und freiheitlichen Gesellschaft stattfindet, ist jede Anstrengung, die der Befriedigung der körperlichen und seelischen Bedürfnisse der Frau dient, zu begrüßen und gutzuheißen, und jeder Widerstand dagegen schlecht und tadelnswert.

Im heutigen Zeitalter der Weltraumfahrt und des technischen Fortschritts der Menschheit, in dem aller Zwang und alle überkommenen Moralvorstellungen abgeschafft worden sind, müssen wir neue, revolutionäre Werte finden, die es ermöglichen, die Frauen von den Fesseln der Gefangenschaft durch die Männer zu befreien. Das einzig erklärte Ziel muß das Glück der Frauen und ihre freie Entfaltungsmöglichkeit sein.

Hier muß an folgenden Punkt erinnert werden: Der Schöpfer des Kosmos hat den Himmel blau und die Farbe Blau zu etwas Beruhigendem für den Menschen gemacht. Im Gegensatz dazu ist Rot die Farbe des Blutes, die in der Seele des Menschen einen Mißton hervorruft. Dadurch soll der Mensch verstehen, daß die Schöpfung ihn, soweit es möglich ist, zu Frieden und Freude erschaffen hat und nicht zu Krieg und Zwist. Wenn die Herrschaft aber in den Händen der Frauen liegt, wird es keinen Krieg und kein Blutvergießen mehr geben, denn es ist die Frau, die den Weltfrieden am besten erhalten kann. Für mich ist es klar, daß es die Frau ist, die die Menschheit glücklich machen und für Frieden sorgen kann. Das Herz der Frau ist dafür geschaffen zu lieben, nicht für Rache und Feindschaft. Die Vorsehung hat den Ruhm der Menschheit darin gesehen, daß es als wahre Führer der Gesellschaft die Frauen gibt, und hat sie mit allen notwendigen Werkzeugen zur Erreichung dieses Ziels ausgestattet.

Wenn sich die Frauen vereinen würden und die Herrschaft über die menschliche Gesellschaft übernehmen wollten, könnte nichts sie daran hindern. Sie würden mit eigener Kraft und Optimismus alle Hindernisse überwinden und ihr Ziel erreichen. Wenn sie dann die Herrschaft erreicht hätten, würden sich die meisten Männer wünschen, Frauen zu sein, so wie sich jetzt viele Frauen wünschen, Männer zu sein, um die Vorzüge der Männerwelt genießen zu können. Ziel sollte aber sein, daß alle Menschen glücklich sind, indem man sich die Macht teilt.

Meiner Meinung nach ist die Frau das einzige Wesen auf der Welt, das sich noch nicht selbst erkennen konnte. Nur wenige Schriftsteller haben sich bemüht, den Frauen dabei zu helfen, und dabei selbst meist nicht an die seelischen Möglichkeiten und Fähigkeiten der Frauen geglaubt. Kein Schriftsteller hat je die Frauen gelehrt, wie sie Freiheit erreichen können ohne Einsamkeit, ihren eigenen Weg zu gehen ohne Rationalismus, sich selbst zu akzeptieren ohne Egoismus, moralische Macht und Einfluß zu erreichen ohne Gewalt und Unterdrückung und Fortschritt ohne die Hilfe des Mannes.

Ich sehe, daß die heutigen Frauen alles Nötige zu ihrer Verfügung haben, wenn sie es auch wirklich erreichen wollen, die Bedingungen der Welt und ihren Platz darin objektiv zu erkennen. Alle meine Bemühungen gehen dahin, die Frauen aufzuklären. Ich möchte, daß sie ihre eigene Größe, von der sie selbst noch nichts wissen, erkennen.

Jahrelang habe ich mich darum bemüht, die Frauen zu erkennen, bis ich ihren unendlichen Scharfsinn, ihre Würde und Größe, die Leidenschaft, die in ihnen verborgen ist und mit der sie die Welt mit Freude zu füllen suchen, begreifen konnte.

Ich bin in meinem Leben von Tag zu Tag mehr davon überzeugt worden, daß die Kraft und Veranlagung der Frau, Glück und Zufriedenheit zu schenken, ein Bestandteil ihrer Natur ist, und alle ehrenhaften Männer sich mit aller Macht dafür einsetzen müssen, ihr jedes Hindernis aus dem Weg zu räumen.

Wir, die wir alle von Frauen aufgezogen wurden, haben die Pflicht, uns zu bemühen, die Frauen so zu erkennen, wie sie wirklich sind, nicht so wie sie uns zu sein scheinen, und dies dann auch den anderen ebenso wie den Frauen selbst zu erkennen zu geben, so daß auf diesem Weg eine positive Veränderung im Sprechen und Handeln der Frauen vor sich gehen kann. Ich habe keinen Zweifel daran, daß die Frauen genauso wie die Männer die Komplexität der verschiedenen Phänomene und den Zusammenhang dieser einzelnen Faktoren erkennen. Schließlich können die Frauen gute Landesherrinnen und auch gute Regierungschefinnen sein. Ich glaube sogar, sie haben die besseren Voraussetzungen für diese Ämter, das soll heißen, sie können sich besser in die Problematik einfühlen und den Kern der Sache erkennen. Frauen sind rationaler und realistischer. Sie verlieren sich weniger in den Details, im Gegensatz zu den Männern, die die tatsächliche Problematik immer erst langsam einkreisen müssen. Es gibt viele begabte Frauen und sie sind wertvoller, als sie es selbst glauben, aber ihr ganzes Können bleibt fruchtlos, denn keiner weiß darum, keiner hat es zu fördern versucht, und keiner hat je ihre verborgenen Talente aufgedeckt.

Ein altes Sprichwort sagt, das Glück der Menschheit liegt in der Hand der Frau.

Wenn die Rollenverteilung zwischen Mann und Frau in der Welt umgekehrt gewesen wäre, wenn also die Frauen die Männer daran gehindert hätten, Erziehung, Ausbildung und einen Beruf wahrzunehmen, sie von der Öffentlichkeit ausgeschlossen, sie unterdrückt und beherrscht hätten, dann würden jetzt die Männer geistig unterentwickelt erscheinen und nicht die Frauen. Der Grund dafür, daß die Männer die Frauen als geistig unterentwickelt bezeichnen, ist die unterschiedliche Denkweise beider Geschlechter. Frauen und Männer organisieren sich innerhalb der Gesellschaft verschieden, haben verschiedene Sitten und

Verhaltensmuster und unterschiedliche Meinungen. Ihre Gespräche und Beschäftigungen unterscheiden sich – sogar soweit, daß Männer die Gedanken der Frauen zu manchen Themen nicht verstehen können, und dies nehmen sie zum Anlaß dafür zu sagen, die Frauen seien geistig unterentwickelt. Das ist der Fehler der Männer.

An dieser Stelle möchte ich auf das Kapitel »Weibliches Denken« verweisen, das meine Tochter ausführlich erarbeitet hat.

Ich habe bei vielen Gesprächen beobachtet, daß Frauen das fragliche Problem viel früher erfassen als Männer. Sie haben ein besonders feines Gespür dafür und zeigen größeren Scharfsinn und größere Aufmerksamkeit. Auch haben Frauen mehr menschliche Wärme und Mitgefühl. Bei vielen Problemen überwiegt der gefühlsmäßige Anteil über den verstandesmäßigen, und Frauen können diese Probleme besser begreifen. Die Erfahrung zeigt, daß Frauen bei deutschen Gerichten die besten Verteidiger in Sorgerechtsangelegenheiten bei Kindern und in ähnlichen Fällen gewesen sind. Angelegenheiten, die die Erhaltung der Grundrechte und des menschlichen Lebens betreffen, oder gesellschaftliche Angelegenheiten wie die Rechte der Arbeiter, Sozialleistungen, Krankenversicherung, Kinderschutz und Gesundheitsvorsorge, können von Frauen besser beurteilt und initiiert werden, da sie ein feineres Gespür haben und aufopferungsbereiter sind.

In meinem Leben sind mir Frauen begegnet, die einen sehr männlichen Charakter hatten und daher mehr an sich selbst, ihre eigenen Wünsche und Bedürfnisse, dachten als an die der anderen. Ihre gesellschaftlichen und persönlichen Lebensumstände hatten in ihnen einen derart starken Egoismus entfacht, wie es Frauen normalerweise nicht kennen, und diese Frauen hatten keinen Bedarf an Führung und Leitung durch den Mann. Ich weiß nicht, seit wann diese falsche Unterstellung in der Welt existiert, die Männer wären die Protagonisten, was Taten und Bewußtsein angeht, und die Frauen nur Sklaven ihrer eigenen Gefühle. Und das, obwohl die Frau ihre Gefühle und Wünsche besser beherrschen kann als der Mann, so daß sie sogar in sexuellen Angelegenheiten, die nur von Gefühlen und Instinkten bestimmt werden, mit Verstand und Bewußtsein eine Lösung findet.

Keinem männlichen Herrscher, weder Napoleon Bonaparte noch Adolf Hitler, keinem europäischen Regierungschef oder der Mehrheit der Oberhäupter anderer Länder ist es trotz der ständigen und unermüdlichen Anstrengungen, die sie mit allen möglichen Mitteln unternommen hatten, jemals gelungen, die Frauen zu veranlassen, freiwillig

Waffen in die Hand zu nehmen, um in den Krieg zu ziehen. Dagegen wurden dieselben verführerischen Parolen Inspiratoren von Millionen von Männern, deren Kühnheit und Selbstaufopferung die Kriegsschauplätze der Welt mit Blut tränkten.

Die Frau lehnt es ab, ihren Verstand von Parolen beeinflussen zu lassen. Sie glaubt nicht an Welteroberung und Besetzung anderer Gebiete und wünscht niemals, daß ihr Kind bei der Verwirklichung von Idealen eines Diktators getötet oder invalide wird. Sicherlich hat diese Tatsache etwas mit ihrer Eigenschaft als Mutter zu tun. Denjenigen, die viel in der Welt gereist sind und durch ihre Reisen Erfahrungen gesammelt haben, ist es klar, daß die Frauen der Welt, die Nationalität dahingestellt, die Förderung des Wohlstands, die friedliche Koexistenz, das Wohlergehen und den richtigen Lauf der Gesellschaft anstreben. Die Frau lebt in dieser Hinsicht in einer realistischen und nicht in einer ideologischen Welt und ist deshalb, wie die Geschichte bezeugt, stärker als der Mann.

Männer haben im Gegenteil zu Frauen eine beeinflußbare Mentalität. Man kann die Männer zu ideologischen Zielen führen und sie lediglich mit Parolen, seien sie auch bedeutungslos, irreführend und lügenhaft, in Bewegung setzen und Tausende und sogar Millionen von ihnen zu einer besonderen Richtung antreiben und von ihren konzentrierten gesamten Anstrengungen große Vorteile zu eigenem Nutzen erzielen.

Die Frauen wollen Männer nicht beeinflussen, vielmehr sind sie leider im Laufe der Geschichte, weil sie ihren Wert und ihre rechtmäßige Stellung nicht erkennen konnten, immer unterdrückt worden, konnten den ihnen zustehenden Rang in der Gesellschaft nicht einnehmen und waren so auch nicht in der Lage, sich selbst und ihre gesellschaftliche Macht zu erkennen.

Jetzt ist es Zeit, daß die Frauen sich auf sich selbst besinnen, Selbstvertrauen finden und erkennen, daß sie selbst etwas tun können. Wenn jemand denkt, er sei zu nichts fähig, wird er auch tatsächlich nie etwas zustande bringen, so intelligent und talentiert er auch sein mag. Um die Kraft zu haben, etwas zu tun, muß man Selbstvertrauen haben, und mein Bemühen liegt darin, den Frauen dieses Selbstvertrauen zu geben, in ihnen das Gefühl von Stolz zu wecken – ich sage »wecken«, denn Stolz kann man niemandem einfach schenken. Es ist nichts, was auf einmal explosionsartig erscheint, sondern ein Gefühl, das langsam in jemandem entsteht. Der Stolz der Frauen hat sich in letzter Zeit gut entwickelt, obwohl die Männer das überhaupt nicht mitempfunden haben. Sie haben den Wert der Frauen immer übersehen. Jetzt aber müssen sie akzeptieren, daß sich die Gesellschaft – wie zögerlich auch immer – im

Wandel befindet. Sie müssen akzeptieren, daß sich die besten Eigenschaften der Frauen in Europa im Aufblühen befinden. Es kündigt sich etwas an, etwas Großartiges. Ich sehe deutlich, daß in den fortschrittlichen Ländern der Welt bald ein Kampf beginnen wird – ein seltsamer Kampf, für den sich zwei gegnerische Gruppen schon gerüstet haben. Auf der einen Seite stehen die wahren Führer und Leiter der Gesellschaft, nämlich die Frauen, und auf der anderen Seite die von ihnen aufgezogenen Kinder, die Beherrscher der Gesellschaft, das heißt die Männer.

In den Reihen der Männer sieht man unförmige Körper, fett wie Schweine, mit bleichen Gesichtern. Ihre Bäuche rollen wie aufgeblasene Wasserschläuche haltlos hin und her. Die Hände der meisten von ihnen zittern beim Zuknöpfen der Kleidung wie Kompaßnadeln. Aber noch interessanter als ihr Äußeres sind ihre Waffen. Die Waffen dieser Armee von Männern sind scharfe, vergiftete Schwerter, die ihren Zungen entsprießen. Und wie züngelnde Giftschlangen bewegen sie das Schwert der Verleumdung als Waffe auf ihren Zungen, und sein Blitzen läßt die Augen erblinden.

Die andere Kampfesgruppe besteht aus schönen Mädchen, anmutigen jungen und intelligenten älteren Frauen, und sie sind bewaffnet mit ideenträchtigen Gedanken und Plänen. Aus ihrer Schlachtordnung kann man ersehen, daß sie geradlinig und geordnet denken und keine Krümmung und Falschheit in ihrem Verhalten ist. Ihr klarer und reiner Blick flößt Ruhe und Vertrauen ein. In den Reihen der Männer hingegen hört man schlimme Töne, und was sie sagen, ist voller Haß, Feindschaft und Reaktionismus. Einer sagt: »Wir Männer sind an den Alkohol gewöhnt. So wie ein Auto Benzin braucht, damit es fährt, so braucht unser Körper ständig Alkohol, um Kraft zu haben. Wenn man einen Baum nicht düngt, so trägt er auch keine Früchte.« Ein anderer hält die Frauen für dumm und ohne Verstand, und ein Dritter prahlt demagogisch mit einer falschen Auslegung des Begriffs »Nutzen für Staat und Gesellschaft«.

Die Frauen sagen zu den Herrschenden: »Jahrhundertelang habt ihr uns beherrscht und während dieser Zeit bewiesen, daß ihr nichts anderes könnt, als eure eigenen Schäfchen ins trockene zu bringen. Wir werden euch von unserem Rücken herunterholen, denn wir Frauen haben die Kraft, unsere Köpfe zu erheben, auch unter der schweren Last eurer Herrschaft. Wir werden uns gut in der Welt umblicken und sehen, was für ein Wirrwarr das Leben geworden ist. Ihr Männer habt die Welt an den Rand des Abgrunds geführt. Da ihr ja doch von eurer Machtposition abgesetzt werdet, seid so nett und steigt selbst herunter. Das wäre ein Akt des Anstands.«

Es ist überdeutlich, daß den Männern, die jahrelang alle Positionen außerhalb des Haushalts besetzt hielten, solche Worte unangenehm in den Ohren klingen. Sie haben auch recht, denn alles, was sie bisher von den Frauen gesehen und gehört haben, war mehr oder weniger nur ein gesenkter Kopf und unterwürfige Zustimmung. Solches Verhalten paßt natürlich überhaupt nicht zu dem Standpunkt, daß die Männer zum Herrschen nicht fähig sind, daß die Männer die menschliche Gesellschaft in den Verfall und schließlich in den Untergang führen. Das eigentliche Ziel des Kriegs der Geschlechter ist die Verwirklichung von Umständen, die es nicht weiter zulassen, daß die Männer mit ihren starren Gedanken und ohne jedes Recht darauf den Rücken der Frauen beugen.

Dies ist keine Zeit mehr, in der man den Fortschritt der Frauen aufhalten und sie wegen ihres freiheitlichen Denkens gewaltsam zum Schweigen bringen könnte. Die Frauen verwirklichen ihre eigenen Vorstellungen und werden dafür auch kämpfen.

Die Frauen haben kaum Ahnung von der Kraft und Stärke, die die Natur ihnen zur Verfügung gestellt hat. Die Frauen müssen zu sich kommen und bedenken: Die wahre Leitung der Welt liegt bei ihnen, und wenn sie nur wollen, können sie alle Macht in ihre Hände bekommen, an die Spitze der Herrschaft gelangen und das Leben in Einklang mit den Wünschen und Hoffnungen der Menschheit bringen.

Die Natur, die Welt, die Schöpfung – sagen wir, der, der uns alle erschaffen hat, obwohl er den Mann körperlich stärker schuf, hat er das Geheimnis der Schöpfung doch so ausgerichtet, daß dieses stärkere Wesen vor der Frau das Knie beugt. Ich bin der Meinung, daß die Schöpfung die Frau so geschaffen hat, daß sie, wenn sie will, die Fähigkeit hat, den herrschenden Mann unter ihren Einfluß zu bringen.

Eine gebildete Frau mit Charakter kann mit Klugheit und Verstand einen Mann in jede beliebige Richtung, die ihr genehm ist, lenken.

Die Leserin möge jetzt ein wenig nach innen blicken und sich ins Gedächtnis rufen, daß sie ihren Ehemann, wer auch immer er ist und in welcher Position, doch leitet, in dem Sinne, daß die Wohnung nach ihren Wünschen ausgesucht wurde, nach ihrem Geschmack eingerichtet ist. Das Essen und die Kleidung sowohl für sie selbst als auch für ihren Mann und ihre Kinder werden nach ihrem Geschmack angeschafft. Wann Gäste kommen, wann sich die Familie trifft, wird nach ihrem Willen entschieden, und sogar die Kleidung ihres Mannes wird entsprechend ihrer Meinung gekauft. Nur der Name ihres Mannes steht vielleicht an der Haustür geschrieben. Ja, die Frauen haben unaussprechliche Macht. Wie ich schon gesagt habe, liegt die Leitung der Familie tatsächlich in den Händen der Frauen, weshalb sollte ihnen dann nicht die ganze Welt unterstehen?

Glücklicherweise stehen wir heute an einem Wendepunkt der Geschichte, der mehr als sonst angemessene und wünschenswerte Entwicklungsmöglichkeiten bietet, und auf dem ganzen Erdball sind wir Zeugen einer Bewegung in Richtung einer Auflösung der ideologischen Gegensätze und Kämpfe. Tatsächlich findet sich der Mensch heute dem Ende des Zeitalters der Ideologien gegenüber, einem Zeitalter in dem der Kampf zwischen den verschiedenen politischen und weltanschaulichen Richtungen große Auswirkungen auf die menschliche Gesellschaft hatte. Das Ende dieses Zeitalters ist ein sehr wichtiges und sehr notwendiges Ereignis: Von jetzt an ist es den Frauen besser möglich, sich miteinander zu vereinigen, und sie werden das Glück haben, eine Brücke zwischen Traum und Wirklichkeit zu schlagen, zwischen dem, was gewünscht, und dem, was realisierbar ist, und es zueinander in Beziehung zu setzen. Diese Verbindung wird es ihnen ermöglichen, die politische Macht und Entscheidungsbefugnis in der Welt zu erlangen.

Frauen müssen über die Vergangenheit, die Gegenwart und die Zukunft nachdenken. Sie müssen erkennen, wo sie jetzt sind und was sie am Horizont der Zukunft sehen können. In allen Ländern der Welt deutet alles auf einen Neuaufbruch hin, und die Frauen können so ihrerseits auch Neuland betreten. Sie müssen Vorreiter einer neuen Frauenbewegung sein und das Zeug dazu haben, eine solche Bewegung zu führen. Aber die Frauen müssen sich miteinander vereinigen, sie müssen lernen zusammenzuarbeiten. Sie müssen erkennen, daß sie mit den Männern gemeinsame Ziele haben und nicht allein für ihren persönlichen Vorteil kämpfen. Sie dürfen nicht übersehen, was um sie herum vor sich geht.

Frauen müssen sich zu ihrem wahren Wert erheben und sich selbst und ihre Lage richtig einschätzen, damit sie die ihr würdigen Plätze in leitenden Positionen einnehmen können und die menschliche Gesellschaft erkennt, daß die Frau in der Gemeinschaft eine nützliche und anerkennenswerte Rolle spielen kann. Frauen müssen eine Neugeburt durchleben und die ihnen angemessene Stellung und Verantwortung in der Gesellschaft übernehmen und  einmal selbst darüber nachdenken, warum die von ihnen großgezogenen Kinder, die Männer, die Macht haben und über sie, die wahren Lenkerinnen und Leiterinnen der Gesellschaft, herrschen.

Es soll nicht ungesagt bleiben, daß die Frauen niemals eine Bewegung gegründet haben, die es ihnen ermöglicht hätte, sich gegen die Dominanz der Männer durchzusetzen. Sie hatten kaum eine direkte und selbstbewußte Beziehung zu den Männern.

Dennoch: »Wenn die Ameisen sich zusammenschließen, so können sie einem Löwen den Garaus machen.«

Keiner in der Welt kann sich vorstellen, daß das Patriarchat in Kürze seinen historischen Abschluß finden wird, aber es wird zweifelsohne so kommen.

Auf jeden Fall ist es in dieser empfindlichen historischen Lage die unvermeidliche Pflicht jeder vernünftigen Frau, sich bis zum endgültigen Sieg mit den anderen Frauen zu verbünden, und Detailstreitigkeiten dürfen in dieser Gemeinschaft zu keinem Hindernis werden für den einvernehmlichen und entschiedenen Kampf zur vollständigen Beseitigung der patriarchalischen Gesellschaftsform oder gar zu Uneinigkeit und Spaltung führen. Alle Frauen müssen sich geschlossen zum Kampf erheben und für die Erreichung der uneingeschränkten Frauenherrschaft die Kampfesreihen fest schließen und davon überzeugt sein, daß die Vereinigung aller Frauen der einzige Garant für ihren Sieg ist. Gleichgültigkeit und Schweigen einer Frau dazu ist in diesem Kampf ein Verrat an allen Frauen der Welt.

Die Teilnahme an diesem Kampf auf dem Weg zur Erreichung der direkten Herrschaft ist eine nationale Pflicht und eine moralische Verantwortung. Jede Frau muß sich dieser Verantwortung stellen, selbst wenn das ihren eigenen Untergang bedeuten würde. Ich wiederhole dies immer wieder, denn das Leben ist nichts als das Einstehen für die eigene Überzeugung und der Kampf dafür, und die Frauen sind dazu fähig. Wenn jemand in seinen eigenen Vorstellungen und Werturteilen jahrelang gefangen ist, so hat er nicht den Mut, sich über die von ihm erdachten, imaginären Verhaltensmaßstäbe der Gesellschaft hinwegzusetzen. Und so scheint ihm auch alles, was ein Außenstehender zu seinem Verhalten sagt, nur gedanklich falsch und künstlich. Es ist ein kräftiger Windstoß nötig, um den Menschen den Wert des Verhaltens und der Taten der Frauen der Vorzeit vor Augen zu führen. Auch diesem Buch hier mangelt es an genauen Ausführungen, es ist nur ein kurzer Abriß meiner Überzeugungen. Ich glaube aber, daß es, was die Beschreibung der Lage der Frauen betrifft, doch Neues für die Wißbegierigen und nach Lösungen Suchenden zu bieten hat. Es bleibt die Hoffnung, daß das vorliegende Werk die berechtigten Erwartungen, die die heutige Gesellschaft an Lösungsentwürfe stellt, wenigstens bis zu einem bestimmten Maße erfüllt.

Ein anderer Punkt, der nicht unerwähnt bleiben soll:

Es ist viel geschrieben worden über das Maß, an dem man den Fortschritt einer Gesellschaft ablesen kann, vom pro-Kopf-Verbrauch von Papier bis zur Seife, aber ohne Zweifel läßt sich der Fortschritt einer Gesellschaft wohl daran messen, inwieweit sich ihre Mitglieder untereinander einig sind. Einer uneinigen Nation fehlt es an gesellschaftlichem und politischem Bewußtsein, und so sind auch das Glück und die Macht der Frauen abhängig davon, inwieweit sie untereinander einig sind. Jedesmal, wenn eine Meinungsverschiedenheit zum Hindernis für die Einigkeit der Frauen wird, wird dies zum wichtigsten Grund für das fehlende politische und gesellschaftliche Bewußtsein. Zum Schluß soll noch einmal daran erinnert werden, daß die schwierigste Aufgabe im Leben einer Frau der Sieg über die eigenen Ängste ist, und eine Frau, die ihre eigenen Ängste besiegt, kann jede Machtstellung in der Welt erreichen.

*Human Pourkian*

## Einleitung

Angesichts dessen, daß die Anwesenheit der Frau in der Gesellschaft häufig nur als ein Mittel zur Lustbefriedigung des Mannes verstanden wird, müssen wir Männer alle vor Scham die Augen niederschlagen.

Ich würde es lieber sehen, daß das ganze menschliche Geschlecht ausgelöscht wird, als daß die Frau – das zarteste Geschöpf, das Gott geschaffen hat, die schönste Blume der Schöpfung – niedriger als ein Tier zu einem Werkzeug der Lust und des Vergnügens des Mannes herabgewürdigt wird. Ich spreche dieses Problem nicht im Sinne einer ethischen Betrachtung an, sondern ich möchte damit direkt alle Männer auf der ganzen Welt ansprechen, deren Gesellschaftsordnung die Frau derart erniedrigt hat.

Wenn ich eine Frau wäre, würde ich mich entschieden gegen den Anspruch des Mannes wehren, die Frauen wären nur auf der Welt, um ein Spielzeug des Mannes zu sein. Wenn Frauen sich nur deshalb schminken, um die Leidenschaft des Mannes zu erregen, sollten sie Abstand davon nehmen, und es statt dessen nur für sich selbst tun! So sehr das, was wir heute sehen, für alle Menschen auch normal oder vielleicht sogar willkommen sein mag – meiner Meinung nach kann diese Realität nicht schön oder gefällig sein, so sehr uns dies auch immer durch Appelle an unsere Sinne und Gefühle vorgegaukelt wird. Das Thema Sex und Schönheit ist heute soweit verbreitet, daß es wild ausufert, soweit, daß das Zurschaustellen des verführerischen Körpers der Frau unter dem Namen »Kunst« verkauft wird, und die Frauen dies »Charme« und »Anziehungskraft« nennen und mit Stolz davon sprechen. Make-up wird heute dick aufgetragen, und Schminken, das zu verschiedenen Zeiten in vielen Kulturen den verheirateten Frauen vorbehalten war und für unverheiratete Mädchen als unschicklich galt, ist heute weit verbreitet. Auch wenn wohlhabende Familien in den westlichen Kulturen ihre Töchter vor der Heirat oft wie Zirkuspferde »aufdonnerten«, so läßt sich sagen, daß für die Töchter weniger reicher Familien der Anspruch von natürlicher Schönheit erhoben wurde. Schminke und Puder waren in dieser Gesellschaftsschicht verpönt. In der Oberschicht aber galten strenge Maßstäbe für ein junges Mädchen in heiratsfähigem Alter: Ihre Taille mußte so schlank sein, daß zwei Männerhände genügten, sie zu umfassen. Ihre Haut hatte hell und klar zu sein, jede Sommersprosse oder gar Sonnenbräune galten als Schande. In mühevoller, stundenlanger Arbeit wurde durch Zofen oder Sklavinnen das Haar gedreht, gelockt und zu einem komplizierten

Turban gewunden, voller Nadeln, Perlen, Schleifchen und anderer Requisiten. Natürlich durfte ein so zurechtgestutztes Wesen nur sprechen, was vorgeschrieben war und dem gesellschaftlichen Code entsprach. Gar über Politik zu reden, hätte sie zu einer alten Jungfer gemacht. Einen Höhepunkt der Stilisierung der Frau zur Marionette zeigt uns die Zeit vor den Sezessionskriegen, als Plantagenbesitzer ihre Töchter auf Bällen und Gesellschaften feilboten, um junge reiche Ehemänner für sie zu finden. Allzuviel hat sich bis heute anscheinend nicht verändert:

Die verschiedenen Modelle von Kleidern, Schuhen, Hüten, Autos und anderen Dingen und die kindische Angeberei dienen nur der Zurschaustellung des Egos solcher Leute. Güte, Weisheit und innere Größe scheinen nicht mehr wichtig zu sein.

Die Beurteilungskriterien, die wir haben, taugen nur für künstliche Schönheit, sind völlig unnatürlich und ungerecht, und so sehr sie auch das Leben beeinflussen, so stehen sie doch nicht im Einklang mit der Seele des Menschen, die in die Natur hineingeboren wird und in ihr lebt. All die Ruhelosigkeit der menschlichen Seele, die mit dem Fortschritt der Zivilisation stetig zunimmt und ein starkes Gefühl der Entfremdung, Einsamkeit und des Unwohlseins mit sich bringt, hat meiner Ansicht nach ihren Grund darin.

Zu der wahren Schönheit des Menschen, an die ich glaube, gehören Menschlichkeit und Liebe, zusammen mit Zuneigung, Freundlichkeit, Achtung vor den Rechten der anderen und der Vermeidung von Konflikten aufgrund verschiedener Meinungen oder verschiedener körperlicher Merkmale wie der Hautfarbe, des Geschlechts oder anderer möglicher Unterschiede. Mit Liebe und Zuneigung meine ich das, was zwei Menschen einander näher bringen kann, so daß sie ihren Egoismus vergessen, füreinander da sind und sich füreinander aufopfern. So etwas gab es zu Zeiten, als die Menschen noch nicht die Sklaven materieller Güter waren und ihr Herz noch nicht an seelenlose Dinge hängten. Als es noch kein Streben nach Überlegenheit über andere Menschen im Sinne von gnadenloser, unmenschlicher Ausbeutung gab. Aber seitdem der Mensch in das eingebunden ist, was man heute Zivilisation nennt, gibt es so etwas nicht mehr, und das ist der Grund, weshalb er sich in einem Zustand befindet, der dem Versinken in einem Morast gleicht. Je mehr man strampelt, um sich zu retten, desto tiefer sinkt man. Die Menschen, die, um zu überleben, einander bedürfen und wie die einzelnen Glieder eines einzigen Organismus geschaffen sind, fühlen immer weniger den Wunsch, einander beizustehen, obwohl heute immer mehr von ihnen an einem Ort leben. Jeder geht seinen eigenen Weg – mit anderen Worten: Der Mensch ist einer unkontrollierbaren Vereinsamung ausgesetzt.

Die hier beschriebene Situation ist nur ein kleiner Ausschnitt der unmenschlichen Beziehungen, die heute zwischen den Menschen herrschen, ungeachtet der ganzen grausamen Ausbeutung, die unter den Menschen des gleichen Geschlechts herrscht. Wir beschäftigen uns hier mit den Gründen, die zu der Beherrschung der Frau durch den Mann geführt haben, mit der Gesellschaftsordnung, in der man Frauen wie Waren benützt, mit dem Unterschied, daß dies ein sehr unverschämtes Ausnützen ist: das Zerstören aller Talente und Wünsche einer Frau ausschließlich zum Vergnügen und zur sexuellen Lustbefriedigung, zur Stillung tierischer Bedürfnisse.

Der eigentliche Zweck meiner Ausführungen ist es zu zeigen, wie brutal die Frauen in unserer Zeit ausgenutzt werden. Wenn in diesem Buch zur Verdeutlichung eines Aspekts jeweils nur ein Beleg erwähnt ist, so steht dieser stellvertretend für hundert andere, und einige Beispiele waren derart beschämend, daß sich der Stift dem Aufschreiben verweigerte.

Wie auch immer, wenn wir über die Unterdrückung der Frau sprechen, soll das nicht wie die übliche Demagogie unter dem Namen »Freiheit für die Frau« verstanden werden, sondern uns geht es um die tatsächliche Freiheit der Frau – und damit auch um die Freiheit der Menschheit. Wenn wir über wirtschaftliche Ausbeutung und auch über die bürgerlichen Rechte sprechen, so nicht deshalb, weil wir unter dem Namen der Freiheit Zügellosigkeit und Anarchie propagieren wollen; ich bin mir wohl bewußt, daß Freiheit ohne Vernunft und ohne Schranken, ohne moralische Werte, zu Anarchie führt. Zweifellos bin ich auch davon überzeugt, daß rechtliche und gesellschaftliche Freiheit vielleicht äußerlich den Namen Freiheit haben kann, aber in Wahrheit der Grund für weitere Ausbeutung der Frau wird, indem die Frauen noch mehr den Wünschen der Männer in einer männlichen Gesellschaft unterliegen.

## Die Frau, ein Konsumgut?

In patriarchalischen Gesellschaften wird auf niederträchtigste Weise von der Attraktivität der Frau Gebrauch gemacht. Alle Werbung für den Verkauf von Waren bedient sich ihrer: das Bild eines Autos mit einer halbnackten Frau daneben, Reklame für Kleidung, Kosmetikartikel, Filme ... alle mißbrauchen die Anziehungskraft der Frau. Die Frau muß so und so gekleidet sein, sonst ist sie nichts wert; eine große Nase ist eine Schande; wenn die Wangen nicht rot genug sind, ist die Frau keine Frau; ihre Brüste müssen so groß sein wie die von Veronica Ferres ... Kein Wunder, daß die Frauen sich selbst nicht mehr akzeptieren können. Sie finden erst Ruhe, wenn sie sich wie die Frau in einem bestimmten Magazin geschminkt und zurechtgemacht haben. Heute ist diese Kleidung Mode, die Kosmetikartikel dieser Firma sind gefragt. Morgen wird eine andere Marke modern sein. Und so gerät die ach so freie Frau in andere, seelische Fesseln. In die Fesseln, Brüste wie Veronica Ferres haben zu müssen, einen sinnlichen Körper wie Claudia Schiffer und Kleider und Kosmetika einer bestimmten französischen Firma. Auf diesem Wege ziehen die Firmen der befreiten Frau Jahr für Jahr Milliarden von Dollar aus der Tasche und fangen sie in einem Spinnennetz von Ideologie und Unnatürlichkeiten ein.

Liegt etwa die Ehre der Frau darin, daß sie sich für den besseren Verkauf von Konsumgütern ausbeuten läßt? Ist wirklich die Reklame für eine Sache mit Hilfe eines menschlichen Wesens, das so selbst zur Konsumware wird, ein Ehre für die Menschheit? Liegt wirkliche Freiheit nur in wirtschaftlicher Freiheit, oder nicht vielmehr in einer menschlichen Gesellschaft, die von Frauen und Männern gemeinsam geschaffen und gestaltet wird?

In diesem Sinne haben auch die scheinbaren Freiheiten, die den Frauen gegeben worden sind, nur dazu gedient, daß sie immer mehr wie eine willenlose Masse kontrolliert werden konnten, und eben diese Kontrolle zeigt uns einen Aspekt der Ausbeutung der Frau, und zwar den häßlichsten. Denn es ist genau diese Kontrolle, die die Frauen in den Großstädten als leblose Marionetten ausbeutet.

Die Frau ist heute eine Ware – eine Ware, die nach dem Gesetz des Marktes dazu ausersehen ist, den Verkauf seiner Produkte zu fördern. Produkte aller Art lassen sich mit Hilfe schöner und berühmter Frauen besser verkaufen. So ist die Frau nur eine Puppe, die sich jeden Tag in anderen Farben schmückt und sich mit Schminke einreibt. Eine Puppe, die sich ihre breite Nase durch eine Operation schmaler machen läßt, weil die momentane Marktlage es gerade so will. Auf diese Weise werden Tausende von Frauen in die Unnatürlichkeit getrieben. Die Puppe ist mehr wert, die gleichzeitig ein schönes Gesicht und einen schönen Körper hat. Heute hat diese arme Gefangene nur den einen Gedanken, wie sie sein und sich verhalten soll, damit sie möglichst gut gefällt. Die

Lage ist derart katastrophal, daß die Frau nicht einmal mehr eine Ware ist, die von sich aus etwas Wert hat, sondern nur eine Sache, mit der man andere Waren aufwertet, und die selbst keinen Wert besitzt – und das, obwohl die Frauen die wahren Führer und Leiter der Gesellschaft sind, das Überleben der Menschheit sichern, die Menschen überhaupt erst hervorbringen und überdies viel mehr verstehen als Männer.

Ihre Freiheit beschränkt sich auf die sogenannte sexuelle Freiheit, von der wir sehen, daß sie sich mit unglaublicher Geschwindigkeit auf allen Gebieten der Kunst und Kultur ausbreitet.

Wie lautet die Antwort auf die Frage, wie das Vorbild einer Frau heute auszusehen hat?

Man muß sagen, daß das Ideal der modernen Frau nur in ihrer Menschlichkeit und Freiheit liegen kann, in einer Frau, die nach den wahren menschlichen Werten strebt, sich nicht von den Werbeslogans, die den Gehirnen einiger Kapitalisten entspringen, einfangen läßt und sich nicht die kosmetische Maske einer Konsumware auf dem patriarchal-kapitalistischen Markt unter dem Namen »Freiheit«, »Unabhängigkeit«, »Modernität« und »Menschlichkeit« aufsetzt. Eine wirklich freie Frau ist eine Frau, die nach Bewußtsein und Erkenntnis strebt, in kulturelle Werte eingebunden ist und etwas hält auf menschliches Verständnis, Einfühlungsvermögen und Verantwortung. Diese Gesellschaft aber hindert sie daran, das zu realisieren, denn es fehlen häufig die materiellen Grundlagen oder Institutionen.

Für die vollständige Analyse der unechten und zur Ware degradierten Rolle der Frau und auch der Umstände, die dazu geführt haben, müssen wir vier Meinungen untersuchen, die alle das Problem aus einem eigenen Blickwinkel betrachten.

Selbstverständlich können wir keine dieser Meinungen uneingeschränkt und ausschließlich akzeptieren, aber um zu einem abschließenden Ergebnis zu gelangen, ist es nötig, die Grundlagen dieser einzelnen Standpunkte zu diskutieren.

1. Standpunkt

Die Vertreter dieses Standpunkts sind davon überzeugt, daß die Frau eine natürliche Veranlagung dazu hat, sich zur Puppe, zu einer Ware, machen zu lassen, ihre ganze Persönlichkeit nur in den Dienst von Äußerlichkeiten, Luxus und Schönheit stellen zu wollen und sich nur auf eine Facette ihres Wesens, nämlich die tierische und nicht die seelische, zu konzentrieren und nur diese zu entfalten. Weil diese Frauen glauben, daß eine schöne Frau, selbst wenn sie weniger Verstand als ein Schimpanse hat, ein anerkanntes Mitglied der Gesellschaft ist, beschäftigen sie sich nur mit der Entwicklung und Erweiterung der körperlichen Seite ihres Wesens, das heißt dem Schönsein. Selbst wenn Frauen sich mit Wissenschaft beschäftigen, dann nur um sich zu zeigen und ihre psychischen Bedürfnisse zu befriedigen, nicht aus echtem Interesse für den Wert der Wissenschaft.

Bei diesem Standpunkt wird die Meinung vertreten, daß Frauen wenig Wert auf geistige Dinge legen und selbst die Männer nur als ein Mittel sehen, ihre körperlichen und materiellen Bedürfnisse zu befriedigen. Weil die Frauen ihre Persönlichkeit nicht vollständig finden können, haben sie immer ein Bedürfnis nach Beachtung, danach, sich zu schmücken, Aufmerksamkeit zu erregen – wonach sie ein heftiges psychisches Verlangen fühlen. (Dieses Bedürfnis existiert natürlich in fast allen Menschen, aber prozentual ist es bei Frauen oftmals stärker.)

Gemäß eines Standpunktes in der Psychologie, der da lautet: »Je primitiver, desto mehr Verlangen nach Äußerlichkeiten und Luxus«, achten Frauen aufgrund ihrer besonderen gesellschaftlichen Eigenheiten – wegen der geringeren geistigen Erfahrung, die sie haben – mehr auf Äußerlichkeiten. So ist es nur natürlich, daß, wenn sich der Schmuck des Mannes nur auf eine Uhr und einen Ehering beschränkt, die Frau sich mit den verschiedensten Accessoires und Kleidungsstücken schmückt. Ein Schriftsteller bemerkte dazu spöttisch: »Wenn ein Wesen von einem anderen Planeten zur Erde kommen würde, würde es denken, daß alle Männer einer Gattung angehören, während jede einzelne Frau eine eigene Gattung bildet.«

Seltsamerweise dient der Wunsch der Frauen, sich schön zu machen, nie dazu, sich selbst schön zu sehen, denn fast alle Frauen schminken sich nicht, wenn sie allein zu Hause sind. Darüberhinaus unterziehen sich die Frauen im Haus tausender Mühen, um sich zu verschönern, und begeben sich sogar manchmal unter das Messer eines Chirurgen.

Die Männer sind sich im Stil ihrer Kleidung fast alle ähnlich, und selten findet man an ihnen schmückendes Beiwerk. Für den Mann ist an seiner Kleidung wichtig, ob sie ordentlich und sauber ist. Schönheit ist für den Mann nur eine von Hunderten von Facetten seiner Persönlichkeit, aber für die meisten Frauen zeigt sich ihre Identität nur durch ihre Schönheit. Ohne diese Maske verlieren sie ihre Identität. Demnach ist das übertriebene Achten auf den Erhalt ihrer Schönheit und die Überbewertung dieses Faktors verbunden mit dem psychischen Bedürfnis der Frau nach Selbstdarstellung; doch schließlich wird die Frau alt werden und selbst unter all den Schichten von Puder und Schminke werden die Falten ihres Gesichts sichtbar.

Die Gegner dieser Meinung, daß die Frauen sich zur Selbstdarstellung verschönern, begründen dies damit, daß die Freude an Schönheit ein natürlicher Trieb sei. Die Frau schmücke sich, um sich an ihrer eigenen Schönheit zu erfreuen, nicht um andere damit zu beeindrucken und sich selbst darzustellen.

2. Standpunkt

Bei diesem Standpunkt werden die Männer für die unmenschliche, warenähnliche Behandlung der Frau verantwortlich gemacht. Wenn die Frau heute zu einer beweglichen Puppe geworden ist, so ist der Grund dafür, daß die Männer es so gewollt haben – im Zweifelsfall bis unter das Messer des Chirurgen. Sie wollen keine denkende Frau mit Bewußtsein. Wenn die verdinglichte Frau heute in der Gesellschaft etwas Gewolltes ist, so deshalb, weil den meisten Männern eine solche Frau lieber ist. Sie wollen die Frau nur als Mittel zur Befriedigung ihrer sexuellen Wünsche und als Ware, um sich Genuß zu verschaffen. Selbst Männer, die behaupten, sie fänden eine Frau als willenlose Puppe widerwärtig, gestehen in der Praxis solch puppenhaften Frauen einen besonderen Wert zu und halten denkende Frauen mit Kultur geringschätzig für eine Schande. So ist es natürlich, daß die Frau sich verdinglichen und zu einer Puppe machen läßt. Es ist nicht die Frau, die so sein will, sondern ihre Reaktion auf das andere Geschlecht zwingt sie dazu, sich nach den Wünschen der Männer zu richten. Wenn in einer Gesellschaft keine Nachfrage nach einer bestimmten Ware besteht, dann wird sie auch nicht angeboten. Somit ist es ist das billigende Einverständnis der Gesellschaft, das eine Nachfrage nach solchen Waren schafft.

Bei diesem Standpunkt wird im großen und ganzen die Meinung vertreten, daß die Männer die eigentlichen Triebmotoren bei der Unterdrückung der Frau sind. In fast allen Gesellschaftsformen gibt es die Überlegenheit des Mannes über die Frau. Die Frauen leben in einer Gesellschaft, die von Männern gemacht worden ist. Ihr tägliches Leben wird von Männern kontrolliert, und diese behandeln sie als niedrige und abhängige Wesen. Sie suggerieren ihnen, das einzige Ziel im Leben einer Frau sei Heiraten und Kinderkriegen. Die Frauen müssen ihre Zufriedenheit und ihr Glück darin sehen, an der Seite ihres Mannes und ihrer Kinder zu sein. Ihr eigenes Denken zu entfalten, kundig über das eigene Schicksal zu entscheiden und die eigenen Möglichkeiten auszunützen, steht im Widerspruch zu ihrem Glück.

Gewalt gegen Frauen beginnt mit psychologischen Kampfmitteln, die auf jeden Fall zum Sieg des Mannes führen.

Wir erinnern die Frauen noch einmal an die Notwendigkeit ihrer Vereinigung gegen die Männer und die patriarchalische Gesellschaftsordnung. Wir glauben, die Frauen müssen sich aus der Gewalt der Männer befreien, ihr Wesen als ehemalige unterdrückte Sklavinnen ändern und beginnen, für die Übernahme der Herrschaft zu kämpfen – zu kämpfen gegen diejenigen, die auf jeden Fall aus ihnen eine Puppe, eine Ware machen wollen.

3. Standpunkt

Dieser Standpunkt erklärt die momentane Lage der Frau mit dem Mechanismus des Laufs der Geschichte und der ihm gemäßen Veränderung der Gesellschaft. Hier wird die Ansicht vertreten, daß die besondere Stellung der Frau heute weder das Ergebnis einer naturgemäßen Entwicklung ist, noch das der Ausbeutung der Männer oder der Gewalt des Systems, sondern das Ergebnis des Laufs der Geschichte. So haben die Frauen nun diese besondere Lage, und natürlich wird der Verlauf der Geschichte, genau wie er die früheren Lebensumstände der Frau verändert hat, so auch in Zukunft zwangsläufig ihre Lage verändern.

Aber diese Theorie von der Kraft der Geschichte wird zu einem Argument für die Fortsetzung der Ausbeutung der Frau, denn sie verspricht den Frauen, daß die jetzige Lage etwas Vorübergehendes und Zeitgebundenes ist und es besser ist, die jetzige Rolle, unter welchen Umständen auch immer, zu akzeptieren und nicht nach Veränderung zu streben. Wenn sich also Frauen in ihre Rolle nicht fügen wollen, muß man sie immer durch Logik davon überzeugen, die momentane belastende Lage zu ertragen, in der Hoffnung, daß schließlich kommende Generationen aufgrund geschichtlicher Veränderungen eine aktive Rolle übernehmen und ihre Menschlichkeit wieder zurückgewinnen werden.

Nach unseren Gesichtspunkten ist dieser Standpunkt mit seinen Zukunftsphantasien in Wahrheit nur eine Legitimation für die weitere Ausbeutung der Frau in der Gesellschaft.

Darüberhinaus wollen wir uns, um realistische Ergebnisse und Schlußfolgerungen zu erhalten, nun auch mit dem vierten Standpunkt befassen.

### 4. Standpunkt

Der vierte Standpunkt legt die Überzeugung dar, daß es nicht die Männer sind, die für die ungerechte und ausgebeutete Lage der Frau verantwortlich sind, sondern das System, das den Frauen diese Situation beschert hat. Die westliche konsumorientierte Gesellschaftsordnung ist ein ausbeuterischer Markt, der die Frauen in eine solche Lage gebracht hat. Es kann nicht verneint werden, daß dieses System die Frau wie eine Ware auf dem Markt anbietet und sich auch wahrhaftig bemüht, die seelischen Grundlagen der Frau zu zerstören und sie so marktfreundlicher zu machen. Das Ergebnis ist, daß die Frau mehr als jemals zuvor entmenschlicht wird. Sie ist so kein Wesen mehr, das inspirierend die Träume und reinsten Gefühle des Mannes anspricht.

Eine Folge der Zivilisation, die sich auf die Körperlichkeit und Sexualität der Frau ausgewirkt hat und in der Praxis den Glauben an die traditionellen Werte der Frau zerstört hat, sind die heute allgegenwärtigen Vertreter der Kosmetikindustrie, die ein übermäßiges Bedürfnis nach dem Kauf von Kosmetika in den Frauen erzeugt haben. Die Hersteller dieser Produkte haben, um die Frauen zu vermehrtem Gebrauch zu ermutigen und somit ihren Gewinn zu steigern, diese allein auf ihre Körperlichkeit und Sexualität reduziert. In ihren Anzeigen und Werbekampagnen benutzen sie Frauen dazu, neue Motive, Werte und Empfindlichkeiten zu schaffen, das Interesse der Konsumenten auf neue Produkte zu lenken und unnatürliche gesteigerte Bedürfnisse, die ihnen nützlich sind, in den Menschen zu wecken. Die Wirtschaftsmacht setzt die Frau dazu ein, ihre Intellektualität, ihre Gefühle und den Heldenmut zu zerstören, die die Grundlagen der herrschenden Ordnung bedrohen könnten, und so wird die Frau zu einem Werkzeug im Dienste wirtschaftlicher und gesellschaftlicher Ziele. Die geschminkte und herausgeputzte Frau hat jeden Tag ein anderes Gesicht, und ihr Äußeres ist nicht mehr konkret faßbar, sondern oft scheint es, als verhülle sie ihre Persönlichkeit. Im Extremfall führt das soweit, daß sie sich vor ihrem eigenen Aussehen fürchtet. Solche Frauen benutzen hunderte Parfüms und Wässerchen, um gut zu duften. Anstatt ihr Gesicht als Ausdruck ihrer Persönlichkeit zu betrachten, folgt die Frau in vielen Gesellschaftssystemen immer noch der Vorstellung, sich in den Augen des Mannes als Mittel zu seiner Lustbefriedigung sehen zu müssen. Diese Werbung, die von den Massenmedien unaufhörlich verbreitet wird, suggeriert ein Frauenbild, das von Menschlichkeit weit entfernt ist. Derartige Werbung erzeugt bei vielen Frauen, die keinen Zugang zu der Welt des Glanzes und des Glamours haben, ein Gefühl der Heimatlosigkeit und des Verlustes der eigenen Identität. Die Welt der Frauen ist immer im Schußwinkel von Beleidigung und Bedrohung, ihr Wert ist gesunken und zu Plunder geworden. Jeden Tag wird ihnen durch die Massenmedien ein Bild vom Frausein suggeriert, das so weit wie möglich einem menschlichen Antlitz widerspricht. So zwingen die Medien den Frauen mit spürbarer Gewalt ein komplettes Verhaltensmuster als Leitmotiv für ein Frauenbild auf.

Die heutige Gesellschaft hat die Frau zu einem lächerlich herausgeputzten Etwas gemacht und stellt sie als geschmückte Puppe zum Verkauf, auf solche Art, daß die Frau auf der einen Seite denkt, sie sei frei, und auf der anderen Seite in Ergebenheit an die Konsumkultur ständig von der kommerziell orientierten Gesellschaft beleidigt wird. Die Konsumwerbung hat die Frau in der Gesellschaft zu einem wichtigen Protagonisten der Werbung und auch des Konsums gemacht – und, wie es scheint, auch zu einer echten Gefahr, die die Grundlagen der Familie erschüttert und das Glück der Gemeinschaft bedroht. Heute, wo es, was die rechtliche Seite betrifft, keinen großen Unterschied mehr zwischen Mann und Frau gibt und man sagen kann, daß beide auf rechtlicher Ebene gleichgestellt sind, also die Frau unter diesen Umständen auch höchstwahrscheinlich den Weg zu einer menschenwürdigen Freiheit einschlagen kann, sind wir trotzdem überzeugt, daß auch jetzt noch eine Gruppe von Frauen nicht nur wie früher ein sexuelles Konsumprodukt geblieben ist, sondern nun auch ihre Gedanken und Wünsche, ihre Psyche mit im Spiel sind. Also sind Frauen jetzt nicht mehr nur ein Mittel zur Lustbefriedigung ihrer Ehemänner, sondern sie dienen auch der Lustbefriedigung anderer, denn sie sind gute

Konsumenten beim Verbrauch von Luxusgütern. Darüberhinaus sind sie auch ein Mittel zur Vermarktung von Handelsgütern geworden und es ist ihnen suggeriert worden, daß sie, um größere Beliebtheit zu erlangen, ihre Schönheit auf welche Weise auch immer dem Käuferblick zur Verfügung stellen müssen. Das ist die Vorstellung von Freiheit, die in ihren Köpfen erzeugt worden ist. Dies hat sie so beeinflußt, daß sie jetzt mit anderen Frauen im Kauf von immer mehr Produkten wetteifern und sich selbst in den Dienst des Konsums all dieser Waren gestellt haben. Die Konsumindustrie hat die Frau für ihre Werbung benutzt, sie selbst zu einer herausgeputzten Ware gemacht und wirft sie nun als erbärmliches und wertloses Ding auf den Markt. Die Beschreibung dieses besonderen Zustands findet sich im zweiten und vierten Standpunkt.

Heutzutage wird in den meisten Gesellschaften, die eine florierende Wirtschaft haben, die Frau zum wichtigsten Konsumenten gemacht. Das Geschehen auf dem Modemarkt und die ständig wechselnden Modetrends können am besten illustrieren, wie die Frau zu immer größerem Konsum animiert wird.

In einer Gesellschaft, in der der Kapitalismus herrscht, produziert der Kapitalträger mehr Waren, um größeren Gewinn zu erzielen. Die höhere Produktion bringt ihm nur dann höheren Gewinn, wenn die Waren verkauft werden. Es ist natürlich, daß das Einkommen einer einzigen Person (des Familienoberhaupts) nicht ausreicht, alle diese Waren zu kaufen, denn das ganze Familieneinkommen wird selbstverständlich in erster Linie für die Grundbedürfnisse aufgewendet. Also muß für den Verkauf aller produzierten Waren das Familieneinkommen angehoben werden, und das ist der Punkt, an dem auch die Frau als Mitverdiener auf den Arbeitsmarkt geschickt wird. Nur ein wirtschaftlich unabhängiger Mensch ist ein wirklich guter Verbraucher der Konsumprodukte, und so gerät die Frau unter den Einfluß einer breiten Werbefront. Mit ein bißchen Aufmerksamkeit können wir erkennen, daß das Einkommen der berufstätigen verheirateten Frauen nur für Dinge verwendet wird, die über die normalen Grundbedürfnisse der Familie hinaus gehen. Hiermit meinen wir nicht jene Ehen, in denen partnerschaftliche Kinderaufzucht und Vermögenserwerb, beispielsweise der Bau eines Hauses geplant und erarbeitet werden.

Die Werbung zeigt uns die Frau in zwei Funktionen: einmal als Mitwirkende in der Werbung selbst, die in Wahrheit als Produktanbieterin funktioniert, und zum anderen als größte Zielgruppe der Produktwerbung. Prinzipiell ist Werbung eine Art Beeinflussung des Denkens der Allgemeinheit, indem sie die öffentliche Meinung verändert oder die Geschmäcker und Ideen der Menschen aneinander angleicht. Normalerweise stützt sie sich auf die persönlichen Wünsche und Bedürfnisse der einzelnen Mitglieder der Gesellschaft, die aber häufig auch erst durch Werbung geweckt werden. Aus dem, was über Werbung und deren Ziele gesagt wurde, wird deutlich, warum die Frau im wirtschaftlichen, politischen und gesellschaftlichen Kontext entweder als ein wichtiger Protagonist der Werbung oder als ein Handelsfaktor auftaucht. Hier werden unbefriedigte sexuelle Wünsche schamlos ausgenutzt: Die aufreizende Bilderflut in Kino- und Fernsehfilmen und in Illustrierten suggeriert den Menschen fälschlicherweise, daß sie sich nur für Sex interessieren sollten. Die wahre Aufgabe der Werbung beginnt damit, diese Bedürfnisse, soweit sie es selbst will, das heißt unter Mißachtung aller Realität und Beleuchtung nur eines besonderen Gesichtspunkts, zu befriedigen. Daher muß es uns nicht wundern, wenn wir sehen, daß sogar in der Werbung für einen Rasierapparat eine Frau vorkommt.

Die tatsächliche Rolle der Frau als Werbe- und Wirtschaftsfaktor wird hierbei überdeutlich: Wir sehen eine Frau, die mit den nackten Rundungen ihres Körpers vollständig von den Machern abhängig ist und dabei deren Produkte für den wirtschaftlichen Fortschritt verkauft. Fortschritt bedeutet hierbei nur die Umverteilung des Geldes in die Taschen dieser Leute. Wenn Sie die Werbung in Fernsehen, Kino und Zeitschriften etwas genauer betrachten, werden Sie sicherlich das hier Gesagte einleuchtend finden und die sexistische Rolle der Frau in der Werbung gleichermaßen als Subjekt und als Objekt erkennen.

## Die Frau in der Gesellschaft

Das Wort »Mann« kursiert in der Gesellschaft als ein Zauberwort. Es ist ein Begriff, in dem heute tausend Bedeutungen liegen. In diesem Zauberwort ist die Bedeutung »Stärke« verborgen. »Männlichkeit«, was soviel wie die Ehre der Menschheit ist, war von Urzeit an den Männern vorbehalten, und große Helden, die die Verkörperung der Kraft schlechthin waren, werden zu den erhabensten Beispielen für Menschlichkeit und Ehre, Edelmut und Tapferkeit gezählt. Mut, Tapferkeit und Erhabenheit ist demnach alles nur etwas für Männer – das heißt seit Vorzeiten gab es neben dieser überlegenen Person kein ebenbürtiges Wesen. Den Menschen, der die Kraft hat ihm zu widerstehen und der genau wie er mutig und tapfer ist, nennen wir die Frau – das Wesen, das neben dem Mann gelebt hat, sein Freund und Gefährte war und das Leben mit ihm geteilt hat. Aber sie war nie so edel und stark wie der Mann, sondern sie ist, ihm wie ein schwacher Mensch untergeordnet, ein verschämtes Spielzeug für die Erholung des Mannes gewesen. Die Frau hält sich für abhängig von dem Mann und glaubt, sie sei nicht fähig, ihre eigenen Bedürfnisse zu befriedigen. Sie ist eine Gefangene der Kraft des Mannes und glaubt, sie bräuchte seine Hilfe, um überhaupt am Leben zu bleiben. Das ist der Punkt, an dem die Frau ihre wahre Rolle in der ganzen Breite der menschlichen Gesellschaft aufgibt, und die Angelegenheit reicht soweit, daß sie sich jetzt auf welche Weise auch immer mit dem Mann (der Verkörperung der Kraft) verbünden will, um von seiner Kraft zu zehren. Das genau ist der Sachverhalt, den wir zum Gegenstand unserer Untersuchung machen wollen.

Genauso, wie wir es in der Einleitung unter dem Stichwort »Verdinglichung der Frau« gesagt haben, wird auf dieser Basis die These erhoben, daß die Frau den Menschen tatsächlich erst formt und daher die wahre Lenkerin und Leiterin der Gesellschaft ist. Diese These kann provozierend sein, und man mag daran vielleicht kritisieren, daß das entschiedene Darlegen dieses Sachverhalts die Würde der Frau in Gefahr bringt, aber unsere Absicht ist es nicht, die Seele der Frauen zu verletzen. Vielmehr wollen wir nur die Wirklichkeit aufzeigen – die Verdinglichung der Frau, die aus der Ausbeutung aller ihrer Wesenszüge entstanden ist. Unser Ziel ist es zu bekräftigen, daß die Ausbeutung des Körpers, der Seele und des Denkens der Frau dazu geführt hat, sie zum Gehorsam gegenüber dem Mann zu zwingen und aus ihr ein einsames Wesen zu machen, das von allem Menschlichen weit entfernt ist. Wir wissen, daß dies ein heikles Unterfangen ist und wir sehr vorsichtig vorgehen müssen, besonders da wir auf diesem Weg auch mit dem Widerstand der Frauen selbst rechnen müssen: mit dem Widerstand der Frauen, die versuchen, genau das Gegenteil von dem, was wir vorschlagen, durchzusetzen. Wir wollen die Ideen dieser Frauen aufzeigen und sehen, auf welch unsicheren Fundamenten ihre Argumentation beruht. Es wäre für uns sehr leicht, unter Zuhilfenahme der Ethik und dem Aufzeigen der religiösen, zivilen und politischen Rechte der Frau zu bestätigen, daß Männer und Frauen auf gleicher Höhe sind, und wir könnten auch, um das Thema anregender zu gestalten, an die Frauen erinnern, die in hohe Positionen gelangt sind, oder an die Frauendemonstrationen in Griechenland und ihren berühmten Schlafzimmerboykott. Man kann auch die Frauen nennen, die auf der Kinoleinwand als Stars glänzen und von den Männern wollüstig vergöttert werden, oder all die Zeitschriften loben, die für Frauen oder im Namen von Frauen veröffentlicht werden. All die Frauen, die als Angestellte, Sekretärinnen, Lehrerinnen, Ärztinnen, Krankenschwestern, Modedesignerinnen und sogar als Richterinnen, Rechtsanwältinnen, Geschäftsführerinnen, Parlamentsabgeordnete oder Ministerinnen arbeiten, können zusammen mit der sexuellen Freiheit und den täglich mehr werdenden Beziehungen zwischen Männern und Frauen als Indikatoren für Fortschritt und Zivilisation bezeichnet werden – so wie viele andere sich bisher über dieses Thema die Finger wund geschrieben haben. Aber wir möchten nicht einen schon begangenen Weg noch einmal verfolgen, sondern wir wollen durch Aufzeigen von Tatsachen eine realistische Analyse der momentanen Stellung der Frau in der heutigen Welt durchführen.

Welche Vorzüge hat die zur Ware gewordene Frau? Genau die, die wir hier schon ausführlich dargelegt haben. Jetzt wollen wir jedoch auf theoretischer Ebene über diese Dinge sprechen. Als Methode schlagen wir vor, daß Sie Ihre eigenen Lebensumstände etwas genauer betrachten.

Bei den vielen Gesprächen, die wir mit jungen Mädchen geführt haben, überrascht es vielleicht, daß sie als Grund für all diesen Zirkus mit Schminke und Parfüm sogar selbst angaben, daß Männer eben hübsche Frauen mögen würden und das Ziel dieser Schminkaktionen sei, sich schöner zu machen. Sie waren davon überzeugt, daß Männer Frauen, die nicht schön seien, gar nicht beachten würden. (In Standpunkt zwei haben wir auf diesen Aspekt hingewiesen.) Und genau diese jungen Mädchen, die im dritten oder vierten Studienjahr waren, haben eingestanden, daß sie selbst bei Männern nicht auf das Äußere achten würden, sondern daß das, was ihnen an den Männern gefiele, nur ihre Männlichkeit sei.

Wir haben diese Mädchen gefragt, was die Frau über das Schminken denkt: Tut sie es gern? Die Antworten spalteten sich in zwei Gruppen. Die eine Gruppe sagte, daß es für die Frau natürlich sei und ihren Gefühlen und seelischen Bedürfnissen entspringen würde, so wie wir es im ersten Standpunkt auch kurz untersucht haben. Dieselbe Gruppe hielt Flirten und Kokettieren den Männern gegenüber für eine Selbstverständlichkeit, um im Leben weiterzukommen. Als Grund dafür nannten sie, daß der Wunsch einer schwangeren Frau nach einem Jungen auch etwas ganz Natürliches sei, und dies alles würde sich aus dem unbedingten Bedürfnis einer Frau nach einem Mann ergeben, der sie beschützt – und letzteres wiederum ergibt sich aus der körperlichen

Schwäche der Frau. Die Antwort der zweiten Gruppe war, daß ein Mann prinzipiell seine Ehefrau nicht als Mensch betrachtet, und genau diese Mißachtung des Mannes sei es, die die Frau dazu bringt, sich schön machen zu müssen.

Hier ist es nicht falsch, daran zu erinnern, daß besonders bei Männern und Frauen der jungen Generation grundsätzlich unrealistische Anforderungen an die sexuelle Befriedigung bestehen, die es in dieser jetzigen Übertriebenheit noch nie gegeben hat.

Die neue Generation möchte den Genuß voll ausschöpfen. Der Ausdruck dieser überhöhten Wünsche und Forderungen nach sinnlichem Genuß ist ein Mitbringsel von außen. Eine neue Wertesuggestion hat in den Köpfen von Männern und Frauen den Wunsch nach ständiger sexueller Befriedigung und eine täglich wachsendes Interesse am Sex hervorgerufen. Ohne diese Einflüsse von außen auf ihren Körper und ihre Seele zu erkennen, denken Männer und Frauen, diese Wünsche wären tatsächlich vorhanden, und beschließen deshalb, sie zu befriedigen. Ohne Zweifel rütteln der Gedanke daran, vielleicht nicht befriedigt zu werden, das Verfolgen unrealistischer sexueller Ansprüche und das fortwährende Streben nach sexuellen Erlebnissen an den Grundfesten der Familie. Dies ist ein Alarmzeichen für alle, die sich unwissentlich in ihrem Denken und Handeln von äußeren Suggestionen beeinflussen lassen. Und deshalb ist es angebracht, diese ganze Reihe von falschen Bedürfnissen und unrealistischen und unnatürlichen Forderungen nicht weiter zu unterstützen, damit die Frauen nicht blind hinter ihnen herlaufen und selbstzerstörerisch – in einem Maße, das selbst für europäische Frauen unnatürlich ist – den Suggestionen gehorchen.

Unserer Meinung nach sind die Erklärungsansätze beider Gruppen junger Mädchen – zum einen, daß das Schminken natürlich sei und den seelischen Bedürfnissen der Frau entspringt, zum anderen, daß es auf sexuellen Wünschen beruht – nicht akzeptabel. Wir betrachten dies als Ergebnis anderer Faktoren, die im Inneren der Gesellschaft wirken, besonders wenn wir sehen, daß all diese jungen Mädchen Schminken und Schönsein für notwendig halten, aber bei Männern auf andere Dinge, wie beispielsweise »Männlichkeit«, achten.

In diesem zweiten Fall, also in Bezug auf die Männer, haben die Frauen zwei Erklärungen:

Ein Teil von ihnen glaubt, daß die Frauen auf diese Art die Männer ausbeuten und sie zwingen, für ihre eigene Bequemlichkeit zu arbeiten. Die zweite Gruppe, die allerdings in der Minderheit war, sagte, wie Anhänger des zweiten Standpunkts, daß die offensichtliche und fraglose Macht des Mannes innerhalb der Gesellschaft die Frau ausbeutet und sie sich zu Diensten macht, damit sie für die Bequemlichkeit des Mannes sorgt und auch seiner Lustbefriedigung dient. Diese Gruppe akzeptiert das nur in dieser Hinsicht, daß die physische Kraft des Mannes der Grund dafür ist, und wissen darüber hinaus nichts dazu zu sagen. Diese Fragestellung ist unserer Meinung nach wichtig und eine ausführliche Diskussion wert. Sie weist auf einen Punkt hin, der sehr bedeutend ist, und zwar, daß die Frauen unter diesen gesellschaftlichen Umständen nicht nur ihre eigene Verdinglichung unbewußt akzeptiert haben, sondern selbst wichtige Mitwirkende sind, wenn es darum geht, an der Zementierung dieser Umstände zu arbeiten. Denn der Mensch paßt sich immer an die ihn umgebenden Umstände an und gehorcht ihnen, da er in einer Umgebung erzogen wird, die ihm seine Stellung und die gesellschaftlichen Wertvorstellungen als rechtens erscheinen läßt. Bei dem Thema »Ausbeutung« ist eindeutig, daß ihre vordersten Verteidiger die Ausgebeuteten selbst sind. Es muß auch beachtet werden, daß das Sichschminken der Frauen auch eine psychische Ursache hat, denn jene Frauen schminken sich mehr, die vor sich selbst und ihrem Frausein flüchten. Mit dem Schminken und dem Verändern ihres Äußeren will die Frau jemand anderes sein und anders erscheinen. Für uns besteht ganz deutlich der folgende Zusammenhang:

Wenn Frauen in einer Gesellschaft zur Ware gemacht werden, beginnen sie, sich schön zu machen und die Künste der Verführung zu lernen, um die Herzen der Menschen zu gewinnen. Diese Waffe setzt die Frau dann auch in jeder möglichen oder unmöglichen Situation ein, denn die moralischen und schöpferischen Kräfte, die in jedem Menschen (egal ob Mann oder Frau) vorhanden sind, sind in ihr abgetötet worden. Es ist offensichtlich, daß die Frau sich unter solchen Umständen nicht sittlich erheben kann, denn sie ist gefangen in einer ausweglosen Lage, die sie daran hindert, hohe menschliche Ziele zu erreichen. Man kann nicht sagen, daß diese Situation den Frauen allein von der Gesellschaft aufgezwungen wäre, denn wenn dem so wäre, hätte die Geduld der Frau, dies zu ertragen, längst ein Ende gehabt und wäre zum Anlaß geworden, diese Fesseln des ständigen Ertragens von Lasten zu zerreißen.

Wir sind überzeugt davon, daß das Aufkommen dieser ausweglosen Lage, die die Frau dem Mann untertan und nur zu einem Mittel der Lustbefriedigung gemacht hat, ein kategorischer Imperativ in der Gesellschaft ist, dergestalt, daß die Möglichkeit, daraus auszubrechen, nach der Meinung einiger Leute verschwunden ist. Aber solch eine

Sichtweise in Bezug auf die Unmöglichkeit einer Veränderung ist in der gegenwärtigen Lage unlogisch.

Eine derartige psychische, geistige, wirtschaftliche und gesellschaftliche Ausbeutung der Frau ist der Grund dafür, daß sie, statt ihr Ich- oder Wir-Gefühl mit ihrem Menschsein und einer menschlichen Persönlichkeit auszudrücken zu können, ihre Bemühungen nur darauf richtet, sich schöner zu machen und sich in die Hände des Mannes zu begeben, damit er sie beschützt und sie zu einer herausgeputzten Ware wird, die er zur Schau stellen kann, oder die sich selbst zur Schau stellt, um einen Mann zu bekommen.

In unserem Gespräch mit den Mädchen haben sie über das Thema »Sich-Schönmachen« und im Zusammenhang mit dem Sichzurschaustellen das Folgende gesagt: »Ordentlich auszusehen ist kein Grund dafür, eine Puppe zu sein.« Und weiter: »Ob Mann oder Frau, man muß ordentlich aussehen und Sichschminken ist ein Anlaß für die Frau, sich ordentlich zurechtzumachen, und so wird es zu so etwas wie Sauberkeit.« Es besteht kein Zweifel, daß Geschmack viel mit Schönheit zu tun hat, und es ist auch nicht unsere Absicht zu fordern, daß ab morgen alle Frauen mit zerzausten Haaren, ungewaschenem Gesicht und zerrissenen Kleidern wie die Wilden aus der Vorzeit herumlaufen sollen.

Frau Golda Meir, die ehemalige Regierungschefin von Israel, sagte in einem Interview zu der italienischen Journalistin Oriana Fallaci: »Der Modetick der Frauen macht mich wütend. Warum müssen die Haare so lang und die Kleider so kurz sein? Ich habe etwas gegen Mode und hatte das auch schon immer. Denn Mode ist für die Frau eine Last, ein Diktat. Irgendjemand in Paris, und es ist nicht ganz klar warum, entscheidet, daß die Frauen einen Minirock tragen müssen – und bitte schön, alle sind im Minirock: kurze Beine, lange Beine, dünne Beine, dicke Beine, häßliche Beine ... so lange sie jung sind, ist das nicht so wichtig. Aber wenn sie fünfzig sind, dann reicht es mir; ich ärgere mich.«

Ein Psychiater hat in seiner langjährigen Erfahrung gezeigt, daß die vornehmliche Gruppe von Käuferinnen der neuesten Mode, die ständig ihre Kleidung verändern und sich grell schminken, die sind, die in ihrer Kindheit erniedrigt wurden. Und die vornehmlichste Gruppe derer, die sich sogar im hohen Alter durch die verschiedensten Kosmetika auf kindische Art und Weise produzieren wollen, sind die, die in der Kindheit allein gelassen wurden.

*Herbert Georg Wells*, ein berühmter englischer Psychologe, der sich mit dem Wesen, den psychischen Krankheiten und den Schwächen der Frauen seines Landes beschäftigte, hat eine interessante Statistik veröffentlicht und gesagt: »Die schönsten und erfreulichsten Tage für die meisten Frauen, die für sie wirklich ein Genuß waren, sind die Tage ihres Lebens gewesen, die sie ungeschminkt verbracht haben und sich mit ihrem natürlichen Aussehen in der Gesellschaft gezeigt haben.«

Die Frauen, die jeden Tag ihr Gesicht zurechtmachen und ihm neuen Glanz verleihen, können in ihrem Inneren ihr eigenes Gesicht, ihre Augen, ihre Augenbrauen, ihren Mund, ihre Nase und schließlich ihr eigenes Wesen nicht akzeptieren, mäkeln daran herum und wünschen sich ein neues Aussehen. Dieser unreife Wunsch wird zum Grund dafür, daß in ihrem Inneren ein ungesundes Feuer brennt, das ihren Körper und ihre Seele verzehrt.

Wir beschäftigen uns mit der Frage »Was ist überhaupt Schönheit?« Für wen all dies Schönmachen? Ist etwa diese Art des Schminkens, die den Körper und unter dem Einfluß des Körpers auch das Denken der Frau mit einer Farbschicht bedeckt, ihre natürliche Schönheit so völlig verschwinden läßt und an Stelle dieser natürlichen Schönheit des menschlichen Körpers eine aufreizende, wollüstige setzt, nicht eine Art, sich selbst zu verkaufen? Diese aufreizende Schönheit unterscheidet sich grundsätzlich von der natürlichen Schönheit, von der wir oben sprechen. Sie dient ausschließlich dazu, das Verlangen des anderen Geschlechts zu erregen und ist somit sehr verschieden von dem Bestreben, nur ordentlich auszusehen. Es hat überhaupt nichts miteinander zu tun, genauer gesagt trägt diese aufreizende Schönheit zu einem guten Teil dazu bei, die Frau zu einer Ware zu machen, denn dieses Schminken und diese sexy Bekleidung ist langsam keine persönliche Angelegenheit mehr, sondern zu einem gesellschaftlichen Problem geworden, das sogar in die Sitte und Kultur der Menschen Eingang gefunden hat. Natürlich sollte man nicht außer acht lassen, daß das Sichverkleiden, Schminken, Maskentragen schon in allen früheren Kulturen Bestandteil von Festen, Ritualen, und Zeremonien gewesen ist. War es nicht die ägyptische Königin Kleopatra, die es verstand, durch geschicktes Schminken ihre natürliche Schönheit zu unterstreichen, ohne daß dieses den Verlust ihrer Persönlichkeit und Weiblichkeit zur Folge hatte? Wir meinen, daß Äußeres und Inneres durch das Schminken zu einer Harmonie zusammengeführt werden können. In diesem Zusammenhang denken wir auch an das Theater, wobei wir damit die echte Darstellung menschlicher Schicksale auf der Bühne durch die Dichtung meinen. In der großen Kunst sind Gestalt und Gehalt eins. So wird Shakespeares *Hamlet* gewiß nicht von einem älteren untersetzten Herren dargestellt werden können, sondern er wird entsprechend der Aussage seiner Persönlichkeit und seines Schicksals sicher von einem jungen schlanken Schauspieler dargestellt werden. Auch Fausts Gretchen ist gewiß nicht die richtige Rolle für eine Vierzigjährige, sondern die eines jungen Mädchens. Um aber diese Wirkung zu erlangen, muß teilweise zu Hilfsmitteln gegriffen werden, das heißt eine vierzigjährige Schauspielerin wird sich schminken, um jünger auszusehen und – falls sie schwarzhaarig ist – eine Perücke mit blonden Zöpfen tragen müssen. Das Ziel hier ist aber nicht, sexuelle Aufmerksamkeit zu erregen, sondern der Charakter der Rolle soll den Zuschauer überzeugend ansprechen und ihre Botschaft ihn erreichen um Betroffenheit, Mitleid und vielleicht sogar Veränderung zu bewirken. Schminken ist nicht nur Konsum, sexuelles Sichdarstellen, sondern auch Freude an Verkleidung, spielen, das Bestreben, einen etwaigen körperlichen Mangel auszugleichen, Inneres und Äußeres zu einer Harmonie zusammenzufügen und dient auch dazu, die natürliche Schönheit zu betonen. In unserer Zeit und in allen Kulturen haben sich Menschen das Gesicht bemalt. Somit bezieht sich unsere Kritik lediglich auf das konsumorientierte Schminken. Alle Kommunikationsmittel und Massenmedien sind damit beschäftigt, diese falschen Wertvorstellungen weiter zu verbreiten. Besonders eine Gruppe können wir erkennen, die mit rechthaberischem Gesicht und einer betrügerischen Maske, gefertigt aus den Parolen »Gleichheit« und »Menschenliebe«, den Frauen Wege aufzwingt, die sie einschränken: Wege, die die Frauen unter die Herrschaft des Mannes stellen, damit er ihren Körper und ihre Seele ausbeuten kann und ein Wesen aus ihr macht, das nicht mehr fähig ist zu denken. Was kann man von einer Frau in einer solchen Lage wirklich erwarten? Was ist das für ein unsinniger Gedanke, wenn wir beanspruchen, daß die Frau auf einmal die ihr zustehenden Rechte und ihren wahren Platz in der Gesellschaft erkennen soll. Denn wenn wir die Frau nach jahrhundertelanger Unterdrückung und gesellschaftlichem, politischem und historischem Druck, sowie Druck durch die Werbung und die Religion, vor die Wahl stellen, sich entweder für Sklaverei und Abhängigkeit vom Mann oder für menschenwürdige Freiheit zu entscheiden, so ist es offensichtlich, daß sie keine Wahl treffen können wird, weil ihr Weg schon vorbestimmt ist und sie sich keinen anderen für ihr Leben vorstellen kann. Eine Frau hat auf unsere Frage, wie sie die momentane Lage der Frau beurteilt, die schöne Antwort gegeben: »Lassen Sie mich am besten nichts dazu sagen.« Eine andere Frau antwortete uns: »Etwas ist klar. Das, was wir heute tun, haben die vor uns nicht getan. Wir können nicht mehr einfach in die Ecke geworfen werden. Keiner hat das Recht dazu. Aber wir sind so etwas wie ein Wasserstrudel, ein Schwindelgefühl, irgendsoetwas. Wir sind nicht mehr primitiv, aber auch noch nicht zivilisiert.«

drehend, drehend
drehend in sich
ein Strudel
der die Kutschen des Leides
verschluckt
drehend, drehend
drehend in sich

eine Frau
die einen Strudel in sich
versteckt
drehend, drehend
drehend in sich
Frau – ein Strudel
Strudel – eine Frau
ein Strudel
mit dem Anblick einer Frau

*Ranjbar-Irani, Nassrin*

Dies oben Gesagte stammt nicht von uns, sondern von zwei Frauen, und zeigt so ausgezeichnet auf, wie sich die Frau in einer heftigen gefühlsmäßigen Krise befindet, unter deren Einfluß sie sich klein und minderwertig fühlt. Diese Geringschätzung ihrer selbst ist der Grund, weshalb sie sich in einen Winkel zurückgezogen hat und jede menschliche Beziehung mit ihresgleichen fürchtet, sei es Mann oder Frau. Sie ist nicht fähig, durch den Ausdruck ihrer menschlichen Persönlichkeit ihre eigene Existenz mit dem Namen »Mensch« – dem Menschen, der Kinder zur Welt bringt, in dessen Inneren alle Menschen erst zu entstehen beginnen – als solche zu bestätigen und durch diesen Ausdruck ihrer menschlichen Persönlichkeit ihre wahren Bedürfnisse (nicht die falschen, aufgezwungenen) klarzulegen. Daher wird sie immer den falschen Bedürfnissen, die sie jetzt gefangen halten, nacheilen, und es ist kein Zufall, wenn wir erleben, daß sie selbst dabei mithilft, sich immer mehr zur Ware zu machen, und dazu noch ihre ausgebeutete und versklavte Lage verteidigt, wie manche Frauen, die heute mit der Parole »Männer der Welt, steht auf gegen die Ausbeutung durch die Frau!« die Verdinglichung der Frau verteidigen.

Sie sagen: »Die Männer sind arme, unterdrückte, verachtete Wesen, die zu einem Spielzeug in den Händen der Frauen geworden sind und von ihnen ausgenützt werden.« Sie ergänzen: »Alles ist nur zum Vorteil der Frauen, und sie sind die absoluten Herrscher, denn sie können den Mann zu ihrem Vorteil einsetzen – ihn für sich verantwortlich machen, ihn für ihre Ziele ausnützen, ihn dazu bewegen, für die Frau zu denken.« Diese Argumentation ist völlig sinnlos, denn sie entbehrt jeder Grundlage. Diese Frauen haben bisher versäumt, darzulegen, seit wann von jemand anderem bevormundet zu werden, jemanden zum absoluten Herrscher macht, oder was es die Frau kostet, wenn sie den Mann für ihre Ziele ausnutzt. Ist es etwa genug zu sagen, daß sie durch den Strich eines Kajalstifts, Koketterie und Schmeichelei, oder indem sie mit ihm schläft, sich den Mann gehorsam machen kann? Können wir etwa die Schäden eines solchen bedauerlichen Verhaltens angesichts der Erniedrigung der Frau und der Vergrößerung ihrer kulturellen Versklavung übersehen? Aber daß diese Frauen behaupten, die Frau würde den Mann zur Erreichung ihrer eigenen Ziele ausnützen, ist eine Verkehrung des Problems, denn was die Frau dabei tut, ist in Wahrheit ein Tausch »Ware gegen Ware«, da sie sich selbst verkauft, um von den Männern Hilfe zu bekommen.

Dies alles ist das Ergebnis davon, daß Frauen unter dem Schutz des Mannes stehen, wohingegen diese Frauen darauf bestehen, daß Frauen sich nur unter den Schutz des Mannes stellen, um ihn auszunützen. Wir aber sagen, daß sich hier nur die äußerste Grenze der Ausbeutung des Denkens der Frauen zeigt, insbesondere deshalb, weil wir sehen, daß diese Gruppe von Frauen mit den Männern einig ist, jeden Rat von Frauenseite ablehnt und sagt: »Die Männer sind arme, erniedrigte und unterdrückte Wesen, die ein Spielzeug in den Händen der Frau sind und immer von ihr ausgenützt werden.«

Sie entfachen das Feuer noch weiter und rufen mit lauter Stimme: »Frauen sind stolze Wesen, die nur einen Gott kennen und das ist das Geld. Aber weil sie nicht selbst in der Lage sind, auf die beste Art an das Ziel ihrer Wünsche zu gelangen, holen sie sich die Männer heran und lassen sie schwer arbeiten, um dann die Ergebnisse ihrer Bemühungen einzustreichen.« Die Frauen ergänzen: »Wir kennen unsere Schwestern gut.« Sie sagen die Wahrheit, daß die Frauen nur einen Gott kennen und zwar das Geld. Aber sie haben sich nie gefragt, warum das so ist. Wenn sie sich gefragt und darüber nachgedacht hätten, wären sie zu dem Ergebnis gekommen, daß die Frau nur ein guter Konsument ist. Was auch immer die Produkthersteller als zum Schönsein nötig bezeichnen, sie gehorcht wie ein braves Schaf und hat als Antwort nichts anderes zu nennen als den Mann. Denn jeder Mann akzeptiert sich so, wie er ist, und nur, um die Herzen anderer zu gewinnen, verändern Frauen sich auf tausende Weisen und formen sich sozusagen um.

Seit das Leben sie zwangsläufig zu einer bewegten Puppe gemacht und sie an ein unnatürliches, nur dem Lusttrieb gewidmetes Leben gefesselt hat, scheint die Frau blind dem lauten Ruf nach Verschönerung, Modetrends und anderen Trieben nachzulaufen.

Es ist klar, daß ich mit diesen Trieben nicht den Geschlechtstrieb meine, denn dieser Trieb ist in jedem Menschen in einem bestimmten Maß vorhanden und muß in Betracht gezogen werden. Aber andere Triebe wie Geltungsdrang, das Bestreben, Aufmerksamkeit erregen zu wollen, sich in den Vordergrund zu drängen und ähnliches sind es, die durch falsche Erziehung die Oberherrschaft im Wesen eines Menschen erlangen können und ihn so beeinflussen, daß er vom rechten Weg abkommt. Natürlich werden die Menschen zuerst krank, die sich von den natürlichen Gesetzen der Schöpfung abwenden. Die täglich größer werdende Zahl von Menschen in aller Welt, die an seelischen und nervlichen Krankheiten leiden, bestätigt dies.

Wir wollen sehen, was das wahre Wesen der Frau ist; wie sie sich zu dem macht, was sie ist, und welche Rolle sie bei der Entstehung der jetzigen Lage spielt; welche Verantwortung der Familie für die Erniedrigung und Versklavung der Frau zu geben ist, was das Ergebnis all dieser Ausbeutung durch Familie und Gesellschaft ist und welche Rolle die gesellschaftliche Entwicklung dabei spielt.

In unserer Untersuchung sehen wir uns immer dem direkten Einfluß des gesellschaftlichen Umfelds auf die Frau gegenüber. Wenn wir also das wahre Wesen der Frau beschreiben wollen und auch, welche Rolle sie selbst bei der Ausbildung ihres Wesens spielt, müssen wir ebenso das gesellschaftliche Umfeld aufzeigen. Dabei ist der bedeutendste Faktor die Familie. Denn wir sehen, daß die Frau in jeder Situation eine der wichtigsten Stützen der Gesellschaft, das heißt der Familie ist, und niemand kann sie übersehen. Und wieder erkennen wir, daß schon in der Kindheit die Diskriminierung der Mädchen gegenüber den Jungen in der Familie der erste Schritt zu Erniedrigung und Mißachtung ist, denn die erste tatsächliche Erziehung der Frau erfolgt in der Familie, und dort wird auch ihr Charakter gebildet.

Als Einwurf ist wohl dieser Hinweis nützlich: Die Schöpfung folgt einem Gesetz, und wenn sich jemand entgegen diesem Naturgesetz verhält, zerbricht natürlich sein Bestreben, und noch wichtiger: Der Mensch wird hilflos in den Irrungen und Wirrungen des Lebens.

Alle Tiere und Lebewesen können sich mit jedem beliebigen andersgeschlechtlichen Tier ihrer Gattung paaren, nur der Mensch nicht. Der Mensch ist wahrhaftig die Krone der Schöpfung in einer Welt, die aus Milliarden von belebten und unbelebten Phänomenen besteht. Weil bei den Menschen die Frau die Kinder zur Welt bringt und erzieht und somit der Garant für das Fortleben des menschlichen Geschlechts ist, hat ihr das Gesetz der Natur zum Schutz der Art und für den Fortbestand des Lebens das Recht gegeben, ihren Mann auszuwählen.

In den fortschrittlichen Gesellschaften kann man etwa 70 Typen von Männern und 70 Typen von Frauen unterscheiden, und eine Frau kann nur einen ihr ähnlichen Typ Mann heiraten oder sich ihm anvertrauen.

Die Theorie großer Ethnologen wie *Bachofen, Morgan* und *Labbock,* die auf der Grundlage beruht, daß anfangs ein Durcheinander sexueller Bedürfnisse und Wünsche in den dunklen Tiefen des Unterbewußtseins ausgebreitet war, und daß dieser Wirrwarr von der ersten Hälfte des 19. Jahrhunderts an langsam durch die besonderen moralischen Werte des westlichen Menschen als Welle der Sittenlosigkeit ausgedrückt wurde, ist nicht akzeptabel.

Erstaunlich ist, daß schon ein einjähriges Mädchen seinen Typ erkennen kann und eine Frau sogar, wenn sie nur die Stimme eines Mannes im Radio oder am Telefon hört, zu erkennen in der Lage ist, ob er ihr Typ ist oder nicht.

Es soll nicht ungesagt bleiben, daß alle menschlichen Individuen durch ihre Gene kontrolliert werden, und schon jetzt die Gene für die Entstehung neuer Menschen vorhanden sind und somit die Basis für die zukünftige Gesellschaft und den Fortbestand des Geschlechts bilden, damit, sobald wir die Lebensbühne verlassen, neue Akteure an unsere Stelle treten.

Wenn die Frau auf einen Mann trifft, der zu ihr paßt, blitzt es in ihren Augen. Das Leuchten dieser Augen lädt den Betrachter zu Liebe und Leidenschaft ein: Ein brennender Blick, der in einem Augenblick eine Welt voll Liebe und Hoffnung, Erwartung und Aufruhr entstehen läßt. Es ist ein tiefer, verliebter, bedeutungsvoller Blick, gleichzeitig auch fordernd, den sie auf den Mann wirft.

Das reizende Lächeln ihrer Lippen und ihre leidenschaftlichen Blicke stimmen eine herzbetörende Melodie an, ihre Stimme wird samtweich und beruhigend, und ihre Worte sind wie das Zwitschern der Vögel im Paradies. Der Mann, wenn er auch noch so wenig von diesen Dingen wissen will, wird auf die Frau aufmerksam werden. Manchmal wird der Mann auf sie zukommen, manchmal die Frau auf ihn, und manchmal gehen beide sich entgegen und dann ...

So heißt es denn auch bei dem deutschen Philosophen Schopenhauer: »In dem ersten Blick, der zwischen Mann und Frau gewechselt wird, blitzt das Lebenslicht eines neuen Wesens auf, und ein neuer Mensch kündigt seine Existenz an.«

Sobald eine Frau, ob schön oder häßlich, einen Mann trifft, der zu ihr paßt, ziehen ihre Augen ihn an. In diesem Augenblick sind die Augen der Frau auf einen Punkt im Unendlichen gerichtet, den sie zu sich heranzuholen scheint.

Die Erbanlagen haben in die zauberhaften Augen der Frau ein Funkeln und ein Leuchten gelegt, auf daß sie ihnen, wenn es nötig ist, das Aussehen einer Fata Morgana in der Wüste, den überströmenden Glanz des Sonnenlichts oder die Zartheit der Frühlingsluft geben kann.

Was ist der Grund dafür, daß eine Frau und ein Mann zwischen all den Frauen und Männern in der Welt erkennen, daß gerade sie zusammengehören? Ist es etwa nicht sonderbar, daß unter allen Frauen der Mann sich nur in die eine verliebt oder die Frau sich nur in den einen Mann? Liegt das etwa nur an der Form des Kinns, der Art der Augen oder dem Klang der Stimme? Oder ist es etwas Wunderbareres und Tieferes, etwas Unsichtbares und Unfaßbares?

Wir Männer wissen von Jugend an nicht, wen wir lieben und um wen wir uns bemühen sollen. Wir irren die ganze Zeit verzweifelt umher, bis schließlich eine Frau kommt, uns erwählt und unser Umherirren beendet.

Wir denken immer, wie schön die Welt ist und wie schön sie auch immer bleiben wird. Ungeachtet aller Dinge, die uns zustoßen, gibt es jedes Jahr einen neuen Frühling, sowohl in Europa als auch in Afrika und Asien. Die Sonne geht in dem gleichen schönen blauen Himmel unter, und die Vögel singen für uns heute genauso wie gestern ... und morgen. All diese Dinge sind nur zum Schönsein erschaffen. Ob wir heute leben, oder vor langer Zeit gelebt haben, wichtig ist nur, daß es immer ein Morgen gibt. Das Heute ist auch einmal ein Morgen gewesen. Wenn eine Frau ihren Typ gefunden hat, fühlt sie, daß sie jetzt nicht mehr allein ist, daß sie mit einem Mann vereint ist, mit ihrem Liebsten zusammen und von der Heimatlosigkeit befreit – eine Vereinigung, die keinen Namen hat, etwas Einzigartiges, Unbeschreibliches.

Von da an fühlt die Frau, wie schön die Welt ist – für nichts anderes als zum Schönsein geschaffen. Eine Frau wird nie die Schönheit, die sie bei ihrem geliebten Mann empfunden hat, aufgeben. Dabei ist dieser Punkt natürlich und selbstverständlich: Menschen, die Sexparties veranstalten, sind eigentlich von der Stufe der liebevollen Partnerschaft weit entfernt. Darüberhinaus widerspricht diese Gefühllosigkeit vollständig der Natur der Frau und ihrem sozio-kulturellem Status.

Da der Charakter des Menschen auf der Kultur der jeweiligen Gesellschaft basiert, zerstört ein untertäniger Konsument die Grundfesten der Kultur, der Traditionen und des Wertesystems. Dies erzeugt ein gesteigertes Gefühl der Fremdheit innerhalb der Gesellschaft. Es äußert sich beispielsweise darin, daß die asiatische Frau sich immer mehr an westlichen Wertmaßstäben orientiert. In dieser Situation hat es der Westen nicht mehr nötig, die Überlegenheit seiner Kultur zu beweisen und seine Werte zu propagieren. Weil die Frau selbst sie entdeckt, taucht sie völlig in dieses Wertesystem ein und ist sogar noch stolz darauf. Einen Abglanz dieser Verwestlichung und Entfremdung kann man mit etwas Aufmerksamkeit in den Tendenzen und Neigungen, dem täglichen Konsum der Frau, in den von ihr akzeptierten Maßstäben und Wertvorstellungen, sowie selbst in ihrer Freizeitbeschäftigung und ihrer Lektüre finden. Darüberhinaus entfremdet sich die Frau auch von ihrem eigenen Wesen und ihrer eigenen Natur, und diese Entfremdung verstärkt sich mit jedem Tag. Statt sich zu einen Menschen zu entwickeln, wird sie immer mehr zu einem Mann.

So sind neue »Männer« im Entstehen, die keine richtigen Männer sind, sondern nur gelernt haben, sich eine männliche Pose zu geben, Zigaretten zu rauchen, Alkohol zu trinken, unflätige Ausdrücke zu verwenden und sich männlich zu kleiden – und sie fordern sexuelle Freiheit. Je mehr die Frau auf diesem Weg voranschreitet, desto mehr wird sie ein Mann statt ein Mensch. Es ist ein großer Fehler, daß wir keinen Unterschied erkennen dazwischen, ein Mensch zu werden oder ein Mann, und es nicht voneinander trennen können. Zweifellos wird sich im Zuge der Umgestaltung die Rolle der Frau in der Gesellschaft ändern, und die Gesellschaft wird auch anders mit ihr umgehen, aber dieses veränderte Verhalten wird notwendigerweise nicht eine Hochschätzung ihrer menschlichen Persönlichkeit sein, sondern sie wird zu einer noch bunteren und effektvolleren Ware gemacht werden. Wir sehen, daß die Frau in der Vergangenheit, die noch keine sexuelle Freiheit kannte, in dieser Hinsicht gegenüber der heutigen Frau bevorzugt war, denn sie war in geringerem Maße eine Frau zum Zurschaustellen und eine glänzende Ware gewesen.

Ein erstaunlicher und vielleicht sogar lächerlicher Sachverhalt bedarf hier der Erläuterung: Wenn das Gesetz der Schöpfung der Frau das Recht gegeben hat, einen Mann zu erwählen, müßten sich eigentlich die Männer schminken, um den Frauen zu gefallen. Aber die Männer schminken sich nicht, sondern nötigen die Frauen dazu, sich schön zu machen und sich zu schmücken. Indem die Frauen sich schminken, machen sie sich zum Narren. Warum machen die Männer sich nun eigentlich nicht schön, um den Frauen zu gefallen?

Weil die Männer diese Zivilisation geformt haben und entschieden, daß die Frau in diesem Theater die Rolle einer Puppe zu spielen hat – und die Frauen haben gehorcht.

Es ist eine Tatsache, daß alle Frauen aufgrund ihrer besonderen Körperform, die das Ergebnis der Hormonausschüttung ihrer Drüsen ist, hübsch sind und es gar nicht nötig haben, sich schön zu machen.

Hafis, ein iranischer Dichter, sagt: »Wozu bedarf ein schönes Gesicht des Schminkstifts und des Schönheitsmals?«

Geist und Verstand der Natur, aus denen wir alle erschaffen worden sind, sind viel größer als unser eigener. Wenn wir uns mit etwas Demut der Natur nähern, werden wir feststellen, daß die Schöpfung ohne Makel und Fehler ist.

Aufgrund des Sexualneids bei den ursprünglichen Völkern, der im übrigen selbst bei den Tieren keine Ausnahme ist, haben die Männer den Frauen einengende Kleidung aufgezwungen, um den sexuellen Reiz zu vergrößern.

Es ist das Patriarchat, das die Frauen von Kleidung, Mode, Kosmetika, Gold und Schmuck abhängig gemacht hat. Sie vertreiben sich mit Schminke, Mode, Sich-Schönmachen oder Kleidung, Gold und Schmuck die Zeit und benützen diese Dinge als Werkzeug, um die verschiedensten Ziele zu erreichen.

Heutzutage beleuchtet die Werbung, gestützt auf wissenschaftliche Erkenntnisse, die Schwachpunkte der Menschen, besonders der Frauen, um ihnen schwarz für weiß, krumm für gerade, wenig für viel, Minderwertiges für Qualitätvolles vorzumachen – und das machen sie auch mit. Solche Werbung wird nun nicht etwa getadelt, sondern findet größtes Lob und Anerkennung ob ihres marktwirtschaftlichen Spürsinns.

Auf der ganzen Welt will die Werbung nur eins: ein Ziel anvisieren und die Taschen leeren.

Die Wahrheit ist, daß die Kleidung der Frau keine Sache der Mode ist, sondern der sichtbare Beweis für Sklaverei und Unterdrückung und Ausdruck ihrer Erniedrigung. Das Aufkommen der jetztigen Kleidung für die Frau ging einher mit einer Verschärfung ihrer Unterdrückung und ihrer Umwandlung in einen Wertgegenstand und Besitz, der vor Widerstand und Mut bewahrt werden muß. Die Fortsetzung dieser einengenden Kleiderordnung bedeutet eine Fortsetzung dieser erniedrigenden Lage. Die Freiheit der Kleiderauswahl für die Frau, die die Männer propagieren, ist pure Heuchelei. Niemand, der selbst die

Sklaverei propagiert, kann sich Demokrat nennen dafür, daß er der Frau die angeblich freie Wahl zwischen Freiheit und Sklaverei läßt. Die Sichtweise, die die Frau für die Ursache aller Verderbtheit hält, die Sichtweise, die die Frau zum Besitztum des Mannes erklärt und zu einem Werkzeug zu seiner Lustbefriedigung macht, genau diese Sichtweise zwängt die Frau in eine solche Kleiderordnung. Diese Kleiderordnung ist die logische Folge des Patriarchats und ein beredetes Symbol für die niedrige Stellung der Frau in der Gesellschaft. Aber was verbirgt sich tatsächlich unter der Kleidung der Frau? Das können tausend Dinge sein, aber solange es bedeutet, daß sie diese Form mit Nachdruck akzeptiert, gibt es keinen Zweifel daran, daß sich etwas darunter verbirgt: nämlich das Akzeptieren von Rückständigkeit, Ungleichheit und Sklaverei. Das Tragen von einengender Kleidung ist für die Frauen ein ungeschriebenes Gesetz, das ihnen von der Gesellschaft aufgezwungen wurde. Die Frauen, die im Weltraum- und Atomzeitalter leben, müssen gegen diese falschen Traditionen und die ihnen aufgenötigte Kultur kämpfen und sie beseitigen.

Ich hoffe, daß die Frauen eines Tages die Gelegenheit haben werden, ihre Rechte zu erkennen und die Fehler wiedergutzumachen.

Entsprechend biologischer und physiologischer Untersuchungen am Menschen ist ein Teil des Körperaufbaus und des inneren Körpergleichgewichts bei Mann und Frau gleich und ebenso seine Funktionen. Verschiedene Organe, ganz abgesehen vom Blutkreislauf, den Verdauungsorganen, dem Nervensystem, das für die Muskelarbeit, ihre Kontrolle und die Auslösung der entsprechenden Reflexe unter verschiedenen Umständen zuständig ist, ebenso auch die Größe des Gehirns und seine Fähigkeit, den Körper gegenüber der Schwerkraft der Erde aufrecht zu halten, sowie die Beschaffenheit der Muskeln des Rumpfes und der Leistengegend, Ober- und Unterschenkel so zu halten, daß dem Körper der aufrechte Gang möglich ist – all dies ist ebenfalls bei beiden Geschlechtern gleich. Letztere Gehirnleistung ist deshalb besonders wichtig, weil es die größte Leistung der ersten Menschen war. Wir sehen, daß selbst dies bei Mann und Frau gleich ist. Es gibt auch andere Gehirnzentren, die die Atmung, das Herz und die Blutgefäße kontrollieren und steuern. Ebenso gibt es noch zusätzliche Nervenzentren, die für die anderen Funktionen des Körpers zuständig sind. Die Lern- und Merkfähigkeit des Gehirns ist ebenfalls bei Mann und Frau gleichgroß. Dies bedeutet, daß Frauen und Männer in gleichem Maße an Vernunft und Verstand Anteil haben. Der einzige wesentliche körperliche Unterschied zwischen Mann und Frau besteht in den

Fortpflanzungsorganen, von denen man aber keines höher als das andere einschätzen kann, denn diese beiden Systeme ergänzen sich gegenseitig. Der Grund für diese Verschiedenheit ist die Dualität, die eine natürliche Notwendigkeit ist und grundsätzlich bei fast allen Tieren so entwickelt ist und selbst bei einigen Pflanzen.

## Geschichtlicher Verlauf

### Die Macht und Stellung der Frau im Verlauf der Geschichte

Ist die Weltgeschichte und somit auch unsere Geschichte mit all ihrem Auf und Ab etwa immer eine männliche Geschichte – ohne Frauen – gewesen? Ist die Frau etwa nur dazu geboren, der Lust und dem Vergnügen des Mannes zu dienen? Ist die Frau etwa von Natur aus minderwertiger erschaffen als der Mann? Ist etwa eine körperliche und geistige Schwäche der Frau der Grund für ihre zurückgesetzte Stellung und ihre Abwesenheit auf der gesellschaftlichen Bühne? Wenn dem nicht so ist, welcher Grund hat dann dazu geführt, daß die Frau in den vergangenen Jahrhunderten in eine Ecke der Küche verbannt wurde und unter einem Schleier des Zwangs und der Unterdrückung verborgen war?

Wie ist überhaupt der Mythos von der Minderwertigkeit der Frau und der Höherwertigkeit des Mannes entstanden und verbreitet worden? Was ist der Grund für die Ungleichheit von Mann und Frau? Wie kann die Frau endlich das Joch der unnötigen und unsinnigen Beschränkung abwerfen, ihre wahre Persönlichkeit entfalten und den ihr zustehenden Platz in der menschlichen Gesellschaft einnehmen? Und wann?

Um diese und ähnliche Fragen zu beantworten, habe ich mich zuerst den Schriften jener Forscher zugewandt, die den Anspruch erheben, sich mit der Lage und Stellung der Frau in der Geschichte zu beschäftigen. Ich habe dort nicht gefunden, was ich suchte. Dies wurde zum Antrieb für mich, nach einer logischen und wissenschaftlichen Begründung für die unterlegene Position der Frau in der Gesellschaft zu suchen.

Die meisten Bücher, die über Frauen geschrieben wurden, sind Berichte über eine Minderheit von hochgestellten Frauen, die sich unter ganz außergewöhnlichen Umständen profiliert haben. Diese Bücher beschäftigen sich niemals mit der gesellschaftlichen Stellung gewöhnlicher Frauen, dem Grund für ihre Unterlegenheit – weshalb sie in der Familie nur den zweiten Rang einnehmen und auch rechtlich dem Mann nicht gleichgestellt sind. Einige andere Forscher, die sich mit der Analyse und Erforschung der Stellung der Frau in vergangenen Zeiten befassen, konnten aufgrund fehlender Sachkenntnis das wahre Wesen der Zurückgebliebenheit der Frau in der Gesellschaft nicht erfassen. Die Frauen betreffend glauben sie an die Formel »Verschiedenheit, aber Gleichwertigkeit«, meinen also, daß Mann und Frau zwar gleichwertige

Menschen seien, aber doch verschiedene Eigenschaften und psychologische Besonderheiten hätten. Diese Unterschiede sind nicht von geographischen, historischen oder gesellschaftlichen Gegebenheiten abhängig, sondern liegen im Wesen des Menschen begründet.

Es ist offensichtlich, daß es bei solcher Verschiedenheit kein Verständnis für Gleichheit und Gleichwertigkeit geben kann. Die Verfechter dieser Parole von »Verschiedenheit, aber Gleichwertigkeit« wollen in Wahrheit damit nur eine immer und ewig währende wesenshafte Minderwertigkeit der Frau und Höherwertigkeit des Mannes beschreiben.

*Alexis Carol, Gustav Lobon, Henry Marion* und andere gehören zu den Vertretern der Meinung, daß der Unterschied zwischen Mann und Frau ein natürlicher und wesenshafter ist und schon bei der Geburt klar erkennbar.

Hierzu habe ich eine Untersuchung von *A.Navabakhsh* gelesen und von den darin enthaltenen Informationen und Ergebnissen Gebrauch gemacht.

Beachten Sie beispielsweise ein Zitat des berühmten griechischen Philosophen *Pythagoras:* »Es gibt ein gutes Prinzip, das die Ordnung, das Licht und den Mann erschaffen hat, und es gibt ein schlechtes Prinzip, dem die Unordnung, die Gewalt und die Frau entspringen.«

*Pauline Dolabar* sagt dazu: »Alles, was von Männern über Frauen geschrieben wurde, muß als fragwürdig gelten, denn sie sind gleichzeitig Richter und Ankläger.«

Kurz und gut, diese Leute gelangen zu dem Ergebnis, daß sich Mann und Frau in ihren körperlichen und biologischen Eigenschaften unterscheiden, was Intelligenz und Verstand betrifft nicht gleichwertig sind, und deshalb auch in der Familie und der Gesellschaft nicht gleichgestellt sein können. Mit anderen Worten, sie fassen die Menstruation, die Schwangerschaft oder die Stillzeit als eine angeborene Schwäche und Minderwertigkeit der Frau auf. Auf dieser Grundlage geben sie dem Mann den Rang eines Herrschers und höherwertigen Menschens und der Frau den eines niedereren Wesens. So halten sie auch die rechtliche Gleichstellung von Mann und Frau für einen Widerspruch gegen die Schöpfung. Diese »Wissenschaftler« glauben mit Aristoteles, daß das Verhältnis zwischen Mann und Frau dem zwischen Herrn und Sklaven gleicht, wie zwischen Körper und Geist ist oder wie zwischen Griechen und Barbaren. Die Frau ist ein unvollständiger Mann, der sich nur auf einer niedrigeren Stufe entwickelt. Natürlicherweise ist das männliche Geschlecht höherstehend und das weibliche unterlegen. Das männliche

Geschlecht ist das herrschende und das weibliche Geschlecht das beherrschte. Selbstverständlich schließt dieses Gesetz alle Menschen mit ein. Die Frau hat einen schwächeren Willen und kann deshalb nicht unabhängig sein. Das beste Leben für eine Frau ist also ein ruhiges Familienleben. Frauen müssen anders als Männer erzogen werden, genauso wie es Platon in seiner Gesellschaftsordnung realisieren möchte. Man muß die Unterschiede zwischen Mann und Frau in der Erziehung stärker betonen, nicht ihre Ähnlichkeiten. Sokrates glaubte, daß Tugend bei Frauen und Männern eins sei. Es ist nicht so: Die Tugend der Männer liegt im Befehleerteilen und die der Frauen darin zu gehorchen, wie auch *William James Durant* sagt: »Die Ehre der Frau ist es zu schweigen«.

Anders ausgedrückt ist es die Meinung dieser Sorte von Autoren, daß der Mann schon immer das Oberhaupt der Familie und der Träger aller moralischen und schöpferischen Kräfte gewesen ist, während die Frau nur eine nutzlose Gebärmaschine ist, die nie eine besondere Rolle in der menschlichen Zivilisation gespielt hat und immer nur vom Mann ausgehalten wurde. Im wirtschaftlichen sowie gesellschaftlichen Leben konnte sie nie mit dem Mann gleichziehen und war es auch nicht wert.

Heute beweist uns die breitere wissenschaftliche Forschung, daß der Grund für die niedrigere Stellung der Frau und ihre Abhängigkeit von dem Mann nicht eine natürliche Überlegenheit des Mannes war. Das Patriarchat war der wahre Grund für die Beschneidung des weiblichen Einflusses, sowohl in der Warenproduktion als auch in kulturellen und gesellschaftlichen Angelegenheiten. Die Leitung der Wirtschaft durch den Mann und die zweitrangige Rolle der Frau in der Produktion haben das Schicksal der Frau verändert.

Die Psychologie der Erniedrigung und des Kleiderzwangs haben bis zu einem bestimmten Grad Einfluß auf jede Frau, die in eine von Männern beherrschte Gesellschaft hineingeboren wird.

So wie der französische Wissenschaftler *Jean Rostant* formuliert: »Mädchen und Jungen leben nicht in dem gleichen Milieu, in Wahrheit unterscheidet sich ihre Welt voneinander. Man kann die Mentalität eines Kindes nicht anhand der Länge seiner Haare, dem Modell seiner Kleidung oder der Art seines Spielzeugs definieren, sondern die ganze Gesellschaft prägt dem Individuum auf unsichtbare Weise schon im Augenblick seiner Geburt durch unveränderliche Faktoren eine Rolle und ein Muster auf. Das Verständnis von Männlichkeit und Weiblichkeit ist immer in großem Maße von der Gesellschaft bestimmt und geformt. Es ist falsch, wenn wir sie aufgrund körperlicher Verschiedenheiten, die jeweils dem Mann oder der Frau zu eigen sind, vollständig getrennt sehen.« Anders ausgedrückt: Der Mensch kommt entweder als Mann zur Welt oder als Frau. Dies ist eine genetische Angelegenheit, aber die darüberhinausgehenden Unterschiede in der gesellschaftlichen Rolle von Mann und Frau sind das Produkt gesellschaftlicher Zwänge. Also sind die Menschen rein organisch gesehen in allen geschichtlichen Epochen gleich gewesen, in gesellschaftlicher Hinsicht haben sie verschiedenste Gestalten angenommen. Die Frau hat immer einen bestimmten gleichen Körperbau, aber die umfassenden Studien von *Margaret Mead*, einer berühmten amerikanischen Ethnologin, haben gezeigt, daß verschiedene Gesellschaftsordnungen den Frauen verschiedene Rollen zugewiesen und verschiedene Erwartungen an sie gestellt haben. Der menschliche Organismus, wie auch immer er beschaffen sei, steht in Abhängigkeit zur Gesellschaft und formt sich gemäß ihren Notwendigkeiten.

Auch diesen Punkt wollen wir nicht verschweigen: Unter den ersten Menschen war die Frau noch kein Mittel zur Lustbefriedigung des Mannes. Jede Ausnützung der Frau und überhaupt jede Art von Ausbeutung ist eine Besonderheit der Klassengesellschaft. Wenn es in den ursprüglichen Gesellschaften Überlegenheit gab, dann jedenfalls nicht in dem Außmaß, wie sie mit Beginn der Geschichte in der Klassengesellschaft entstand. Die frühen Menschen waren dagegen aufgrund einfachster Werkzeuge und begrenzten Lebensraums dazu gezwungen, alle menschlichen Kräfte zu vereinigen. Alle zusammen, Mann und Frau, groß und klein, haben gemeinsam, wie ein Körper, an der Produktion von materiellen Werten gearbeitet und das, was sie herstellten und erreichten, gerecht unter sich aufgeteilt. Auf solch einer Stufe gab es keine Möglichkeit für den Mann, auf die Arbeitskraft der Frau bei der Produktion zu verzichten, sie nur zu einem Lustobjekt zu machen und im Haus einzusperren.

Andererseits war die Frau in der Vergangenheit nicht immer dem Mann untergeordnet. Es gab Stammesgesellschaften, in denen Frauen sogar eine höhere Position als der Mann einnahmen, und sie waren das Oberhaupt der Familie wie auch eines ganzen Familienzusammenschlusses, denn ihnen unterstand die wirtschaftliche Existenzgrundlage. Diese Frauen hatten viel Einfluß und Autorität. In den noch früheren Gesellschaftsformen, noch bevor die Frauen die Herrschaft erlangt hatten, waren sie doch schon Wächter des Feuers und Schöpfer und Erbauer des Tongeschirrs. Sie sind mit einen Stock in der Hand auf die Suche nach eßbaren Pflanzenwurzeln gegangen und haben Früchte von den wildwachsenden Bäumen gepflückt. Frauen haben langsam alles über die Pflanzen und ihr Wachstum gelernt und sind so zu Bäuerinnen geworden.

Die ersten Anpflanzungsbemühungen der Frauen geschahen auf Schwemmland. In dieser Epoche, der Neu-Steinzeit, war der Mann nur mit dem Jagen beschäftigt, während die Frauen bei ihren ersten Anpflanzungen viel Neues entdeckten. Deswegen herrschte ein Ungleichgewicht zwischen den Pflichten und der Rolle des Mannes und denen der Frau, in der Gesellschaft wie auch in der Familie. Dieses Ungleichgewicht bewirkte dann die Entstehung des Matriarchats: Die Frau regelt die Stammesangelegenheiten, wird zur Priesterin und knüpft gleichzeitig die Familienbande, denn sie wird für die eigentliche Trägerin der Blutlinie gehalten.

Eine andere Situation finden wir im Zeitalter des Patriarchats, dessen Bedingungen unter anderem zur Hexenverfolgung und zur Verdrängung der Frau aus der Wirtschaft geführt haben. Die Frau hat weniger Einfluß auf die Produktion und bis zur industriellen Revolution, in der Maschinen die menschliche Arbeitskraft zu ersetzen beginnen, gelingt es ihr nicht, die Fesseln der Sklaverei zu zerreißen und einen Weg zu finden, ihre Menschenrechte zu erlangen.

Die Frauen können ihre Freiheit nicht dadurch erreichen, daß sie nur das Haus ihres Vaters verlassen und in das Haus ihres Mannes ziehen, in einer Firma Arbeit finden, nach Arbeitsschluß nach Hause gehen und ihren Haushalt in Ordnung bringen.

Diejenigen, die behaupten, Hausarbeit sei nur Zeitvertreib – ganz einfach und wahrhaft ein Vergnügen – verschließen die Augen davor, daß dies eine sehr ermüdende, eintönige und stupide Arbeit ist. Es ist offensichtlich, daß die Frauen, selbst wenn sie alle Menschenrechte besäßen, trotzdem noch unterdrückt wären, denn alle Arbeit im Haushalt würde weiterhin auf ihnen lasten.

In Schweden werden jährlich 2 140 000 000 Stunden auf die Hausarbeit verwandt. Diese Summe wurde errechnet und mit den 1 290 000 000 Stunden, die Frauen jährlich in der Industrie arbeiten, verglichen.

Die Chace Manhattan Bank veranschlagt die durchschnittliche Gesamtstundenzahl, die die Frauen in den USA wöchentlich arbeiten, auf 99,9 Stunden. Unter allen Umständen muß man sagen, daß die rein körperliche Konstitution der Frauen sie niemals zwangsläufig und auf immer und ewig zu niedriger und simpler Hausarbeit verdammt hat. In fast allen bäuerlichen Gesellschaftsformen verrichten die Frauen ebensoviel, wenn nicht sogar mehr Feldarbeit als die Männer.

Der bekannte in die USA emigrierte Philosoph *Herbert Marcuse* antwortete auf die Fragen, die sich ihm in diesem Zusammenhang stellten, folgendermaßen: »Wenn man überzeugt ist, daß die Frauen auf jeden Fall ihren Haushalt verlassen und Arbeit finden müssen, frage ich mich, ob der Mensch das tatsächlich Freiheit nennen darf. Das, was auf diese Weise entsteht, sind tausend neue Sekretärinnen, die dazu gezwungen sind, täglich acht Stunden und mehr in einem Büro zu sitzen und idiotische Briefe, die idiotische Chefs ihnen über idiotische Probleme diktieren, abzutippen, oder jeden Tag im Stehen acht Stunden lang eintönige und stupide Arbeiten auszuführen. Das ist keine Freiheit.« Also ist das Ergebnis, wie auch *Hernan San Martin*, ein chilenischer Ethnologe und Soziologe, schreibt: »Die wirtschaftliche Abhängigkeit der Frau und auch der Mythos von ihrer Minderwertigkeit gegenüber dem Mann hängt nicht mit ihrem Frausein zusammen, sondern direkt mit den Wirtschaftskartellen des Landes und deren Aktivitäten. Die fehlende oder nur geringe Beteiligung der Frauen am gesellschaftlichen Leben steht in keinerlei Zusammenhang mit ihren biologischen oder psychischen Eigenschaften, sondern hängt von gesellschaftlichen Faktoren ab, die Schranken aufgebaut haben, die Frauen daran hindern, eine aktive gesellschaftliche Rolle zu spielen.«

Mit anderen Worten, es sind die gesellschaftlichen Zusammenhänge, die sich in den Beziehungen innerhalb der Familie und zwischen Mann und Frau widerspiegeln, den Mann als überlegenen Tyrannen zeigen und die Frau zu einem unterdrückten Wesen zweiter Klasse machen.

Es ist in jedem Fall ganz deutlich, daß diese Ungleichheit im Lauf der Geschichte nie zum Nutzen weder des Mannes noch der Frau gewesen ist, sondern das Glück des Mannes nicht ohne das Glück und die Freiheit der Frau und das Glück der Frau nicht ohne die Freiheit des Mannes zu erreichen ist. So sagte *Jorge Enrigue Adom*, ein Dichter und Schriftsteller aus Ecuador: »Wir alle, ob Mann oder Frau, haben in diesem unheilvollen und beschämenden Spiel, das man Diskriminierung nennt, verloren.« Demgemäß ist also der einzige Weg zu wirklichem Glück der, daß wir das alte Märchen von der Überlegenheit des Mannes beiseite legen und die falschen Vorstellungen, die wir jahrtausendelang von den Frauen hatten, die schließlich unsere Mütter, Ehefrauen, Schwestern – also uns ebenbürtig sind, in Vergessenheit geraten lassen. Das einzig dauerhafte Glück kann nur darin bestehen, daß wir einander annehmen und verstehen, denn Verständnis und Liebe sind die einzigen Lichter, die uns in der dunklen Nacht unseres Daseins leuchten können.

In der malaysischen Gesellschaft ist die Stellung des Vaters ausschließlich gesellschaftlich begründet. Ein Teil dieser Stellung erwächst aus den Pflichten, die er gegenüber den Kindern seiner Frau übernimmt. Er muß das Kind auf den Arm nehmen und in der Zeit, wo die Mutter müde ist, auf es aufpassen und es versorgen. Er muß die natürlichen Bedürfnisse des Kindes befriedigen und es sauber halten. In der dortigen Umgangssprache gibt es eine große Anzahl von Ausdrücken zur Vaterschaft und deren Problemen und auch zu der großen Dankbarkeitspflicht des Kindes gegenüber dem Vater. Ein trobriandischer Vater ist das Muster eines pflichtbewußten und besorgten Kindermädchens und ist sich seiner von den Traditionen der Gesellschaft auferlegten Aufgaben voll bewußt.

Der Ethnologe *Bronislav Malinowski* konnte während seines Aufenthalts auf der Insel Trobriand, trotz ausführlicher Diskussionen mit seinen ortsansässigen Freunden, diese nicht davon überzeugen, daß der Vater auch bei der Zeugung des Kindes eine Rolle spielt. Die Bewohner der Insel betrachten nach Aussage Malinowkis das Problem aus dem Blickwinkel der phantastischen Geschichten, die ihnen christliche Missionare erzählt haben.

Die Auffassung der Bewohner von Trobriand über die bedeutendere Rolle der Frau bei der wunderbaren Zeugung von Leben ist nicht so falsch, denn es ist erwiesen, daß in der Welt der Tiere das weibliche Geschlecht dem männlichen nicht nur körperlich, sondern auch chronologisch gesehen überlegen ist. Denn chronologisch gesehen war nur das weibliche Geschlecht der Erhalter der Art. Auf einer niedrigeren Stufe des Lebens erfolgte Fortpflanzung hauptsächlich durch Teilung, und es gab kein männliches und weibliches Geschlecht. Bei den Menschen gebären jetzt die Frauen Kinder, und das ist genau die Art von Teilung, die auch bei der Amöbe stattfindet. Die Rolle des Mannes ist untergeordnet und nicht unbedingt notwendig. Sowohl in der Natur als auch in den Labors hat sich gezeigt, daß der Mann überflüssig ist. Es ist eine bittere Wahrheit, daß am Ursprung aller Tierarten das weibliche Prinzip steht und der Mann nur eine untergeordnete Abspaltung darstellt. Später hat sich ein Teil der Aufgaben, die das weibliche Geschlecht hatte, im männlichen Geschlecht verkörpert und ist ihm zugewiesen worden. Im großen Schauspiel der Geburt, das der Angelpunkt des Lebens ist, ist die Rolle des Mannes noch untergeordneter; er ist nur ein Komparse. Im entscheidenden Augenblick der Niederkunft steht der Mann verwirrt und hilflos neben der Frau und erkennt letztlich die Nutzlosigkeit seiner Existenz im Spiel des Lebens. In diesem Moment versteht er, daß die Frau ihrem Geschlecht näher steht, mehr mit ihm verbunden ist, daß die

Wundersamkeit der Zeugung in der Existenz der Frau liegt und die Schöpfung ihrem Blut und ihrem Körper entspringt. Er begreift langsam, warum die Naturvölker und großen Religionen die Gestalt der Mutter verehren.

## Die Frau in der Stammesgesellschaft und im Matriarchat

Am Anfang der Entwicklung der menschlichen Gesellschaft spielten Mann und Frau in der Wirtschaft eine ebenbürtige Rolle. Deshalb schreibt der Archäologe *P. A. Manku*: »Die Werkzeuge der Neandertaler gehörten beiden Geschlechtern, den Männern ebenso wie den Frauen.

Auch in den heutigen noch nicht weiterentwickelten Stammesgesellschaften ist die Grenze zwischen Frauenarbeit und Männerarbeit nicht so eindeutig festzulegen. So beschäftigen sich beispielsweise die Frauen des Stammes *Mossi* in Afrika nicht nur mit der Kinderbetreuung und dem Haushalt, sondern sind gleichzeitig auch Schmiede, Töpfer und Korbflechter. Bei den im Süden von Angola und in Simbabwe ansässigen Stämmen können die Frauen ebenfalls Landwirtschaft betreiben und sogar politische Macht erlangen. Unter den *nekutischen* Stämmen im Süden Afrikas ist das Melken der Kühe, welches eine hochangesehene Arbeit ist, den Männern überlassen, während Korbflechten und Töpfern Frauenarbeit ist.«

Die Ethnologen haben durch Beobachtungen bei Völkern, die noch auf einer frühen Stufe der landwirtschaftlichen Entwicklung stehen, und durch Untersuchungen an Mythen und Märchen der verschiedensten Nationen bewiesen, daß Ackerbau eine Erfindung der Frauen ist. *Ernest Mandel* schreibt: »Bei dem Stamm der *Patak*, die in Indonesien leben, sagt man zu der Frau *pasi-kadunk*. Wörtlich bedeutet *pasi* in ihrer Sprache »Werkzeug« und *kadunk* bedeutet »Produktion« – zusammen also ungefähr die Bedeutung »Ackerbauer«. Ebenso ist das Matriarchat, dessen Vorhandensein sich bei den verschiedensten Völkern dieser gesellschaftlichen Entwicklungsstufe nachweisen läßt, auch mit der Bedeutung der Frau bei der Entdeckung und Weiterentwicklung der Landwirtschaft verbunden. Ein weiterer Forscher, *Debiprasad Chattopadhyayya*, hat aufgrund seiner Untersuchungen anhand alter Literatur- und Geschichtswerke seiner Heimat Indien ebenfalls den Zusammenhang zwischen der Rolle der Frauen als die ersten, die Landwirtschaft betrieben, der Gesellschaftsordnung des Matriarchats und dem Kultus der Fruchtbarkeitsgöttin gründlich analysiert. Letzlich haben auch

*Gordon Childe, John Bernal, Herzfeld, Ralf Linton, William James Durant, Ghirshman* und eine Reihe weiterer sowjetischer Forscher mit ihren ausgedehnten Untersuchungen zweifellos bewiesen, daß die Frau die Technik des Ackerbaus entdeckt hat. Die landwirtschaftliche Arbeit lag auf jeden Fall bis zur Erfindung des Pflugs in den Händen der Frauen. Sie haben die Felder mit Hilfe von spitzen Stöcken, Hirschgeweihen, steinernen Hacken oder ähnlichem gepflügt. Ihre Ernte haben sie mit Sicheln aus Feuerstein eingebracht. Mit der Zeit lernten sie auch, Getreide in steinernen Mörsern zu Mehl zu mahlen, daraus Teig zu fertigen, diesen auf heißen Steinen auszubreiten und so etwas wie Brot herzustellen. So ist auch das Bäckerhandwerk von Frauen erfunden worden.

Die Landwirtschaft blühte auf und gewann langsam höhere Bedeutung als die Jagd, und damit erhöhte sich auch die Stellung der Frau in der frühen menschlichen Gesellschaft. Die patrilineare Erbfolge, die sich in der Epoche der Jagd langsam durchsetzte und die matrilineare abzuschaffen drohte, wurde gestürzt. Die Entdeckung der Landwirtschaft durch die Frau auf dem Weg der Weiterentwicklung der Produktionskräfte erzeugte eine große Umwälzung und hinterließ im sozialen und wirtschaftlichen Leben aller menschlichen Gesellschaften dieser Zeit eine tiefe Spur – beispielsweise erzeugte die landwirtschaftliche Produktion ein erhebliches Bevölkerungswachstum.

Wie oben schon kurz erwähnt, hat die Frau nach der Landwirtschaft auch das Brotbacken entdeckt. Brot herzustellen erfordert neben einem besonderen Backofen auch biochemische Kenntnisse, um die einzelnen Komponenten, die für einen Teig nötig sind, zu ermitteln. Diese ersten biochemischen Erkenntnisse, die die Frauen durch Erfahrung gesammelt hatten, bildeten auch die Grundlage für die Herstellung von alkoholischen Getränken durch Gärung. Bereits zu Beginn der Geschichte Ägyptens und Mesopotamiens kannte man die Bierherstellung, und die Sumerer opferten ihren Göttern, um sie gnädig zu stimmen, etwas von diesen alkoholischen Getränken. Diese Getränke gehörten seit dem 3. Jahrtausend v. Chr. zu den wichtigsten Existenzmitteln sowohl der europäischen als auch der asiatischen Völker. Für ihren Genuß bei religiösen Festlichkeiten wurden besondere Trinkgefäße und Krüge geschaffen. Aufgrund von ethnographischen Dokumenten kann man darauf schließen, daß diese Entdeckungen durch Frauen erfolgte. Sie wurden durch die Töpferei mit der Chemie bekannt, durch das Spinnen mit Physik, durch Weben mit Mechanik, und der Anbau von Baumwolle eröffnete ihnen Kenntnisse in Botanik.

Töpferei und Gefäßherstellung, die von Frauen betrieben wurde, begründeten nicht nur die Chemie als Wissenschaft und die Metallerzgewinnung, sondern hatten auch andere bedeutende Einflüsse auf das Denken der Menschen. Die Herstellung von Gefäßen aus Lehm ist tatsächlich ein leuchtendes Beispiel für die schöpferische Kraft des Menschen. Er konnte auf diese Weise einen weichen, formbaren Lehmklumpen in eine beliebige Gestalt bringen. Der Töpfer schuf so jede Form, die ihm gefiel.

Durch die Töpferei wurde dem Menschen für immer seine Fähigkeit bewußt, aus etwas Gestaltlosem eine Form schaffen zu können. Die vielen Metaphern in der Bibel, die sich auf das Töpferhandwerk beziehen, geben ein gutes Beispiel davon.

Mit dem Anbau verschiedener Nutzpflanzen nahmen Kleider aus Baumwolle und später auch aus Wolle den Platz von Lederbekleidung und Röcken aus Blättern ein. Dafür waren aber noch weitere komplizierte Erfindungen und Entdeckungen nötig – als Beispiel kann das Spinnrad genannt werden. Da Landwirtschaft und Stoffherstellung weitgehend Frauenarbeit waren, muß man sagen, daß auch diese wichtige Erfindung durch Frauen erfolgte.

Im großen und ganzen war der Mann als Jäger auf dieser Entwicklungsstufe die meiste Zeit des Jahres damit beschäftigt, sich von den Strapazen der Jagd zu erholen, während die Frau außer der Feldarbeit auch den Haushalt in Ordnung hielt, Kinder zur Welt brachte, sie stillte und jahrelang auf ihrem Rücken herumtrug, Essen kochte, Brot buk, Kleidung und Schuhe herstellte. So erfolgte in den einfachen Gesellschaftsformen ein großer Teil des wirtschaftlichen Fortschritts durch Initiative der Frauen; das heißt zu einer Zeit als die Männer immer noch mit den einfachsten Werkzeugen zur Jagd gingen, entwickelten die Frauen zu Hause die Landwirtschaft weiter und begründeten andere Handwerksformen, von denen jede zur Grundlage eines wichtigen Industriezweigs wurde. Diese Frauen waren es, die als erste Baumwolle spannen und zu Stoff verarbeiteten. Und so ist es auch die Frau, die einen Fortschritt in der Weberei, Kleiderherstellung, Töpferei, Korbflechterei, Schreinerei und beim Bauen von Häusern erst möglich machte. Gleichzeitig war sie es auch, die Handel trieb und darüber hinaus auch noch den Familienzusammenhalt gewährleistete.

Also gehörten die Entdeckungen im Bereich der Landwirtschaft und die anderen Arbeiten, die die Frauen in und um das Haus herum verrichteten, zu den Dingen, die die Existenzgrundlage der Menschen sicherten, während die Jagd, der die Männer nachgingen, zu sehr vom

Zufall abhängig war, um den Lebensunterhalt der Stammesmitglieder zu gewährleisten. Diese Tatsache erhöhte die Stellung der Frau im wirtschaftlichen Leben des Stammes und machte sie sogar zu dessen Oberhaupt. Diese Entwicklungsstufe nennt man in der Geschichte *Matriarchat*, und sie bestand über Tausende von Jahren, während derer die Frau die politische und wirtschaftliche Macht innerhalb des Stammes besaß. Die Männer gingen zu den Frauen und lebten in deren Häusern. Die Frau genoß größere Achtung als der Mann, und die Männer unterstanden dem Befehl der Frauen. Die Kinder wurden nach der Mutter benannt, und auch die Erbfolge war matrilinear. Daher haben die Männer die Frauen auch nie als bloßes schmückendes Beiwerk oder als Spielzeug zu ihrer sexuellen Lustbefriedigung betrachtet, und die Frauen waren den Männern weder an Tapferkeit noch an Ausdauer unterlegen. Die Frau war mächtig und ausdauernd und konnte viele Stunden auch die schwerste Arbeit verrichten. Wenn es nötig war, war sie sogar bereit, für ihre Kinder und ihre Familie zu kämpfen.

Malinowski schrieb in der Zeit, in der er in Neu-Guinea ethnologische Studien durchführte: »Bei den Bewohnern der Insel Trobriand ist die Gesellschaftsorganisation noch heute matrilinear geprägt.« Und zwar dergestalt, daß sie in einer Gesellschaftsordnung leben, die die Genealogie allein von der Mutter ableitet und in der auch die Erbfolge mütterlicherseits geregelt ist. Ein Junge oder ein Mädchen gehören so zu einer großen Familie oder einem Stamm. Der Junge bekommt seine gesellschaftliche Stellung und Würde gemäß der des Bruders seiner Mutter zugewiesen, und sowohl Söhne als auch Töchter erhalten ihr Erbe von ihren Onkel und Tanten mütterlicherseits, nicht von ihrem Vater. Malinowski ergänzt: »In dieser Gesellschaft betrachten die Kinder ihren Vater nur als fürsorglichen Freund und Vertrauten für Gespräche, während der Bruder der Mutter innerhalb der Familie die Aufsicht führt.

Die Frau ist in keiner Weise von ihrem Mann abhängig. Sie verfügt über ihr eigenes Vermögen und hat persönliche Einflußmöglichkeit in privaten und gesellschaftlichen Belangen. Die Kinder erleben nie, daß die Mutter vom Vater unterdrückt oder geschlagen wird.«

Einige Überreste des Matriarchats kann man auch noch in diesem Jahrhundert bei einigen afrikanischen Stämmen finden. Bei manchen südafrikanischen Stämmen ist Landwirtschaft, die mit sehr einfachen Werkzeugen betrieben wird, Frauenarbeit. Die politische Macht liegt praktisch in Frauenhand. Mädchen sind in sexueller Hinsicht völlig frei. Der Ehemann hat in der Familie keine besondere Machtstellung, das

Familienoberhaupt ist der große Bruder der Ehefrau. Ein Sohn geht, sobald er dem Kindesalter entwachsen ist, zu seinem Onkel mütterlicherseits, der dann alle Erziehungspflichten ihm gegenüber übernimmt. Der Vater hat seinem Kind gegenüber keinerlei Besitzansprüche. Er hält es ausschließlich für seiner Frau und deren Bruder zugehörig, weshalb er auch keinen biologischen Grund hat, die Keuschheit seiner Frau zu überwachen.

## Die Machtergreifung des Mannes

Die Entdeckung von Metall, besonders von Eisen, und seine Verwendung bei der Herstellung von Werkzeugen wie Hacken, Schaufeln und Pflügen führte zu einer starken Ausbreitung des Ackerbaus wie auch der Viehzucht. Die menschliche Arbeitskraft gewann an Wert. Eine Ausweitung von Produktion und Verbrauch wurde möglich. Die ursprünglichen Völker konnten mehr herstellen, als sie zur unmittelbaren Stillung ihres Hungerbedürfnisses benötigten, und so einen Teil ihrer Produktion für schlechte Zeiten lagern.

Durch eine Weiterentwicklung der Viehzucht und der Verwendung von Metallwerkzeug bei der Felderbestellung wurden Ackerbau und Viehzucht zu den beiden wichtigsten Wirtschaftszweigen. Die veränderte Produktionsweise brachte auch entscheidende Veränderungen innerhalb der Gesellschaft mit sich: Die Stammesgesellschaft löste sich in kleinere Einheiten auf.

Das Aufblühen der Landwirtschaft brachte einen Rückschlag für die Stellung der Frau innerhalb der Gesellschaft und führte dazu, daß langsam der Mann die wirtschaftliche Macht übernahm und zum Oberhaupt der Familie wurde, denn die Landwirtschaft war zur wirtschaftlichen Existenzbasis geworden und erforderte die gesamte Zeit und Arbeitskraft des Menschen. Also engagierte sich der Mann vollständig in dieser Arbeit, während die Frau, die auch noch die Hausarbeit zu verrichten und Kinder großzuziehen hatte, nicht gleichwertig neben dem Mann an der Feldarbeit teilnehmen konnte. Während der Mann also auf Jagd ging und oft auch ohne Beute nach Hause zurückkehrte, bestellten die Frauen die Felder, säten, ernteten und gebaren Kinder. Alles, was sie schufen, war von Fruchtbarkeit und Erfüllung getragen. Und so sahen die Männer, wie im August die Frauen das Korn mit der Sense mähten, und sie dachten, daß Frauen nicht nur Leben geben, sondern auch nehmen können. War nicht jene, die dort auf dem Feld für ihre und der Kinder

Nahrung sorgte, auch die andere, die das Menstruationsblut allmonatlich aus ihrem Körper stieß und dann sogar beim Aussetzen dieses Zyklus nach neun Monaten ein neues menschliches Wesen schuf? War diese Starke aber nicht eine Schwache, die in diesen neun Monaten nicht den Pflug über das Feld führen konnte, sondern auch auf die Muskelkraft des kriegerschen männlichen Jägers angewiesen war, und war sie nicht in dieser Schwäche auch ähnlich der Beute, die er – wenn seine Jagd erfolgreich gewesen war – in ihrem Blut nach Hause tragen könnte? Das Schneiden des Korns mit der scharfen Sichel aber erweckte in ihm unterbewußt das Gefühl einer irrationalen Welt, in der das Weibliche bedrohlich und beängstigend war. Die uralte Kastrationsangst erwachte beim Anblick dieser starken Frauen, die das Emporschießende, Hervordrängende mit einem kurzen Schnitt niedermähen konnten. Diese Angst aber war es, die der Mann beherrschen wollte und damit auch die Verursacherin dieser Angst – die Frau. So vollzog sich der Übergang vom Matriarchat zum Patriarchat, unmerklich zunächst für die Frau, der es kraft ihrer natürlichen Veranlagung nicht in den Sinn kam, nach äußerer Macht zu streben. Es war ihr angenehm, daß der Mann ihr während der Schwangerschaft die Arbeit auf dem Feld abnahm und sich um das Vieh kümmerte. Der Mann aber erlangte Zugang in eine weibliche Domäne und besetzte sie ganz. Dadurch gab die Frau ihre wichtige Stellung bei der landwirtschaftlichen Produktion auf und trat sie an den Mann ab. Die Viehzucht war dagegen schon lange Männerarbeit gewesen. Ein weiterer Grund war das Aufkommen des Pfluges, der zu seiner Benutzung größere Muskelkraft erforderte. Frauen konnten wegen ihrer körperlichen Schwäche und beschränkten Einsatzfähigkeit während der Schwangerschaft und in der Menstruationszeit aufgrund von rituellem Verhalten nicht wie der Mann in der Landwirtschaft mitarbeiten und während des ganzen Jahres ihre Zeit dafür einsetzen. So ging die Landwirtschaft von der Frau auf den Mann über.

Darüber hinaus lernte der Mensch mit der Ausweitung der Landwirtschaft und der Viehzucht für das Tragen von Lasten, das früher den Frauen vorbehalten war, Tiere einzusetzen. Diese Entdeckung befreite die Frauen zwar von dieser zermürbenden Arbeit, minderte aber gleichzeitig ihren Wert und ihre Stellung. Ebenso wissen wir, daß die Verwendung von Metall den Abbau von Eisenerzen und deren Bearbeitung erfordert – und damit Personen, die diese Arbeit beherrschen, das heißt, das Erz für den Gebrauch vorbereiten und später daraus Werkzeuge formen können. Es entstanden also neue Aufgaben innerhalb der Gesellschaft, die nicht von allen bewältigt werden konnten, sondern nur von geeigneten Personen, wie beispielsweise von Schmieden. In der Vergangenheit waren also alle handwerklichen Arbeiten von Frauen verrichtet worden, später aber wurden verschiedene Handwerker dafür zuständig.

Damit entglitten den Frauen auch die handwerklichen Tätigkeiten. Selbst ihre Stellung innerhalb des Hauses wurde erschüttert, und sie fielen vollständig aus dem Produktionskreislauf heraus. Die Erfindung des Pflugs hatte noch einen anderen Einfluß auf den Niedergang der Stellung der Frau: In einer Wirtschaftsordnung, die nur auf dem Zusammentragen der unmittelbar nötigsten Existenzmittel aufgebaut ist, kann es keine Sklaven geben. Wenn man einen Feind gefangennahm und ihn zu einem Sklaven machte, führte das zu einer Einschränkung der eigenen Eßration. Also mußte die Sklavenhaltung auf ein Minimum beschränkt sein. Die Erfindung des Pflugs aber führte dazu, daß man die Kriegsgefangenen, die man früher meist getötet und aufgegessen hatte, am Leben erhielt und sie zum Arbeiten gebrauchte. So ersetzte die Sklaverei den Kannibalismus, und die Sklavenhaltung nahm ihren Anfang.

Die Arbeit eines Sklaven hatte für den Sklavenhalter großen Nutzen, denn der Sklave konnte durch Benutzung des Pflugs und anderer neuer Metallwerkzeuge mehr produzieren, als er selbst zum Leben brauchte. Ein Aufschwung der Sklavenhaltung erfolgte und brachte einen Produktionsanstieg in der Gesellschaft mit sich. Neben männlichen Sklaven für die Feldarbeit hielt man auch weibliche Sklaven für die Hausarbeit und zur eigenen Lustbarkeit. Dies führte wieder zu einer Abwertung der Hausarbeit, die von Frauen verrichtet wurde, und erniedrigte ihre Stellung auf die eines Sklaven.

Gemäß dieser Veränderungen hat die Frau, die in den Anfängen der Nahrungsmittelproduktion das Oberhaupt der Familie war, durch die Weiterentwicklung der Viehzucht und die Erfindung des Pflugs, der die Menschen vom Sammeln von Nahrung unabhängig machte, ihren Platz in der Gesellschaft aus der Hand gegeben. Die Männer gehen nicht mehr zur Jagd, sondern beschäftigen sich mit Ackerbau und Viehzucht und beginnen die Frau zu beherrschen. Jetzt wird der Mann nicht mehr als der Familie seiner Frau zugehörig betrachtet, sondern die Frau zieht in das Haus ihres Ehemannes und gehört somit zu seiner Familie. Die Abstammung der Kinder erfolgte – entgegengesetzt der Praxis zur Zeit des Matriarchats, als dies nach dem Namen der Mutter geschah und sie von ihr erbten – in dieser Epoche nach dem Namen des Vaters, und die

Erbfolge richtete sich ebenfalls nach ihm. Mit der Ausweitung der Landwirtschaft, die viel Gemeinschaftsarbeit und große Körperkräfte forderte, mußte sich auch die Familie vergrößern. Der Mann versuchte deshalb auf der einen Seite durch viele Kinder, auf der anderen Seite dadurch, daß er mehrere Frauen heiratete, sich Arbeitskräfte für die Landwirtschaft zu sichern. In den Anfängen des Patriarchats existierte die Polygamie also hauptsächlich aus wirtschaftlichen Gründen und war überall von Frauen und Männern akzeptiert. Der Grund für die Zustimmung der Frau zu dieser Praxis war, daß je mehr Ehefrauen ihr Mann hatte, desto besser auch die Haus- und Feldarbeit unter ihnen verteilt war, und es die einzelne desto einfacher hatte. Die erste Ehefrau eines Mannes gehörte einer besonders hohen gesellschaftlichen Schicht an, war in der Familie als Oberhaupt der anderen Frauen geachtet und leitete alle gemeinsamen Tätigkeiten und Ereignisse. Die Pflicht des Ehemannes war es, seine Zeit gerecht zwischen seinen Frauen aufzuteilen und immer ein paar aufeinanderfolgende Tage bei jeweils einer zu verweilen. In dieser Zeit hatte die betreffende Frau den alleinigen Anspruch auf ihren Mann. Dazu gehörte auch, daß sie von jedem wirtschaftlichen Gewinn, den ihr Mann in dieser Zeit machte, einen kleinen Anteil bekam.

Im allgemeinen besprach sich jeder Mann, wenn er eine neue Frau heiraten wollte, mit all seinen schon vorhandenen Ehefrauen und fragte nach deren Meinung. So geschah es nicht selten, daß die Frauen ihren Mann darin bestätigten, eine zusätzliche Frau, die ihrer Meinung nach fleißig, verträglich und anständig war, zu ehelichen.

Wie auch immer haben die Erfindung des Pflugs, die Ausweitung des Ackerbaus und der Viehzucht und der Einsatz von Sklaven bei der Haus- und Feldarbeit eine große Veränderung der Lebensumstände des Menschen mit sich gebracht. Der Mann wurde zum Oberhaupt der Familie, und das Patriarchat löste das Matriarchat ab. Dies geschah selbstverständlich nicht überraschend. Auf einer früheren Stufe des Patriarchats war die Ungleichheit der Stellung von Mann und Frau noch nicht so offensichtlich. Da hatte die Frau aufgrund ihres wirtschaftlichen Wertes noch eine relativ hohe gesellschaftliche Stellung, und ein Mann mußte für jede Frau, die er heiraten wollte, an deren Vater oder Bruder einen bestimmten Preis zahlen. In dieser Epoche war der Wert der Frau abhängig vom Wert ihrer Arbeit. Je mehr die Frau bei der Güterproduktion nützlich war, als desto besser und schöner galt sie.

Mit der Erhöhung der Arbeitseffizienz durch Verbesserung der Werkzeuge und dem Einsatz von Sklaven konnten die Mitglieder der

Gesellschaft nicht nur ihre täglichen Bedürfnisse erfüllen, sondern auch einen Teil ihrer Erzeugnisse bevorraten. Die Vermehrung des Besitzes der Menschen, der sich auch zum Handeln eignete, wie beispielsweise Haustiere und landwirtschaftliche Erzeugnisse, führte immer mehr zur Abwertung der Würde der Frau in Familie und Gesellschaft. Warum? Weil der Mann zu dieser Zeit wollte, daß sie abhängig und wie eine Sache sein Eigentum sei, damit die Kinder, die zur Welt kommen und von ihm erben würden, auch wirklich seine eigenen Kinder sein würden. So setzte er langsam das Recht des Vaters in der Familie durch; die Erbfolge, die sich bisher an der Frau orientierte, ging auf den Mann über. Die Rechte der Mutter traten gegenüber denen des Vaters vollständig in den Hintergrund, und die vaterzentrierte Familie wurde zu einer wirtschaftlichen, rechtlichen, politischen und ethischen Institution.

Auch die Götter, die bis jetzt die Gestalt von Frauen hatten, wurden zu bärtigen Männern, die Ebenbilder der Väter und Stammesoberhäupter waren. Daneben entstanden Harems, wie sie sich nur eingebildete Männer in ihren kühnsten Vorstellungen erträumen konnten. Deshalb muß das Patriarchat als Tiefschlag gegen die Herrschaft der Frau und als Grund für die Abwertung ihrer gesellschaftlichen Stellung erkannt werden. Weil unter dem Patriarchat die Sicherung der Lebensgrundlage der Familie von der Körperkraft des Mannes abhing, wurde seine Überlegenheit über die Frau von Tag zu Tag mehr, bis sie nur noch ein gehorsamer Sklave des Mannes war, ihre schöpferische Kraft und Freiheit verloren hatte und schließlich »die Frau und ihre Kinder nur noch eine Art von Eigentum des Vaters oder des älteren Bruders und später des Ehemannes sind«. Der Vater bekommt in der Familie langsam soviel Macht, daß er Frau und Kind sogar verkaufen oder vermieten kann – nach Belieben bestrafen oder auch töten, aber all diese Macht des Vaters ist kein Beweis für eine unzivilisierte Gesellschaft, sondern zeigt eine Gemeinschaft, die sich noch nicht fest genug formiert hat und noch keine staatliche Obermacht besitzt, die ihre Ordnung gewährleisten könnte. Deshalb mußten die Familien zwangsläufig die Ordnung mit eigener Macht durchsetzen. Als dann aber später die Exekutive verstaatlicht wurde, also Töten ein Monopol der Regierung war, wurde auch die Macht innerhalb der Familie auf diese Regierung übertragen.

Zusammenfassend kann man sagen, daß mit der Vergrößerung der Macht des Mannes und seiner Freiheit, außereheliche Geschlechtsbeziehungen zu haben, die Frau innerhalb des Patriarchats dazu verpflichtet wurde, bis zur Heirat ihre Keuschheit zu wahren und dann nur ihrem Ehemann treu zu sein – das heißt, für das Verhalten der einzelnen Geschlechter wurden ganz unterschiedliche moralische Regeln aufgestellt.

Dann hat der Mann, um sein Besitzrecht auf seine Frau zu sichern, sie dazu gezwungen, sich vollständig zu verschleiern und innerhalb der engen Mauern des Hauses gefangen zu sitzen. Dadurch wurde die Frau vollständig von der Produktion ausgeschlossen und zu einer Sklavin der Lust des Mannes und einer Gebärmaschine degradiert.

Die Einehe, welche die erste Form der Familie ist, ist auf Grund von wirtschaftlichen Umständen entstanden, nicht von natürlichen, denn es ist der Sieg des Privatbesitzes über den ursprünglich natürlichen Kollektivbesitz. Zuerst war eine Eheverbindung auch kein Weg des gegenseitigen Einvernehmens zwischen einem Mann und einer Frau, sondern die Heirat vollzog sich als eine Inbesitznahme des einen Geschlechts durch das andere. Die Ehe ist also die Realisierung des Geschlechterkampfes, wie man ihn in der Vorgeschichte noch nicht kannte. Der Begründer der wissenschaftlichen Philosophie, *Sokrates,* sagt dazu: »Die erste Arbeitsteilung zwischen Mann und Frau geschieht bei der Zeugung von Kindern.« Er ergänzt: »Der erste Klassenkampf in der Geschichte zeigte sich in der Ausweitung des Geschlechterkampfes durch die Einführung der Heirat mit nur einem Mann, und die erste Unterdrückung einer gesellschaftlichen Schicht fällt zusammen mit der Unterdrückung der Frau durch den Mann. Die Einehe war so ein bedeutender historischer Schritt. Darüber hinaus wurde mit der Einführung der Sklaverei und des Privatbesitzes ein Zeitalter eingeläutet, das bis heute noch andauert, da jeder gleichzeitige Fortschritt einen Rückschritt bedeutet. In dieser Epoche ist das Glück einer Minderheit auf dem Kummer und dem Unglück der anderen aufgebaut.«

Schließlich ist das Problem folgendes: Die historische Niederlage der Frau beginnt damit, daß sich im Laufe der Zeit die wirtschaftlichen Strukturen ändern, Grund und Boden von Allgemeinbesitz zu persönlichem Eigentum wird, der Mann seinen Herrschaftsbereich auf Landwirtschaft und Handel ausdehnt und so sowohl Herr über das Land als auch über die Menschen (also die Sklaven) und ebenso über die Frau wird. Langsam werden die alten Strukturen durch neue Werte abgelöst, und das Patriarchat etabliert sich, gestützt auf feste wirtschaftliche und gesellschaftliche Fundamente. Die gesamte Menschheitsgeschichte zeigt uns, daß die Männer gelernt haben, daß die Abhängigkeit der Frau ihnen sowohl ihre Macht und ihren Besitz sichert, als auch den Bestand der Familie. Sie bestimmen in ihrer

Eigenschaft als Gesetzgeber, geistliche Oberhäupter, Philosophen, Propheten, Herrscher, Schriftsteller oder Dichter das gesamte Verhalten der Frauen und sogar, was sie anzuziehen haben. Die Ausgebeuteten erheben sich in Rußland, die Farbigen in Haiti, die Inder und Chinesen in ihren jeweiligen Heimatländern, aber die Frauen erreichen nichts, außer dem, was die Männer ihnen freiwillig überlassen, denn sie sind weder Protagonisten der Geschichte, noch Begründer von Religionen, noch Vorreiter in der Politik. Ganz im Gegenteil – die Welt gehört den Männern, das heißt es sind die von Frauen aufgezogenen Kinder, die den Lauf der Welt bestimmen und sie vollständig in ihrem Besitz halten. Regierungschefs, Generäle, Entdecker, Musiker, Maler, Päpste, Bischöfe, Rabbiner, alle sind sie Männer. Prometheus, der das Feuer vom Himmel gestohlen hat, Herkules, David, Napoleon, Hitler ... alles sind Männer. Sogar Gottvater wird als Mann dargestellt, mit lauter männlichen Eigenschaften und einem dichten weißen Bart. Wenn auch manchmal eine Frau an die Macht gelangt wie etwa *Katharina die Große, Königin Elisabeth I., König Viktoria, Königin Julia, Margaret Thatcher, Elena Allende, Golda Meir, Indira Gandhi* oder *Benazir Bhutto*, so hat sich doch unmittelbar nichts Wesentliches an der Lage der Frau geändert.

In der Sowjetunion hat Lenin getreu den Leitlinien des Marxismus die Befreiung der Frau an die Befreiung der Arbeiterklasse geknüpft. Er schenkte den Frauen politische, gesellschaftliche und wirtschaftliche Gleichheit, aber wundersamerweise ist in über 70 Jahren in keinem einzigen kommunistischen Land auch nur eine Frau Regierungsoberhaupt oder Premierministerin geworden. In China ist unter 28 Mitgliedern des Politbüros nur eine Frau, und selbst sie ist nur außerordentliches Mitglied. In Rumänien und Ungarn ist es noch schlimmer, dort haben die Männer bei gleicher Arbeit mehr Lohn und höhere Privilegien als die Frauen.

## Die Mythologie alter Völker

Bevor der Mensch den Ackerbau entdeckte, lebte er wie ein Schmarotzer im Schoß der Natur. In dieser Zeit war sein Erfolg bei der Jagd und beim Sammeln von Nahrung abhängig von der jeweils von ihm verwendeten Technik, und diese war nur wenigen Änderungen unterworfen. Deshalb suchte der frühe Mensch aufgrund seines Mangels an technischen Fertigkeiten bei Beschwörungen und Zauberei Zuflucht. Er wollte mit Hilfe solcher Rituale unangenehmen Naturereignissen entgehen, große

Jagdbeute machen und viel Nahrung zusammentragen, um damit Hunger und Not zu besiegen. So haben einfache Völker einige nützliche Tiere und Pflanzen durch Abbildungen und Tänze, die dieses Lebewesen imitierten, zum Totem ihres Stammes gemacht, um es ihnen so zu ermöglichen, fruchtbar zu sein und sich zu vermehren. Die Rolle der Frau, die das Symbol der Fruchtbarkeit ist, war bei dieser Totem-Zeremonie besonders herausragend, denn, wie oben erwähnt, erkannte der Mann während der Schwangerschaft der Frau, daß der wunderbare Akt der Schöpfung sich in ihr vollzieht und in ihrem Körper seinen Anfang hat. Aus diesem Grund haben die *Etilman* bis zum Ende des 15. Jahrhunderts, bevor sie auf Walfang gingen, aus Gras ein Abbild von ihrer Jagdbeute gemacht und dieses einer Frau auf den Rücken gebunden. Diese Frau robbte dann um die Feuerstelle herum, und die Kinder griffen sie an und zerrissen die Figur auf ihrem Rücken. Mit dieser Zeremonie versuchte man Jagdglück zu garantieren.

Ein anderes Verehrungsmoment in der Stammesgesellschaft war der Glaube an die prophetischen Fähigkeiten der Frau, die sich in Zauberkünsten modifizieren. Dieses entspringt einer matriarchalischen Stammesordnung, denn in einer solchen Gemeinschaft garantieren die Frauen die Einheit des Stammes, während die Männer einem oder mehreren fremden Stämmen angehören.

Aus einigen kleinen Abbildungen von Frauen aus der längst vergangenen Epoche der jüngeren Steinzeit, die man in Europa und Süd-Sibirien gefunden hat, läßt sich erkennen, daß man schon zu dieser Zeit an die Zauberkraft von Frauen glaubte. Sie zeigen, daß Zauberei eine Besonderheit der Frauen war, und bezeugen auch die Verehrung der weiblichen Urahnen als Begründer des Stammes. Die vorislamischen Araber glaubten ebenfalls, daß die Sonne, Dämonen, Riesen und andere Zauberwesen alle weiblich seien. Später kamen dann, wie es scheint, auch männliche Dämonen auf, aber die Vormachtstellung der Weiblichkeit in der Magie blieb unangetastet. Die Verehrung der Kaaba im vorislamischen Arabien hat eine gewisse Verbindung mit der Sonnenanbetung. Die Vorstellung von der Kaaba als einer Verehrungsstätte für eine Sonnengottheit ist zwar unsinnig, aber es scheint doch so gewesen zu sein, daß die Pilgerreise zur Kaaba nicht gänzlich unabhängig von der Verehrung der Sonne, also einer weiblichen Gottheit, gewesen ist.

*Gordon Childe* gibt bezogen auf Frankreich weitere Hinweise auf die Rolle der Frau in den frühen Religionen. Er berichtet von kleinen Statuen, die in der Gravettien-Zeit aus Stein und Elfenbein oder Lehm zur Sicherung reicher Jagdbeute geformt worden sind. »Diese Statuetten sind meist nicht sehr fein ausgearbeitet und haben oft keine Gesichtszüge, aber die weiblichen Geschlechtsmerkmale sind immer deutlich hervorgehoben. Die Herstellung dieser Figuren hing zweifellos mit dem Fruchtbarkeitsglauben zusammen, und sie wurden zur Fortpflanzung und zur Vermehrung der Jagdbeute gebraucht. Nach Meinung eines Forschers war das Ziel bei der Herstellung und dem Gebrauch solcher Figuren, daß sie auf magische Weise Probleme bei der Fortpflanzung lösen sollten. Auf jeden Fall wird dies dadurch gestützt, daß, da die Menschen der Gravettien-Zeit der Rolle der Frau große Bedeutung bei der Zeugung und Fortpflanzung beimaßen, man sich bemühte, diese durch Zauberkraft auf Tiere und Pflanzen zu übertragen.« Mit anderen Worten, da der ursprüngliche Mensch keine Vorstellungen vom anatomischen Aufbau der Fortpflanzungsorgane der Frau hatte, glaubte er, daß darin die Kraft der Schöpfung wohnen würde, die ein Lebewesen fruchtbar macht. Deshalb gab man ihr ein göttergleiches Ansehen und verehrte sie. So ist es nicht verwunderlich, daß »eine Gottheit der Azteken eine nackte Frau ist, deren übergroße Geschlechtsteile sexuelle Triebhaftigkeit andeuten«.

Die Verehrung des Geschlechtsakts und der Geschlechtsteile war in fast allen alten Kulturen durchaus gebräuchlich.

»Die Ureinwohner der indischen Halbinsel und ebenso später auch die arischen Einwanderer vergöttlichten im allgemeinen Linga und Yoni, das männliche und das weibliche Prinzip – mit dem Unterschied, daß einige Mitglieder der Gesellschaft das weibliche Prinzip mehr verehrten und andere das männliche. Diese unverständliche Vergöttlichung hielt auch in späteren Epochen an und verstärkte sich sogar noch. So wurde im arischen Indien hauptsächlich Shiva verehrt. Noch heute bauen viele Inder männliche und weibliche Geschlechtsteile aus Holz, Metall und Stein nach und stellen sie in Tempeln auf. Die Jünger von Saktipuja beten zwar unerschüttlich Saki, also eine Verkörperung der Weiblichkeit, an, die Inder aber verehren Linga und Yoni nicht im Namen der Wollust, sondern sie glauben, daß der Geschlechtsakt und die Geschlechtsteile auf das Gebären von Lebewesen und auf Fruchtbarkeit hinweisen und deshalb anbetungswürdig seien.«

Seitdem der Mensch Ackerbau betreibt und Nahrungsmittel anbaut, hat sich die Rolle der Frau bei der Totem-Zeremonie noch verstärkt. Im Matriarchat war die Verehrung für die Erde mit der Verehrung der Mutter verbunden. Daraus entstand dann die Anbetung der »Mutter Erde«. Einige einfache Völker stellten sich das Fruchtbarwerden des

Bodens ähnlich wie das Schwangerwerden der Frau vor. Deshalb schnitten sie, wenn ein junger Mann starb, seine Geschlechtsorgane ab, zerstießen sie und stellten daraus eine Art Pulver her, das sie dann über die Felder streuten. Einige Stämme wählten im Frühling einen Mann und eine Frau als König und Königin aus, damit die Pflanzen und Kräuter sich ein Beispiel daran nehmen, erblühen und fruchtbar werden sollten. Bei anderen Völkern gab es in der Zeit der Aussaat besondere Feste. Frauen und Männer konnten ungezwungen und ohne jegliche Einschränkung miteinander Geschlechtsverkehr haben. Dies hatte augenscheinlich drei Bedeutungen: erstens, daß man sich an die Vergangenheit erinnerte, in der der Mensch völlige sexuelle Freiheit genoß; zweitens, um die Gelegenheit zu haben, Frauen zu schwängern, deren Männer keine Kinder zeugen konnten; und drittens, um dem Ackerboden zu verstehen zu geben, daß er das Saatgut, das man ihm überantwortet hatte, pflegen und einige Monate später reiche Ernte bringen muß.

In der Mythologie des alten China sind »Ying und Yang, die zwei großen Gottheiten des Himmels und der Erde, das männliche und das weibliche Prinzip«, der Grund für die Entstehung der Welt. Auch in der japanischen Überlieferung ist eine der größten Gottheiten eine Frau mit Namen Izanami, »die mit Hilfe ihres Ehemannes Izanagi die japanische Inselgruppe erschuf. Eine andere berühmte japanische Göttin ist Amatrasu, die Göttin der Sonne, deren Name 'Funke des Paradieses' bedeutet und die aufgrund ihrer unvergleichlichen Stellung im Himmel wohnt. Sie wird auch jetzt noch von den Japanern angebetet. Ebenso auch Tsukiyumi, die Göttin des Mondes, die den Menschenkindern in dunkler Nacht den Weg leuchtet. Bei den Mesopotamiern war ebenfalls die erste große und wichtige Gottheit eine Frau mit Namen Tiamat. Sie erschuf mit Hilfe ihres Ehemannes die Welt und hatte solch große Kraft, daß außer Marduk keine andere Gottheit ihr an Macht gleichkam.«

In der Mythologie des alten Ägypten war Isis, die Göttin des Mondes, ebenfalls eine Frau, die sich mit ihrem Bruder, dem Sonnengott Osiris, vermählte. Weil sie durch die Hand dieses ihres Bruders ermordet wurde, konnte die Dunkelheit der Nacht den Tag besiegen. Grundsätzlich war in der Religion der Ägypter die Verkörperung der Sexualität nicht das Geschlechtsorgan des Mannes, sondern das der Frau, das in Form einer Muschel dargestellt und durch sie symbolisiert wurde. Man sprach ihm magische Fähigkeiten zu. Diese Verehrung der weiblichen Geschlechtsorgane verlor später in Ägypten wie auch in vielen anderen alten Kulturen an Bedeutung und wurde dadurch abgelöst, daß jetzt das männliche Geschlechtsorgan diese Rolle übernahm.

Die griechische Mythologie kennt viele weibliche Gottheiten, die auf dem Olymp wohnen. Von den berühmtesten dieser Göttinnen muß wohl zu allererst Hera, die Gattin des Zeus, genannt werden, die als Erschafferin der Frauen und ihrer Welt bezeichnet wird. Iris, die Tochter des Zeus, ist die Göttin des Regenbogens, Hestia das Symbol des Friedens und die Hüterin des Herdfeuers, Artemis ist die Beschützerin der Jugend und der Geburt und Aphrodite die Göttin der Liebe. Demeter, die Göttin des Getreides, bewirkt den Erntesegen und hat ein gütiges und liebevolles Herz – diese und andere Göttinnen finden sich bei den Griechen. Darüber hinaus wäre noch Athena zu erwähnen, die Göttin des Verstandes, nach der der größte Tempel von Athen benannt ist. Der Name der griechischen Hauptstadt selbst geht ebenfalls auf sie zurück.

Die Religion der Eskimos, die stark an der Jagd orientiert ist, gründet sich auf die Verehrung des weiblichen Geschlechts. »Ihre Hauptgottheit ist die Göttin Sedna, die auf dem Grunde des Meeres lebt. Ihr unterstehen alle Meeressäugetiere und auch andere Beutetiere [der Eskimos]. Wenn sie aus irgendeinem Grund beleidigt ist, verbirgt sie diese Tiere vor den Menschen.« Robert Graves kommt aufgrund von Kunstobjekten aus der europäischen Eiszeit und unter Berücksichtigung von Teilen der damaligen Mythologie ebenfalls zu der Schlußfolgerung, daß im Europa dieser Zeit »die Glaubensinhalte und religiösen Motive auf einer Verehrung der Muttergestalt aufbauten. Die Göttinnen, die in dieser Epoche verehrt wurden, hatten die verschiedensten Namen und waren bis nach Libyen und Syrien bekannt.

In der Religion des alten Europa wurde die weibliche Gottheit für groß, mächtig, unsterblich und unveränderlich gehalten. Die Vaterfigur und das sich daraus ergebende Beziehungsgeflecht war hingegen unbekannt, obwohl die Göttinnen sich durchaus Geliebte nahmen, aber nur zu ihrem eigenen Vergnügen, nicht um ihren Kindern einen Vater zu geben. Die Männer fürchteten sich vor der herrschenden Mutter, verehrten sie und gehorchten ihr. Das große Herdfeuer des Stammes, das normalerweise in einer Höhle oder tiefen Grube entzündet wurde, war ihr wichtigster Versammlungsplatz, und Mutterschaft galt ihnen als größtes und undurchdringlichstes Geheimnis.«

Einige Soziologen sind der Meinung, daß die Verehrung mancher von Menschen geschaffener Symbole wie beispielsweise des Hufeisens, nur Überbleibsel der Verehrung der weiblichen Geschlechtsorgane sind.

»Das Hufeisen, das heute noch bei einigen Völkern als Glücksbringer gilt, hatte anfangs keinen Zusammenhang mit Pferd oder Huf. Der Mensch verehrte die weiblichen Geschlechtsorgane schon, bevor er überhaupt Metall kannte und an Hufeisen dachte. Er bildete sie aus Holz, Stein, Ton, Wachs und Elfenbein nach und versprach sich davon Glück und Segen. Später hielt man diese Figuren, die eigentlich keine Ähnlichkeit mit einem Hufeisen hatten, für ein solches.«

Auch das Kreuz wurde schon Jahrhunderte vor der Geburt und späteren Kreuzigung Christi in Indien, Ägypten und Amerika als Symbol der Männlichkeit und kultisches Abbild dessen verehrt. In der Kunst der alten Völker findet sich oft das Motiv des Kreuzes. Im alten Ägypten trifft man auch auf das römische Kreuz, das nach Forschermeinung eine Verbindung zwischen den männlichen und den weiblichen Geschlechtsorganen darstellt.

Ebenso haben Wissenschaftler herausgefunden, daß die Form der Geschlechtsorgane sogar die Architektur einiger antiker Tempel und auch christlicher Kirchen und Burgen beeinflußt hat – dergestalt, daß man sie leicht in den Türmen und den Formen der Fenster und Türen mancher Kirchen wiederfinden kann. In Nashville, Tenessee, gibt es eine sehr alte Kirche, die unbewußt wie ein heidnischer ägyptischer Tempel gebaut ist und deutlich die äußerlichen und inneren Strukturen der männlichen und weiblichen Geschlechtsorgane aufweist. Auch in Irland findet man ähnliche Kirchen.

Selbst in der babylonischen Mythologie hat das weibliche Prinzip überall seine Spuren hinterlassen. Die Göttin *Tiamat* ist es, aus der alles entsteht. Sie ist die Ursubstanz – eine Frau mit langen, wehenden Haaren, die erschreckend und grausam ist. Von Kopf bis Fuß ist sie Geheimnis, Zauber, Trunkenheit und Wahnsinn. Sie ist ein Abgrund: Wie ein aufgerissener Rachen verschlingt sie alles. *Marduk,* der Gott der Sonnenherrschaft, zieht gegen sie in den Krieg und reißt in einem mythischen Kampf ihren Körper in Stücke. Aus diesen Stücken entsteht die gegenständliche Welt.

In der Zeit des Matriarchats ist grundsätzlich die Verehrung der Frau das Kernstück aller frühen Religionen. Die ganze Welt ist dadurch gezeichnet. Die Frau ist die Mutter Erde und der Samen aller Dinge. Das Leben, die Existenz, die Nahrung, alles hängt von ihr ab. Sie ist der Ursprung allen Seins, aber gleichzeitig auch die Quelle des Sterbens und der Dunkelheit. Sie ist die Herrin über Tod und Hölle.

Die Erde ist ein aufgerissenes Maul, das seine Kinder zu verschlingen droht. Not und Verderbnis entstehen aus ihr. Sie ist der Ursprung allen

Lebens und allen Vergehens. Sie ist die grausame, aber auch gütige Mutter. Sie ist strahlend hell und bestialisch dunkel – Beherrscherin der Toten und der Unterwelt, Herrin der Fruchtbarkeit und Königin der Blumen. Ihre früheste Versinnbildlichung ist die Form eines Kreises oder einer Schlange, die sich selbst in den Schwanz beißt. Dieser heilige Kreis oder *Oroboroas* ist die Gebärmutter der Mythologie, in deren dunklen Tiefen sich alles Sein verbirgt.

Die Verehrung von weiblichen Gottheiten war auch im alten Iran üblich. *Roman Ghirshman* ist aufgrund von kleinen Abbildungen, die Archäologen in vielen Teilen Irans, besonders aber in Luristan entdeckt haben, zu der Schlußfolgerung gekommen, daß »die prähistorischen Bewohner des iranischen Hochlandes davon überzeugt waren, daß die Quelle des Lebens die Frau ist, nicht der Mann. Die Göttin hatte wohl einen Ehemann, der aber gleichzeitig als ihr Sohn galt. Die Wurzeln für den Brauch der Geschwisterehe muß man in dieser frühen Religion suchen. Solch ein Brauch war auch im westiranischen Raum verbreitet. Die Iraner und später auch die Nabatäer haben dies von den Ureinwohnern gelernt.

Auch die Heirat zwischen Vater und Tochter – die weniger verbreitet war – hat ihre Wurzeln in diesem Brauch. Es soll nicht ungesagt bleiben, daß in einigen Stämmen, wie zum Beispiel bei den *Guti*, die in den Tälern Kurdistans lebten, die Frauen sogar Befehlshaber der Armee waren.«

Die Anbetung der Muttergottheit war lange verbreitet, sogar noch unter dem Patriarchat, als die Götter langsam Vatergestalt annahmen. Sie hat viele Spuren hinterlassen, die man auch in den großen Religionen noch in Form der Verehrung der Muttergestalt finden kann.

## Der Hexenwahn – Die Angst vor weiblicher Stärke?

Über die Tatsache, warum Millionen von Menschen und überwiegend Frauen als Hexen verfolgt und verbrannt wurden, gibt es unterschiedliche Theorien. Eine hundertprozentige Erklärung und Bewertung gibt es nicht, da über Generationen versucht wurde, das Thema »Hexe« zu vertuschen und in den Bereich der Mythologie zu verdammen. Zudem sind viele Dokumente aus der Zeit verschwunden, und nicht zuletzt wurden die Opfer der Verfolgung getötet und konnten nicht mehr berichten. Dennoch möchten wir auf eine Theorie eingehen, die uns für die Frage des »Warum« recht plausibel erscheint. Als Grundlage haben wir die zu dem Thema Hexen erschienen Bücher (siehe Literaturverzeichnis) verwandt.

Der Hexenbegriff reicht bis ins Altertum zurück, und bis heute gibt es Menschen, die an Hexen glauben. Hexen gelten immer noch als bucklige, alte und häßliche Frauen, wobei dieses Bild aus der Zeit der Romantik im 19. Jahrhundert stammt. Im Zuge des alten Volksglaubens an Hexen und dem Aufkommen von Sagen und Märchen erhält die »Hexe« ihr »typisches« Äußeres.

Zur Zeit des hohen Mittelalters genossen Frauen zumeist große Anerkennung in den von Ihnen geführten Zünften und Klöstern. Weise Frauen und Hebammen zogen durchs Land und waren beim Volk hoch angesehen.

Warum wurden diese Frauen dennoch aus dem Wirtschaftsleben verdrängt? Einen großen Einfluß auf die Verfolgung von Frauen hatte der Klerus, dessen Kampf allerdings vornehmlich nicht den Hexen sondern dem Teufel als einer zentralen Gestalt des Christenums galt. Im 13. Jahrhundert wird beim Volk der Glaube an den Teufel aktiviert, die Hexe ist die Helferin des Teufels.

Eine mögliche Erklärung für die Verfolgung der Frauen als Hexen ist, daß Frauen mit ihrem Wissen, ihrem Können und dem daraus resultierenden Selbstvertrauen den Männern Angst einflößten. Das Feinbild »Hexe« entstand und wurde kultiviert. Als Hexen wurden oft Hebammen und weise Frauen verdächtigt, die Wissen über Wundbehandlung und Krankheiten besaßen und die, da man sich nicht vorstellen konnte, woher die Frau ihr Wissen bezogen, mit dem Teufel im Pakt stehen mußten. Die Macht, die diesen »magischen« Frauen unter der Bevölkerung zukam, wurde von der Kirche als Konkurrenz empfunden. Eine andere Gruppe bestand aus der neuen Zunft der männlichen Ärzte, die neidisch und argwöhnisch das Vertrauen des Volkes in diese Heilerinnen beobachteten. Es begann das Zeitalter der Hexenverfolgung, in der nicht nur die Hebammen, Kräuterfrauen und die weisen Frauen der Folter und dem Tod durch verschiedenste Art wie Ertränken oder Verbrennen auf dem Scheiterhaufen zum Opfer fielen, sondern auch deren gesamte Verwandschaft. Schwestern, Mütter, Töchter, Nichten bis ins vierte Glied wurden gefoltert, ertränkt und verbrannt, so daß mit dieser Ausrottung nicht nur die mündliche Überlieferung von Verhütungs- und Abtreibungswissen, sondern das Wissen von Jahrhunderten heilkundlicher Anwendungen verlorenging. Erfahrene Hebammen gab es von da an ausschließlich als noch unerfahrenen männlichen Ärzten untergeordnete Helferinnen. In den Zeiten der schlimmsten Verfolgung wurden Frauen mit »Abweichungen« wie roten Haaren, besonderer Schönheit oder Häßlichkeit, extrem hohem Alter, Kinderlosigkeit oder Unglück verfolgt. Selbst Nonnen waren der Verfolgung nicht sicher und unter den Opfern waren auch reiche Witwen und Handwerkerinnen, deren Vermögen an die geistige und weltliche Obrigkeit fiel. Mit anderen Worten: Keine Frau war vor Verfolgung sicher, und die meisten wurden durch Folter zu der Aussage getrieben, mit dem Teufel im Bunde zu sein. Die Hexenverfolgung erstreckte sich vom Hochmittelalter im 13. Jahrhundert bis in die späte Neuzeit des 18. Jahrhunderts. Ihr fielen nach schwankenden Schätzungen zwischen einer und neun Millionen Menschen zum Opfer, davon sechs Millionen in Europa. Hierzu zählen auch einige Männer, die insbesondere im 16. und 17. Jahrhundert an der Rechtmäßigkeit der Hexenverfolgung zweifelten oder selbst als Hexer angesehen wurden.

Zweifel an den tatsächlichen Geschehnissen kommen nicht zuletzt daher auf, weil eine niedergeschriebene Frauengeschichte so gut wie gar nicht existiert oder man dieses Thema nur ungerne wieder aufrührt. Schriften aus dieser Zeit sind nur von den Tätern vorhanden, die Opfer hinterließen nichts, da dafür gesorgt wurde, daß es keine Nachfahren gab. Selbst bis heute herrscht die Tendenz vor, die Hexenverfolgung ins finstere Mittelalter zu verdammen – tatsächlich wurden die letzten »Hexen« in den Jahren von 1775 bis 1793 in Europa verbrannt. Es existieren Karrikaturen aus dieser Zeit, die die Frauen als stark, mutig und nach Macht strebend darstellen. Wurde ihr Tatendrang den Männern unheimlich? Von Jeanne d´Arc, der Jungfrau von Orléans, wissen wir, daß sie sich durch göttliche Berufung zur Befreiung des von den Engländern belagerten Orléans bestimmt fühlte und Karl VII. zur Krönung nach Reims führte, 1430 jedoch von den Engländern gefangengenommen und 1431 als Zauberin und Ketzerin verbrannt wurde. 1920 wurde sie heiliggesprochen. Dies ist ein Beispiel dafür, daß man versuchte, die Macht der Frauen im Namen der Hexerei zu sabotieren.

Der Vorwurf der Hexerei diente den Männern als Machtinstrument, die Frau als scharfe Konkurrentin aus dem Handwerk, der Wissenschaft, Bildung und Medizin fernzuhalten und gleichzeitig eine Schuldige als Ursache für Krisen, Mißernten, Elend und Chaos zu finden und den Haß der Bevölkerung gegen die Obrigkeit auf die Frauen umzulenken.

Die Langzeitwirkung, die die Jahrhunderte andauernde Hexenverfolgung anrichtete, ist kaum nachzuvollziehen. Unauffälligkeit, Demut und Gehorsam gegenüber Kirche, Staat und Familie prägten von da an das Wesen der Frau. Die Zerstörung von Frauengemeinschaften,

Nachbarschaften und Dorfgemeinschaften hinterließ Mißtrauen, Schrecken, Verzweiflung, Angst vor Denunziation, was gleichsam weitervererbt wurde.

Die Frauengeschichte der entstehenden Neuzeit ist geprägt vom Ausschluß der Frauen aus dem Wirtschaftsleben, den Berufsverboten in einzelnen Berufen (Medizin, Handwerk), der Massenvernichtung von Frauen und von der Entstehung der neuzeitlichen bürgerlichen Familie, mit der eine Herausbildung typisch weiblicher Eigenschaften und Verhaltensformen von Frauen, wie beispielsweise der Mütterlichkeit, sowie die Trennung zwischen Männer- und Frauenarbeit einhergeht. Die Hausarbeit wird zur Domäne der Frauen.

Dennoch gab es seit Beginn des 18. Jahrhunderts, während der Zeit der Französischen Revolution, Freiheits- und Gleichheitsbestrebungen von Frauen, aber erst die industrielle Revolution und die damit veränderte gesellschaftliche Stellung brachten neue Impulse für die Befreiung der Frau.

Nachdem die Hexenverfolgung im 18. und 19. Jahrhundert stark abgenommen hatte, verlagerte sich das Phänomen in die Welt der Märchen. Die Autoren der Märchenbücher greifen auf die Hexen zurück, um das Böse zu symbolisieren. Bis heute dauert die Periode der Verharmlosung und Mystifikation an, wobei vergessen wird, wie grausam die »Hexen« und damit die Frauen im Laufe unserer Geschichte verfolgt worden sind. Das Informationsdefizit zu diesem Thema ist hoch. Beispielsweise stand das Sommerfest des Bundeskanzlers in Bonn 1980 unter dem Motto der »Walpurgisnacht«, in der auch »Hexenpilzsuppe« aufgetischt wurde. Hat der Staat sich etwas angeeignet, was er eigentlich bekämpfen müßte? Hier wird offenkundig verleugnet, daß die Hexenverfolgung tatsächlich stattgefunden hat und ihr Millionen von Frauen zu Unrecht zum Opfer fielen.

## Starke Frauen, die an die Macht gekommen sind

Obwohl die Herrschaft der Frauen einige tausend Jahre andauerte und wir seit 2000 Jahren auch schriftliche Zeugnisse darüber haben, haben diese Herrschaft und die Bedeutsamkeit der Frau in der Politik keinen direkten Zusammenhang mit ihrem Erfolg bei der Erlangung politischer Rechte. Bis zum Anfang des 20. Jahrhunderts hatten nur die Frauen eines einzigen Landes – Neuseeland – gleiche politische Rechte wie der Mann erreicht, indem 1893 erstmals das Wahlrecht für Frauen eingeführt wurde. Vor dem Ersten Weltkrieg gaben auch Australien, Finnland und Norwegen ihren Frauen das Wahlrecht und erhöhten somit die Zahl auf vier Länder. Zwischen dem Ersten und dem Zweiten Weltkrieg erhielten die Frauen von 19 – meist europäischen – Ländern dieses Recht, darunter 1917 in der Sowjetunion, 1918 in Deutschland, 1919 in England und 1920 in Amerika. Die Frauen von Italien, Frankreich und Griechenland dagegen erhielten das Wahlrecht erst kurz nach Ende des Zweiten Weltkriegs. Zu Beginn der zweiten Hälfte des 20. Jahrhunderts haben die Frauen in nur 30 von etwa 100 unabhängigen Ländern die Frauen das Wahlrecht. Nicht nur in den meisten Ländern der Dritten Welt, sondern auch in einigen fortschrittlichen Ländern besitzen Frauen erst seit kurzem das volle Wahlrecht. In der Schweiz haben Frauen beispielsweise erst seit 1971 auf Bundesebene das Wahlrecht, seit 1990 auch in Kantonswahlen.

Männer in allen Ländern sträubten sich dagegen, der logischen Forderung der Frauen nach politischer Gleichberechtigung nachzukommen. Das führte dazu, daß das grundlegende Bürgerrecht zu wählen den Frauen erst innerhalb der letzten 50 Jahre zugebilligt wurde. Dieses Recht öffnete den Frauen jedoch nicht den Weg in die Politik, da einige Länder den Frauen zwar das aktive, nicht aber das passive Wahlrecht zugestanden. Frauen, die in die Politik gehen wollten, wurden lächerlich gemacht. Die von Männnern dominierten Parteien schlossen Frauen in der Regel von Entscheidungspositionen aus und sträubten sich, sie als Kandidatinnen aufzustellen.

Warum Frauen von Region zu Region und von Land zu Land in unterschiedlichem Maße politisch vertreten sind, hat teilweise kulturelle Hintergründe. So vermochten Frauen der nordeuropäischen Staaten, in denen die Gleichberechtigung eine lange Tradition hat, am stärksten ihre politische Präsenz zu stärken. In islamischen Ländern unterliegt die Teilnahme am öffentlichen Leben religiösen Vorschriften, so daß Frauen durchweg niedrig beteiligt sind. Ausnahmen bilden die früheren

Premierministerinnen Pakistans und Bangladeschs, Benazir Bhutto und Chaleda Zia, die in den muslimischen Gesellschaften große Macht ausübten, so daß Kultur und Entwicklungsstand eines Landes allein nicht die Präsenz von Frauen in der Politik erklären können.

Bevor wir uns dem eigentlichen Thema dieses Kapitels zuwenden, ist es nötig, darauf hinzuweisen, daß zu den starken Frauen der Welt, die im Laufe der Geschichte Macht erlangt haben, nicht nur die Frauen gehören, die direkt an der Spitze einer Regierung gestanden haben und als Königin oder Kaiserin, Präsidentin oder Premierministerin über ihr Land geherrscht haben. Es hat viele Frauen gegeben, die keinen solchen Rang einnahmen und einer Regierung vorstanden, aber als Regentin oder Mutter des Königs das Land befehligten. Manche Frauen vermochten ohne eine derartige Position allein durch den Einfluß, den sie auf ihren Mann ausübten, die Geschicke ihres Landes zu lenken. Katharina de Medici, die fast 40 Jahre im Namen ihrer Söhne über Frankreich herrschte, Königin Alexandra, die unter dem Einfluß eines betrügerischen Geistlichen namens Rasputin das Zarenreich in den Verfall trieb, oder Edith Wilson, die Frau des berühmten amerikanischen Präsidenten Wilson, die in den letzten zwei Jahren seiner Regierungszeit im Namen ihres Mannes die Herrschaft führte, gehören zu diesen Frauen.

Eine Gemeinsamkeit all dieser mächtigen Frauen der Welt besteht in ihrer Entschlossenheit bei der Regierung und darin, wie klug und planvoll sie gegen ihre Feinde und Gegner vorgingen. Sie haben überzeugend klargemacht, daß sie den Männern in nichts nachstehen. Einige von ihnen wie *Katharina de Medici, Indira Gandhi, Golda Meir* und *Margaret Thatcher* haben sich mit männlicher Härte nach außen gezeigt. Andere dagegen, wie *Katharina die Große*, die mächtige Herrscherin über Rußland in der zweiten Hälfte des 18. Jahrhunderts, oder die Frauen, die im Römischen und Byzantinischen Reich an die Macht gelangten, haben sich wie die männlichen Herrscher zu der Zeit sinnlichen Ausschweifungen hingegeben.

Im Verhältnis gesehen ist die Zahl der Herrscherinnen, die in der Regierung Großes geleistet haben, wesentlich höher als die großer Könige. So ist es nur rechtmäßig zu vermuten, daß es anderen Frauen nur deshalb nicht gelungen ist, bleibende Spuren in der Welt zu hinterlassen, weil sie Gefangene der gesellschaftlichen Umstände waren. Sie konnten keinen größeren Einfluß nehmen im Patriarchat, es sei denn versteckt und auf Umwegen – die wirkliche Leitung der Welt lag nie in den Händen der Frauen.

Nach dieser Einleitung über die Rolle der Frau in Politik und Herrschaft, wollen wir nun ein paar Seiten im Buch der Geschichte aufschlagen und das Leben einiger Frauen, die durch die Zeiten hinweg einmal den Regierungsthron bestiegen und den Lauf der Geschichte verändert haben, an unserem Gedächtnis vorbeiziehen lassen.

## Herrscherinnen in Märchen und Legenden

Die Namen von Frauen, die in Märchen und Legenden als Herrscherinnen oder einflußreiche Persönlichkeiten auftreten, haben meistens einen realen geschichtlichen Hintergrund. Eine dieser legendären Herrschergestalten ist *Bilqis,* die Königin von Saba, die in ferner Vergangenheit viele Jahre über Saba, einen Teil des heutigen Jemen, regiert hat. Ihr Name findet sich in der Thora wie auch im Koran *(Sure Naml)*.

Von einer andern Frau, *Semiramis,* der Königin von Assyrien und Babylonien, die in der Mythologie als mutige, weise, kriegerische und sehr schöne Frau bezeichnet wird, berichtet man, sie hätte die Stadt Babel und die berühmten Hängenden Gärten erbaut.

Unter den mythischen Königen des Iran wird auch eine Frau mit Namen *Homa* oder *Azartschehr* genannt. In dem persischen Geschichtsbuch *Quintessenz der Geschichte* heißt es über sie: »Sie war eine kluge und weitsichtige Frau von angenehmem Charakter (...) Man sagt, die 40 Minarette und das große Gebäude, die sich jetzt in der Mitte von Istachr [nahe bei Persepolis, Anm. d. Verf.] befinden und aus denen die Muslime eine Moschee gebaut haben, welche jetzt sehr zerstört ist, sind von ihr errichtet worden.«

In der *Weltschmückenden Geschichte* heißt es: »Homa herrschte 32 Jahre uneingeschränkt über Iran, und von ihr wurden die 1000 Säulen von Istachr und die Stadt Joubadqan erbaut.«

## Kleopatra (69 - 30 v. Chr.) – die Politikerin

Unter den Frauen, die Geschichte gemacht haben, ist Kleopatra, die Königin von Ägypten im letzten vorchristlichen Jahrhundert, zweifellos eine der ersten und gerüchteumwittertsten. In der ganzen Geschichte sind über keine Frau derartig viele Bücher und Theaterstücke geschrieben worden wie über sie, und das Schicksal keiner Frau ist so oft auf der

Bühne eines Theaters oder einer Filmleinwand zu sehen wie das ihre. Namhafte Schriftsteller vergangener Jahrhunderte wie Shakespeare und ebenso der Gegenwart – man denke an Bernhard Shaw – haben ihre besten Werke über das Schicksal jener Frau zu Papier gebracht, und ihre Bühnenstücke über Kleopatra gehören noch nach Jahrhunderten zu den erfolgreichsten und meistgespieltesten Stücken, die in Europa und Amerika aufgeführt werden.

Für die Verkörperung der Kleopatra auf der Bühne oder im Film hat man meist die schönsten Schauspielerinnen ausgewählt, und so wurde in den Zuschauern die Überzeugung hervorgerufen, daß die märchenhafte Schönheit Kleopatras der Hauptgrund für die Macht und den Einfluß war, die sie über zwei der größten römischen Staatsmänner der Zeit – Julius Cäsar und Mark Anton – gewinnen konnte, obwohl die geschichtlichen Zeugnisse belegen, daß Kleopatra keine außergewöhnliche Schönheit besaß. Die Hauptgründe für die Macht und den Einfluß, den sie über namhafte Männer ihrer Zeit hatte, waren ihr Verstand, ihr Scharfsinn und ihre Begabung dafür, die Schwächen der Männer auszunützen. Zu all diesen Eigenschaften besaß sie noch Anziehungskraft, Koketterie und wie die Amerikaner sagen »Sexappeal« – das, was der berühmte persische Dichter Hafis als »das gewisse Etwas« bezeichnet.

## Theodora (500 - 548) – die »kaiserliche Hure«

Eine Prostituierte, die Kaiserin über eines der größten Imperien ihrer Zeit wurde, bezeichnete man bei ihrem Tod mit dem Beinamen »die Reine«!

Das Schicksal von Theodora, der Kaiserin von Byzanz, ist derart aufregend und abenteuerlich, wie man es bei keiner anderen Frau in der Geschichte finden kann. In den zahlreichen Biographien, die über sie verfaßt worden sind, kann man die gegensätzlichsten Urteile finden: Der Titel mancher Biographien lautet »Die kaiserliche Hure«, und in diesen beschäftigen sich die Verfasser auch hauptsächlich mit ihrer Arbeit als Prostituierte, den beschämenden Seiten von Theodoras Leben, bevor sie zur Kaiserin von Byzanz gekrönt wurde, und mit den Verbrechen, die sie während ihrer Herrschaft beging. Andere Autoren konzentrieren sich dagegen mehr auf ihre Wohltaten und ihre Förderung der christlichen Religion in ihrem letzten Lebensabschnitt und halten den Beinamen »die Reine«, den die orthodoxe Kirche ihr bei ihrem Tod verlieh, für gerechtfertigt.

Theodora war die Tochter eines Bärendompteurs im Zirkus von Konstantinopel, der bei einer Vorstellung von einem wilden Bären angefallen und getötet wurde. Theodora war zu dieser Zeit sieben Jahre alt, und die Mutter gab sie zusammen mit ihrer größeren Schwester in ein Bordell, weil sie die beiden nicht ernähren konnte.

Der Besitzer eines Theaters in einem verrufenen Viertel der Stadt, der seine Darstellerinnen unter den Prostituierten zusammensuchte, holte die beiden Schwestern wegen ihrer außergewöhnlichen Schönheit zu sich auf die Bühne. Durch ihre Mitwirkung an dem Theaterstück erregten sie allgemein Aufsehen. Theodora wurde durch ihre Schönheit und Koketterie und aufgrund der besonderen Begabung, die sie dafür hatte, die Aufmerksamkeit und Zuneigung der Männer zu gewinnen, bald zum Stadtgespräch und fand viele Liebhaber. Die Bekanntschaft mit einer Frau namens Antonina, die Kontakte zu den großen und reichen Männern von Konstantinopel vermittelte, verschaffte Theodora Zugang zu den einflußreichen und begüterten Gesellschaftsschichten. Einer dieser einflußreichen Männer war *Okbulus,* der vom Kaiser zum Statthalter des afrikanischen Teils von Byzanz ausersehen worden war. Er verliebte sich in Theodora und bat sie darum, ihn zu heiraten. Theodora, die nach Ruhm und einer angesehenen Stellung hungerte und glaubte, das Leben als Frau eines Statthalters böte allerlei Annehmlichkeiten, willigte ein und ging mit Okbulus nach Pentapolis (dem heutigen *Benghazi*-Hafen).

Das Leben im Palast des Statthalters in Pentapolis war aber entgegen ihrer Erwartungen alles andere als bequem und erfreulich. Theodora, die aus dem Leben in einer lebendigen und schönen Großstadt in die Zurückgezogenheit eines Palastes, der mehr einem Gefängnis glich, versetzt worden war, wurde des neuen Lebens bald überdrüssig und verführte auf der Suche nach einem Ausweg aus diesen Bedrückungen den Sekretär des Statthalters, der ein schöner junger Mann war. Aber dieses Verhältnis konnte nicht lange bestehen. Okbulus erfuhr durch jemanden aus der Dienerschaft von der Beziehung zwischen seinem Sekretär und Theodora und warf vor den entsetzten Augen seiner Frau den jungen Mann in einen Tigerkäfig.

Theodora entschloß sich nach diesem Vorfall zur Flucht. Sie entkam in einem günstigen Augenblick unter Bestechung eines der Palastwächter in einheimischer Kleidung aus dem Schloß und bestieg ein Schiff nach Alexandria. Der Kapitän dieses Schiffes vergewaltigte sie und stahl ihr, als er sie am Hafen von Alexandria absetzte, alles Gold und alle Juwelen, die sie aus dem Palast des Statthalters mitgenommen hatte.

Theodora betrat so einsam und ohne Geld Alexandria und hatte keinen anderen Ausweg, als zu ihrem alten Gewerbe zurückzukehren. Schon in den ersten Tagen wurde sie jedoch bei einem Streit in einem verrufenen Stadtviertel festgenommen, und man brannte ein Mal auf ihren Rücken, das bis zu ihrem Lebensende auf ihrem Körper zu sehen war. Theodora suchte nach diesem Ereignis Schutz bei der Kirche und zog sich nach reuevoller Buße und Säuberung die weißen Kleider einer Nonne an.

Aber das ruhige und eintönige Leben eines Klosters war für Theodora unerträglich, und bei der ersten Gelegenheit, als ein reicher Kaufmann aus Antiochia sich dazu bereit erklärte, die Verantwortung für sie zu übernehmen, legte sie die Nonnenschaft ab und verließ das Kloster. Dieser reiche Kaufmann hatte Theodora jedoch nur zu seinem Vergnügen während seines Aufenthalts in Alexandria aufgenommen. Nachdem sie von ihm schwanger geworden war, ließ er sie sitzen. Theodora eilte ihm nach Antiochia nach, aber als sie die Stadt erreichte, hörte sie, daß eben dieser Kaufmann, kurz nachdem er angekommen war, gestorben sei. Während ihrer ganzen Schwangerschaft blieb sie in Antiochia, übergab dann ihren neugeborenen Sohn, den sie Jan nannte, seiner Großmutter und kehrte nach Konstantinopel zurück.

Sie erreichte Konstantinopel im Jahre 519 n. Chr. – war also damals, wenn ihr Geburtsdatum tatsächlich 501 n. Chr. ist, 18 Jahre alt. Ein Jahr vor ihrer Rückkunft hatte sich in Konstantinopel, der Hauptstadt des byzantinischen Imperiums, eine wichtige Veränderung ergeben: Kaiser Anastasius war 518 n. Chr. gestorben, und während der Kämpfe, die um seine Nachfolge entstanden, rebellierte der Befehlshaber der kaiserlichen Garde, Justin, und rief sich selbst zum Kaiser aus.

Justin entdeckte in der Schatzkammer des verstorbenen Kaisers mehr als 150 000 Kilogramm Gold, und indem er dieses Gold in Besitz nahm, womit er versprach, den Wohlstand des Volkes zu fördern, sicherte er sich seinen Herrschaftsanspruch.

Aber Justin war zu dem Zeitpunkt, als er sich die Herrscherkrone über Byzanz aufsetzte, bereits ein alter Mann, und alle wußten, daß er früher oder später seinen Platz an seinen Adoptivsohn Justinian abtreten würde. Der frühere Schafhirte aus Bulgarien war jetzt ein kluger und gebildeter Mann geworden und galt zurecht als Teilhaber an der Macht seines Onkels und Adoptivvaters.

Justinian war, als er zum Thronfolger des Kaisers von Byzanz gemacht wurde, 32 Jahre alt, hatte aber noch keine Frau. Wie er mit Theodora bekannt wurde, bleibt Geheimnis der Geschichte, denn kein Historiker der damaligen Zeit äußert sich dazu, ob etwa Justinian in der Zeit seiner Thronfolgerschaft die verrufenen Viertel der Stadt besuchte, oder Theodora durch Vermittlung der Kupplerin Antonina mit ihm bekannt wurde. Theodora war nach ihrer Rückkehr nach Konstantinopel wieder Theaterschauspielerin geworden und ging auch weiterhin ihrem alten Gewerbe nach. Eine Version, wie Justinian Theodora kennenlernte, meint, daß der Thronfolger sie bei einem nächtlichen Streifzug auf der Theaterbühne sah und sie dann in den kaiserlichen Palast einlud. Die Geschichte aber, die uns Prokopius, der Hofhistoriker von Byzanz, berichtet, lautet, daß Theodora mit einem Empfehlungsschreiben von einem Bekannten Justinians zu ihm kommt, um eine Beschwerde zu führen, und er sich bei diesem ersten Zusammentreffen sofort in sie verliebt.

Wie auch immer es vor sich gegangen sein mag, so findet Theodora doch auf diese Weise Zugang zum byzantinischen Königshof und gewinnt in kurzer Zeit solchen Einfluß auf Justinian, daß der Thronfolger glaubt, dieser jungen und schönen Frau mit seinem ganzen Wesen verfallen zu sein.

Justinian bittet Theodora, ihre Arbeit am Theater aufzugeben und läßt sie in einem Haus wohnen, das er in der Nähe des kaiserlichen Palastes, an der Küste des Marmara-Meeres, erbaute. Dieses Haus hatte einen unterirdischen Zugang zu den Gemächern Justinians im Palast, und Theodora gelangte so jede Nacht in sein Schlafzimmer.

Der berühmte byzantinische Geschichtsschreiber beschreibt Theodora als eine Frau, die nicht nur außergewöhnliche Schönheit und sexuelle Anziehungskraft, sondern auch aufgrund ihrer Übung als Schauspielerin, wo sie viele verschiedene Rollen verkörperte, großes Redevermögen und Überzeugungskraft besaß. Justinian, der doch noch die Seele eines einfachen Hirten in sich trug, war mehr von ihrer Redekunst und Redegewandtheit verzaubert als von ihrer Schönheit. Theodora überzeugte ihn langsam davon, daß man, um über die Menschen zu herrschen, erst die eigene Gesellschaft kennen muß, und sie war natürlich der geeignetste Mensch, um Justinian über alles, was so in den Tiefen der Gesellschaft vor sich ging, zu informieren. In diesen Tagen war es also ihre Aufgabe, in die verschiedenen Stadtviertel von Konstantinopel zu gehen, sich auf öffentlichen Plätzen aufzuhalten und dann abends alles, was sie gehört und gesehen hatte, an Justinian weiterzugeben. Mit anderen Worten, sie verrichtete die Arbeit des heutigen Nachrichtendienstes, und ein französicher Autor nennt sie deshalb auch den ersten Nachrichtendienstler der Geschichte.

Nachdem Theodora Justinian vollständig für sich gewonnen hatte, bat sie ihn darum, sie offiziell zur Frau zu nehmen. Dazu war Justinian sofort bereit, aber es gab einige große Hindernisse. Der erste und wichtigste Hinderungsgrund war, daß Euphemia, die Frau des Kaisers Justin, gegen diese Heirat war, und auch von Seiten der Kirche und der Armee Widerstand zu erwarten war. Darüber hinaus stand auch das ungeschriebene Gesetz der öffentlichen Sitte und Moral, das damals die byzantinische Gesellschaft beherrschte, einer solchen Verbindung des zukünftigen Kaisers mit einer Schauspielerin, die noch dazu den Ruf einer Prostituierten hatte, entgegen.

Aber keins dieser Hindernisse erschien Theodora unüberwindlich. Um sich in der Gesellschaft besser darzustellen, nahm sie, nachdem sie vor dem Erzbischof von Konstantinopel ihre vergangenen Sünden gebeichtet und Buße getan hatte, regelmäßig an den Gottesdiensten in der größten Kirche der Stadt teil und unterstützte die Kirche auch finanziell mit beachtenswerten Summen, so daß sie damit den Erzbischof und die Priester zu ihren Verbündeten machen konnte. Natürlich haben manche Autoren wie der englische Forscher *Andrew Evert*, der sich mit Theodoras Leben unter einem negativen Blickwinkel beschäftigte, darin etwas Ungehöriges gesehen und geschrieben, daß Theodora den Erzbischof mit den Waffen ihrer sexuellen Anziehungskraft verführt und in ihrem Haus in der Nähe des Kaiserpalasts bewirtet hätte.

Durch die Unterstützung der Kirche für Theodora wurde auch der Widerstand der Militäroberhäupter gegen ihre Heirat mit Justinian gebrochen. In der Zwischenzeit war auch Kaiserin Euphemia nach längerer Krankheit gestorben, und danach bereitete es keine Schwierigkeiten mehr, die Zustimmung von Kaiser Justin zu gewinnen. Der Kaiser stimmte, um mögliche Proteste gegen die Heirat des Thronfolgers mit einer Frau, die den Ruf und die Vergangenheit einer Prostituierten hatte, zu unterbinden, in schriftlicher Form zu, riet aber gleichzeitig Justinian, die Hochzeitsfeierlichkeiten so schlicht wie möglich und ohne große Empfänge zu gestalten. Der alternde Kaiser, der krank war und schon an der Schwelle des Todes stand, fürchtete, daß ein zu rauschendes Hochzeitsfest auf heftige Gegenreaktionen in der Bevölkerung treffen könnte und so den Erfolg seines Nachfolgers in der Herrschaft in Frage stellen würde.

Die Hochzeitsfeierlichkeiten wurden dann auch, ganz wie vom noch amtierenden Kaiser gewünscht, in größter Schlichtheit durchgeführt: Nach der kirchlichen Zeremonie gab man sich mit einem Fest in kleinem

Rahmen zufrieden. Der Vertrag aber, der nach dieser Feier zwischen Justinian und Theodora geschlossen wurde, war der solideste und beste Ehevertrag, der bis zu jener Zeit je zwischen einem Mann und seiner Frau abgeschlossen wurde. In diesem Abkommen verpflichtete sich Justinian dazu, seine Frau in allen Dingen, sogar bei den Regierungsgeschäften, zu seiner Teilhaberin zu machen.

Die Hochzeit fand im Frühling des Jahres 527 statt. Damals war Justinian 40 und Theodora 26 Jahre alt. Im selben Jahr verstarb Kaiser Justin, und ihre Anwesenheit bei seinem Begräbnis machte Theodoras neue Stellung als Ehefrau des Nachfolgers des verstorbenen Kaisers offiziell. Aber sie war noch nicht zufrieden, sie wollte, daß alle Welt erführe, daß sie in Zukunft zusammen mit dem neuen Kaiser an der Herrschaft teilhaben würde. Die Krönungszeremonie für den neuen Kaiser, die nach Abschluß der Trauerfeierlichkeiten für seinen verstorbenen Vorgänger stattfand, schien ihr die beste Gelegenheit für eine solche Demonstration zu sein.

An Justinians Krönung, die im Zirkus von Konstantinopel stattfand, nahmen mehr als 60 000 Leute teil. Ein solch großes Fest hatte man bis dahin in Konstantinopel noch nicht gesehen – in Wahrheit war es aber nicht nur die Krönung von Justinian, sondern von Justinian und Theodora zusammen. Justinian stattete Theodora, genau wie er es bei der Hochzeit versprochen hatte, mit allen kaiserlichen Befugnissen aus, die ihm auch selbst zustanden; und als er ihr mit eigener Hand die Krone aufs Haupt setzte, erneuerte er sein Versprechen und gab ihr einen Titel, der etwa mit »Mitregentin« zu übersetzen wäre.

Die Leute von Konstantinopel und Byzanz dachten zuerst, Justinian hätte Theodora nur den Beinamen Mitregentin gegeben, um ihre Stellung als Kaiserin von Byzanz zu festigen und den Kritikern das Maul zu stopfen, sie aber in Wirklichkeit bei der Regierung keine aktive Rolle spielen würde. Nach weniger als einem Jahr wurde aber allen klar, daß Theodora nicht nur an der Regierungsmacht teilhatte, sondern in Wahrheit den Kaiser beherrschte, und im Herrschaftsbereich von Byzanz keine einzige Entscheidung ohne Absprache mit der Kaiserin und deren Zustimmung getroffen wurde.

Langsam wurde von Theodora nicht mehr als Ehefrau des Kaisers gesprochen, sondern man nannte den Kaiser nur noch Ehemann der Kaiserin, was zeigte, wie sehr man ihn abgewertet hatte und wieviel Macht die Kaiserin über ihren Mann ausübte.

Im Jahre 531 n. Chr. verstärkten eine Mißernte und der Lebensmittelmangel, der zu einer Rationierung der Grundnahrungsmittel führte, die Unzufriedenheit im Volk, und da der Geheimdienst davon keine Mitteilung machte, verblieben der Kaiser und die Kaiserin in Nachlässigkeit.

Die Leute drückten ihre Unzufriedenheit über die Lage durch Anspielungen und Spottverse gegen die Kaiserin aus, die sie für das eigentliche Gehirn des Kaisers und damit die Wurzel allen Übels hielten. Eines dieser Spottlieder, das von Mund zu Mund weitergegeben wurde, begann mit folgender Zeile: »Der tapfere Justinian ist jetzt der Gefangene einer Frau ...«

Am 11. Januar 532 erhoben sich zum ersten Mal bei einer Aufführung im Zirkus von Konstantinopel, die in Anwesenheit des Kaisers stattfand, aus den Mündern Tausender von Zuschauern Parolen gegen den Kaiser und die Kaiserin, und am Ende erstickte der Spottvers, den das Publikum immer wieder skandierte, die ganze Aufführung.

Dieser Spottvers, der die Kaiserin als Angriffspunkt hatte, lautete ungefähr so:

> Theodora, Theodora,
> erinnerst du dich der Tage,
> als jeder mit nur einem Nickel
> deine Schönheit in Besitz nehmen konnte?
> Aber jetzt, wenn Justinian dich fallen läßt,
> wird dein Wert noch weit unter diese Tage sinken ...

Justinian, der diese Erniedrigung seiner Frau nicht ertragen konnte, gab den Befehl, gegen die Spottsänger vorzugehen und die Anführer festzunehmen. Sieben Zuschauer, die als die Anführer entlarvt wurden, nahm man fest, und Justinian befahl, sie ohne Verurteilung vor den Augen der Leute an den Galgen zu bringen.

Die Galgenstricke, die man beschafft hatte, um den Befehl des Kaisers auszuführen, waren jedoch – zufällig oder absichtlich – morsch gewesen, und so fielen alle Verurteilten vom Galgen auf den Boden und flohen. Die Masse, die diesem Ereignis beigewohnt hatte, machte sich auf zum Kaiserpalast und steckte auf ihrem Weg mehrere Gebäude, die hochgestellten Persönlichkeiten der Regierung gehörten, in Flammen. Ihre Parole, als sie vor dem Kaiserpalast ankamen, lautete: »Laßt uns dieses goldene Freudenhaus anzünden!«

Justinian war verängstigt und wußte nicht, wie er sich gegenüber dieser wütenden Masse verhalten sollte, aber Theodora sah einen Ausweg darin, sich den Leuten zu zeigen und mit ihnen zu sprechen.

Vom Balkon aus hielt sie eine Rede und versprach, wenn man diese Aufstände beenden würde, den Menschen im Laufe von einer Woche das tägliche Brot und alle anderen notwendigen Nahrungsmittel zur Verfügung zu stellen und sich ihrer Sorgen und Nöte anzunehmen. Darüber hinaus drohte sie, wenn diese Unruhen nicht aufhörten, die Aufständischen erbarmungslos von bewaffneten Kräften vernichten zu lassen. In diesem Moment waren das natürlich leere Drohungen, denn die kaiserliche Garde war nicht darauf vorbereitet, das Schloß gegen so viele Tausende Aufständische zu verteidigen. Aber sie zeigten Wirkung, und die Masse zerstreute sich langsam. Die Versprechen Theodoras, innerhalb einer Woche für Brot für die Leute zu sorgen und sich auch um ihre anderen Probleme zu kümmern, waren ebenfalls leere Versprechungen gewesen, denn diese Schwierigkeiten waren in einer solch kurzen Zeit einfach nicht zu lösen. Die darauffolgenden Unruhen waren heftiger und breiteten sich in ganz Konstantinopel aus. Die Aufständischen zündeten im Laufe des Januars 532 die halbe Stadt an, und Justinian, der aus Angst nicht mehr wußte, was er tun sollte, beschloß, das Feld zu räumen. Er hatte vor, alles Gold, alle Edelsteine – überhaupt alle Wertgegenstände aus dem Kaiserpalast mit sich zu nehmen. Während in der ganzen Stadt die Unruhen anhielten, wurden die Schiffe, die an der Küste aufbruchsbereit vor Anker lagen, mit Kisten voller Reichtümern beladen.

In diesem Moment übernahm Theodora ihre wahrhaft historische Rolle und veränderte mit festem Willen und Entschlußkraft den Lauf der Weltgeschichte. In einem solchen Moment, in dem Justinian an nichts anderes als an Flucht dachte und daran, wie er seine eigene Haut und die seiner Frau retten könnte, rief Theodora die Großen des Landes und die Befehlshaber der Armee zu einer beratenden Versammlung im Schloß zusammen. In dieser Sitzung richtete sie eine Rede an ihren Mann, die als eine der wichtigsten Reden in der Geschichte überliefert ist. In ihr, deren prägnanteste Aussagen man in allen großen Konversationslexika der Welt unter den Stichworten »Geschichte des byzantinischen Kaiserreichs« oder »Justinian und Theodora« nachlesen kann, sagte sie: »Oh Kaiser, jeder Mensch stirbt nur einmal, und für einen Kaiser ist der Tod besser, als von seinem Thron abgesetzt zu werden und ins Exil zu gehen. Wenn Ihr nur Euer Leben retten wollt, so liegen die Schiffe und das Meer direkt vor Euch! Wenn Ihr aber meine Meinung hören wollt, so stimme ich mit den alten Sprichwort überein, das da sagt: 'Der kaiserliche Umhang ist das beste Leichentuch für einen Herrscher.'«

Theodora reorganisierte mit Hilfe der Befehlshaber der Armee, an deren Spitze Belisar stand, der in den späteren Kriegen gegen Rom und Iran berühmt gewordene Feldherr, die demotivierten und zerstreuten Streitkräfte von Byzanz für den Kampf gegen die Aufständischen, so daß dann 30 000 von ihnen an einem Tag in Konstantinopel ein Blutbad bereitet wurde. Nach diesem Gemetzel verstummten die Unruhen, und Justinian, der sich auf der Flucht vor den Ereignissen als einer der schwächsten und feigsten Kaiser zeigte und fast der letzte Kaiser von Byzanz geworden wäre, regierte noch weitere 32 Jahre über das Reich und wurde durch seine darauffolgenden großen Eroberungen als bedeutenster byzantinischer Kaiser bekannt.

## Königin Elisabeth I. (1533 - 1603) – die Mächtigste

Königin Elisabeth I. von England, die Tochter Heinrichs VIII., stellte die anglikanische Staatskirche wieder her, ließ ihre katholische Nebenbuhlerin Maria Stuart 1587 hinrichten und besiegte im Krieg mit Spanien die Armada.

Sie übernahm den Thron 1558 von ihrer Halbschwester Maria und nacheinander regierten sie 50 Jahre über England. Maria bekam einen Beinamen als erbarmungsloseste und grausamste Herrscherin von England, und Elisabeth wurde als mächtigste und diplomatischste Königin in der gesamten englischen Geschichte bekannt. Das Elisabethanische Zeitalter erlebte eine Blüte nicht nur in Bezug auf Wirtschaft und Handel, sondern auch auf das Geistesleben. Ihre langjährige Herrschaft bedeutete den Beginn des Glanzes und der Größe des englischen Imperiums.

## Katharina I. (1684 - 1727)<br>bis zu<br>Katharina der Großen (1729 - 1796)

Die erste Frau, die über Rußland herrschte, war Katharina I., die Frau des berühmten russischen Zaren Peter des Großen. Ihr eigentlicher Name war Martha Oskavrunski und sie stammte aus Litauen. Sie kam in einer armen Bauernfamilie zur Welt und heiratete bei der Besetzung Litauens durch die Schweden einen schwedischen Soldaten. Nachdem die Russen 1702 Litauen besetzten, floh Marthas Ehemann zusammen mit den übrigen schwedischen Soldaten. Sie selbst kam in Gefangenschaft und mußte im Hause des Prinzen Alexander Menschikov dienen. Als Peter der Große eines Abends im Haus des Prinzen verweilte, fand er Gefallen an dem jungen und schönen Hausmädchen und schlief mit ihr. Er fand in Martha die Eigenschaften, die er schon lange bei einer Frau gesucht hatte, und brachte sie so, obwohl er selbst verheiratet war, mit in sein Schloß. Martha gebar ihm sechs Kinder, von denen aber nur zwei, Anna und Elisabeth, das Erwachsenenalter erreichten.

Im Jahre 1711, als Peter der Große am Fluß Perut von der osmanischen Armee eingeschlossen wurde und es keinen Ausweg mehr gab, konnte Martha ihn aus der Gefahr befreien, indem sie durch eine List den türkischen Großwesir verführte. Peter, der sich von seiner Frau getrennt hatte, heiratete Martha daraufhin 1712 offiziell, um sie für ihre Dienste zu belohnen. Ihr Name wurde in Katharina geändert.

Zehn Jahre später, im Jahre 1722, setzte Peter der Große den alten Brauch außer Kraft, daß immer das älteste Kind der Thronfolger des Vaters wurde, und verkündete, daß von nun an der Zar selbst noch zu seinen Lebzeiten seinen Thronfolger bestimmen sollte. Nachdem er unter dem Einfluß seiner Frau Katharina diese Entscheidung gefällt hatte, ernannte er sie dann auch zur Thronfolgerin. Die Krönung von Katharina I. zur Zarin von Rußland fand am 7. Mai 1724 mit großem Prunk und Glanz in Moskau statt, und die Krone, die man der früheren Bauerntochter und Dienstmagd auf das Haupt setzte, war mit 2 500 Edelsteinen besetzt, in deren Mitte ein Rubin von der Größe eines Hühnereis zu sehen war.

Nach dem Tod von Katharina im Jahre 1727 gab es zwei Anwärter auf den Zarenthron. Die Hälfte der Mitglieder des Thronrats waren für die Ernennung von Elisabeth Petrovna, der Tochter von Katherina I. und Peter dem Großen, die übrigen unterstützten Anna Ivanova, die Nichte Peters des Großen. Schließlich einigte man sich auf Anna Ivanova, unter der Voraussetzung, daß sie sich schriftlich verpflichtete, die Befugnisse des Thronrats offiziell anzuerkennen. Anna erklärte sich damit einverstanden. Sobald sie aber ihre Position gefestigt hatte und sich der Loyalität der kaiserlichen Garde und der Armee sicher war, setzte sie den Thronrat ab und sicherte sich so die absolute Macht.

Anna Ivanova, die bei ihrer Amtseinführung 37 Jahre alt war, regierte fast 11 Jahre und starb dann im Alter von 47 Jahren.

Elisabeth Petrovna wurde im Jahre 1742, im Alter von 32 Jahren, auf den Thron gesetzt und herrschte mehr als 20 Jahre, bis 1762. Sie war auf der einen Seite sehr belesen und eine Fördererin der Wissenschaft und Kunst, auf der anderen Seite aber auch eine tyrannische und hartherzige Herrscherin. Die Universität von Moskau und die Hochschule für Schöne Künste in St. Petersburg wurden während ihrer Regierungszeit gegründet.

In dieser Zeit besserte sich auch die allgemeine Lage Rußlands gegenüber den unruhigen Jahren nach dem Tod Peters des Großen, und durch das Erstarken der Armee wurden ihm auch einige Neue Siege in Kriegen mit dem Ausland errungen. Ebenso wurden auch die auswärtigen Beziehungen Rußlands ausgeweitet. Der Schlüssel zu Elisabeths Erfolg bei der Regierungsarbeit lag außer in ihrem Scharfsinn in ihrer guten Auswahl fähiger Leute für die Arbeit im Innenministerium, dessen Mann an der Spitze, Riumin, zu den berühmtesten Staatsmännern seiner Zeit gerechnet werden muß.

Prinzessin Sophia, die in der Weltgeschichte unter dem Namen Katharina die Große berühmt wurde, kam im Jahre 1729 in der Hafenstadt Stettin in einer deutschen Familie zur Welt. Ihr Vater war ein preußischer General und ihre Mutter, die Tochter eines deutschen Prinzen, war eng verwandt mit dem Ehemann von Prinzessin Anna, der Tochter von Peter dem Großen und Katharina I., der Zarin von Rußland. Sophia war an dem Tag, als sie mit ihrer Mutter nach Rußland aufbrach, gerade 11 Jahre alt und ein sehr hübsches und blühendes junges Mädchen. Die russische Zarin Elisabeth fand an ihr Gefallen, und so wurde Prinzessin Sophia, die man gemäß dem Wunsch der Zarin später Katharina nannte, im Jahre 1745 mit Peter III., dem russischen Thronfolger, verheiratet.

Nach seinen eigenen Worten hatte Peter III. Prinzessin Sophia, die spätere Katharina, gegen seinen Willen geheiratet. Katharina schreibt in ihren Memoiren: »Im Inneren meines Herzens wußte ich, daß ich mit Peter nicht glücklich werden würde, aber der Glanz des russischen Zarenhofs und mein eigener Ehrgeiz hatten mich geblendet, und ich war sicher, daß ich eines Tages Beherrscherin von Rußland sein würde.«

Katharina ertrug so all die ersten Schwierigkeiten und Unannehmlichkeiten einer solchen Ehe in der Hoffnung, daß sie eines Tages Gelegenheit finden würde, ihre Träume zu verwirklichen. Ihr Mann Peter, der auf geistigem Gebiet etwas zurückgeblieben war und kindische Gedanken und Angewohnheiten hatte, veranstaltete meist mit seinen Freunden oder sogar seinen Dienern alberne Spielchen. Manchmal zwang er sie dazu, Masken aufzusetzten, seltsame Kleidung anzuziehen und in seinem Schlafzimmer Tänze aufzuführen. Eine seiner schlechten Angewohnheiten war auch seine übertriebene Zuneigung zu Hunden, und nach dem, was Katharina in ihren Memoiren zu berichten weiß, hielt er sie in einem an das Schlafzimmer angrenzenden Zimmer, so daß Katharina sehr unter ihrem ständigen Gebell und ihrem üblen Geruch zu leiden hatte.

Nach der Ermordung ihres Mannes im Jahre 1762 gründete Katharina II., die später aufgrund der Eroberungen der russischen Armee und der Ausweitung des zaristischen Herrschaftsbereichs als Katharina die Große bekannt wurde, im sechsten Jahr ihrer Herrschaft eine beratende Versammlung, die dem englischen Parlament ähnlich war, allerdings waren die 565 Mitglieder von ihr selbst eingesetzt. Sie beauftragte diese Versammlung damit, ein Grundgesetz für Rußland zu erarbeiten. 18 Monate später aber setzte sie diese Versammlung schon wieder ab und verminderte ihre Ratgeber bei gesetzgeberischen Angelegenheiten auf eine Handvoll Leute. Im Jahre 1775 wurden im russischen Verwaltungssystem grundsätzliche Änderungen vorgenommen. Das Land wurde in 51 Bezirke aufgeteilt, und für jeden Bezirk bestimmte Katharina die Große einen Statthalter.

Die militärischen Eroberungen während ihrer Regierungszeit begannen im Jahre 1768 mit den Türkenkriegen, die vier Jahre andauern sollten und mit dem Abschluß eines Vertrages im Jahre 1772 endeten, in dem ein Teil der osmanischen Besitzungen an das Zarenreich angegliedert und den Russen freie Schiffahrtsrechte im Schwarzen Meer garantiert wurden. Rußland hat ebenfalls die von den türkischen Osmanen besetzte Krim-Halbinsel seinem Herrschaftsbereich angeschlossen. Später gelang es unter dem Oberbefehl von Gregory Potemkin den Seestreitkräften, in den Jahren 1787 bis 1792 weitere Teile des osmanischen Imperiums zu erobern. Auf der anderen Seite machte Katharina die Große ihren polnischen Geliebten Stanislaus Poniatowski unter dem Namen Stanislaus II. zum polnischen König und fügte durch die Verträge von 1772, 1793 und 1795 mit Österreich und Preußen Rußland weitere Teile Polens an.

Katharina die Große war am Tag ihrer Amtsübernahme 33 Jahre alt. Sie herrschte 34 Jahre bis zu ihrem Tod 1796 über Rußland und widmete diese ganze Zeit über allen wichtigen Verwaltungsangelegenheiten, sowie auch politischen und militärischen Entscheidungen, ihre genaueste Aufmerksamkeit.

Sie arbeitete täglich zwischen 12 und 16 Stunden, und obwohl sie auf den Rat kompetenter Personen vertraute, traf sie doch alle Entscheidungen selbst. Eine ihrer täglichen Aufgaben bestand in der Korrespondenz, die sie mit Königen, bekannten Staatsmännern und Schriftstellern ihrer Zeit zu führen pflegte. In manchen Briefen an große Schriftsteller teilt sie ihnen ihre Meinung über ihre letzten Werke mit, die sie auf das gründlichste studiert hatte. Ihre Briefe waren manchmal zwischen zehn bis zwanzig große Seiten lang. Nach den Worten eines Dichters: Wenn man all ihre Briefe und Notizen sammeln würde, so wäre ihr Umfang größer als alle Werke der schreibfreudigsten Dichter zusammen, wie zum Beispiel Alexandre Dumas.

Die russische Geschichte, wie auch die Weltgeschichte, kennt Katharina die Große als eine der mächtigsten und würdigsten Frauen, die jemals ein Regierungsamt innehatten, und selbst kommunistische Historiker gedenken ihrer mit Stolz. Erinnerungsstücke an sie, sogar ihre Kleider und Schuhe, sind in den Museen in Moskau und Leningrad ausgestellt. Sie ist die einzige Frau unter allen mächtigen Frauen, die den Titel »die Große« trägt.

## Joséphine Bonaparte (1763 - 1814) – von einer Gefängnisecke auf den Königsthron

Joséphine, die erste Königin oder »Kaiserin« von Frankreich nach der Französischen Revolution, zählte im ersten Jahrzehnt des 19. Jahrhunderts zu den mächtigsten und einflußreichsten Frauen der Welt. Sie war die Frau Napoleon Bonapartes, des wichtigsten Mannes zu dieser Zeit in Europa wie auch in der gesamten übrigen Welt, und die Mutter des Regierungsoberhauptes von Italien und der Königin der Niederlande. Ihr Enkel gelangte Mitte des Jahrhunderts als Napoleon III. an die Macht und hatte mehr als 20 Jahre die absolute Herrschaft über Frankreich inne.

Der eigentliche Name von Joséphine lautet »Marie Joseph Rose Tascher de la Pagerie«. Sie war die älteste Tochter eines Zuckerrohrpflanzers aus Martinique, einer französischen Kolonie in West-Indien. Napoleon erst nannte sie Joséphine, aber da sie unter diesem Namen in die französische Geschichte eingegangen ist, wollen wir sie in ihrer Biographie schon von Kindheit an, noch bevor sie als Königin Joséphine berühmt wurde, so bezeichnen. Sie wurde am 23. Januar 1763 in Martinique geboren und ging nach fast 14 Jahren auf dieser Insel nach Frankreich. Mit 16 heiratete sie einen Adeligen mit Namen Alexandre de

Beauharnais, den Sohn von Marquis Beauharnais, dem früheren Statthalter von Martinique. Alexandre de Beauharnais hatte Joséphine auf Martinique das erste Mal gesehen, und bei ihren gelegentlichen Treffen in Paris verliebte er sich in dieses schöne Mädchen, das eine außergewöhnliche Anziehungskraft besaß. Zwei Jahre nach ihrer Heirat kam dann das erste Kind, Eugène, zur Welt, der später eine glänzende militärische Laufbahn machen sollte. Das zweite Kind war ein Mädchen. Sie wurde im Jahre 1783 geboren, und Joséphine gab ihr den ungewöhnlichen Namen »Hortense«.

Alexandre de Beauharnais war ein Jahr vor der Geburt dieses Kindes seiner Frau gegenüber mißtrauisch geworden, und als Hortense zur Welt kam, beschuldigte er sie, dies sein ein uneheliches Kind und entspränge ihren Beziehungen zu anderen Männern. Ihre Angelegenheit kam bis vor das Pariser Parlament, das dann schließlich die Scheidung aussprach. Gemäß dem Urteil des Parlaments verblieb Eugène bei seinem Vater, während Joséphine Hortense zugesprochen bekam. Joséphine suche daraufhin im Kloster Panthemont bei Paris Zuflucht und blieb dort 15 Monate.

In dieser Zeit lernte sie viel Neues über das Leben. Sie wurde in diesem Kloster mit Frauen bekannt, die sich wegen Ehebruchs von ihren Männern getrennt hatten und jetzt ohne jede Unterstützung waren, oder mit Müttern, die vor der Heirat schwanger geworden und von ihrer Familie davongejagt worden waren, und auch mit Verbrecherinnen, die sich in das Kloster geflüchtet hatten. Die Gespräche drehten sich meist um die Beziehungen der einzelnen Frauen zu den verschiedensten Männern. So verhalf dieses Leben im Kloster Joséphine nicht dazu, den rechten Weg zu finden, sondern sie lernte von diesen Frauen mehr, wie man flirtet, kokettiert und Männer verführt. Nachdem sie das Kloster verlassen hatte, nahm ihr Vater sie wieder mit nach Martinique. Joséphine blieb aber nicht mehr als zwei Jahre bei ihren Eltern auf dieser warmen, feuchten Insel und kehrte am Vorabend der Französischen Revolution wieder nach Paris zurück. Zu dieser Zeit war sie eine fünfundzwanzigjährige Frau mit leicht gebräunter Haut, dem besonderen Charme südländischer Frauen und zauberhaften schwarzen Augen, die jeden Mann auf den ersten Blick zu fesseln wußten. Sie ließ sich jetzt zwanglos mit anderen Männern ein, dachte aber immer noch an ihren ersten Mann, Alexandre de Beauharnais, den sie abgöttisch liebte. Beauharnais, der inzwischen zum Abgeordneten der französischen Nationalversammlung gewählt worden war und zu den herausragenden revolutionären Persönlichkeiten gehörte, begann eine neue

Beziehung mit Joséphine, war aber nicht bereit, sie wieder zu heiraten.

In den langen Jahren der Französischen Revolution trafen sich die beiden von Zeit zu Zeit, obwohl Beauharnais jetzt Parlamentspräsident geworden war und 1792 als General zu Kämpfen mit den Kontrarevolutionären im Rhein-Gebiet aufbrach. 1793, gleichzeitig mit der Verabschiedung eines Gesetzes gegen den Adelsstand in der Nationalversammlung, wurden die Truppen unter dem Oberkommando von Beauharnais zurückgeschlagen und überließen Mainz dem Feind. Diese Niederlage war das Ergebnis der Überlegenheit der vereinigten österreichischen und preußischen Streitkräfte über das Heer der Franzosen, aber Robbespierre, der zu dieser Zeit absoluter Herrscher über Frankreich war, beschuldigte Beauharnais des Verrats und das Pariser Revolutionsgericht verurteilte ihn daraufhin zum Tode.

Am 23. Januar 1794 wurde der 34jährige Alexandre de Beauharnais durch die Guillotine hingerichtet, und auch Joséphine, die man der Mittäterschaft und Beziehungen zu ihrem früheren Mann beschuldigte, wurde verhaftet und ins Gefängnis gesteckt.

Es war vielleicht Joséphines größte Chance, daß sie zu dieser Zeit im Gefängnis war, denn dies gab ihrem Leben eine völlig andere Richtung und führte zu ihrer Bekanntschaft und darauffolgenden Heirat mit Napoleon Bonaparte, dem späteren Kaiser von Frankreich.

Ihre Flitterwochen dauerten nur 36 Stunden, da man Napoleon mit einem Kriegskommando nach Italien beauftragt hatte. Napoleon mußte sich in der Hochzeitsnacht den absonderlichen Wünschen Joséphines fügen und zulassen, daß ihr geliebter Hund »Fortune« im Schlafzimmer anwesend war. Er wollte dem zunächst nicht zustimmen, aber Joséphine sagte, wenn er Fortune nicht ertrüge, könne er ja in einem anderen Zimmer schlafen. Napoleon gab also gezwungenermaßen nach und wurde bis zum Morgen dreimal von Fortune gebissen. Aber Joséphine war so geschickt im Liebesspiel, daß sie in der kurzen Zeit Napoleon derart bezaubern konnte, daß er ihr ganz verfallen war. Er sagte später in seinem Exil in St. Helena, daß er nie eine Frau mit so vollendetem Körper und solch schönen Bewegungen wie Joséphine gesehen hätte, und keine der vielen Frauen, mit denen er sexuelle Beziehungen hatte, wären so erfahren in der Liebe gewesen wie sie.

In den fast 20 Monaten, in denen Napoleon an der italienischen Front war, hat er ihr, außer in der kurzen Zeit, die Joséphine auf sein Drängen hin in einem Militärlager in der Nähe der Front bei ihm verbrachte, durchschnittlich jeden Tag einen (manchmal zwei) Briefe geschrieben und sie ihr durch Militärboten nach Paris geschickt. Die 42, die von diesen Briefen bis heute erhalten sind, zeigen nicht nur seine leidenschaftliche Liebe und Zuneigung zu Joséphine, sondern auch den Charakter und die Überzeugungen eines Mannes, der den Lauf der Geschichte Europas und der Welt entscheidend verändern sollte.

Napoleon Bonaparte wurde am 2. Dezember 1804 zum französischen Kaiser gekrönt, und er selbst setzte Joséphine die Kaiserinnenkrone aufs Haupt. Die Zeremonie fand in Notre Dame statt, und Napoleon hatte selbst den Papst dazu veranlaßt, nach Paris zu kommen und an den Feierlichkeiten teilzunehmen. Der Papst krönte ihn mit eigener Hand, und die Heirat zwischen ihm und Joséphine, die noch gemäß der Revolutionsgesetzgebung und ohne kirchlichen Segen stattgefunden hatte, wurde mit allem religiösen Zeremoniell nachgeholt. Diese Trauung, die auf Drängen des Papstes stattfand, bestätigte Joséphine in ihrem neuen Amt als französische Kaiserin.

Sie war zu dem Zeitpunkt ihrer Krönung bereits 41 Jahre alt, hatte sich aber ihre Schönheit und Anziehungskraft bewahrt. Ihr Einfluß auf ihren Mann wirkte sich sowohl in seiner Zeit als Konsul, in den fünf Jahren in denen sie französische Kaiserin war, als auch nachdem sie sich in gemeinsamem Einvernehmen getrennt hatten, auf alle Entscheidungen Napoleons im innen- wie im außenpolitischen Bereich aus.

## Königin Viktoria (1819 - 1901)

Eine Frau, die fast 64 Jahre über England herrschte und das Königreich England zu höchster Blüte und Machtfülle brachte.

Königin Viktoria ist die berühmteste Frauengestalt, die je den englischen Thron innehatte und die Geschichte dieses Landes mehr als alle anderen Herrscher, gleichgültig ob Mann oder Frau, beeinflußt hat. Ihre Herrschaftszeit war die längste, die je ein englischer König oder eine englische Königin erreichte, und ihre 64jährige Regierungsperiode, die als viktorianisches Zeitalter berühmt wurde, zählt zu einer der glanzvollsten Epochen des englischen Königtums.

## Zarin Alexandra (1872 - 1918)

Eine der ersten geschichtsträchtigen Frauengestalten des 20. Jahrhunderts, Alexandra, ist die letzte Zarin von Rußland, die 1894 im Alter von 22 Jahren gekrönt wurde und 24 Jahre später zusammen mit ihrem Mann und ihren Kindern in einer abgelegenen Stadt nahe Sibirien erschossen wurde. Durch den starken Einfluß, den sie auf ihren Mann Nikolai II., Zar von Rußland, ausübte, führte sie de facto 23 Jahre lang die Herrschaft. Einige Geschichtsschreiber sind deshalb der Meinung, daß Rußland, wenn Nikolai II. eine andere Ehefrau gehabt hätte, vielleicht nie in die Wirren einer Revolution geraten wäre und immer noch von den Nachfahren des ehemaligen Zaren beherrscht würde.

## Evita Perón (1919 - 1952) – Engel der Bedürftigen

Evita Perón ist eine der berühmtesten Frauen des 20. Jahrhunderts und die erste Frau, die in der westlichen Welt an die Macht kam und deren Name, obwohl seit ihrer Einflußnahme auf die Regierung Argentiniens bereits mehr als 45 Jahre vergangen sind, noch in aller Munde ist. Sie, wie auch ihr Ehemann Juan Domingo Perón, waren uneheliche Kinder, die in ihrer Kindheit und Jugend die Unterstützung eines Vaters entbehren mußten, bis sie dann das Schicksal zusammenführte und diese Begegnung ihrem Leben eine entscheidende Wende gab.

Evita Perón, deren eigentlicher Name María Eva Duarte lautet, kam am 26. April 1919 in der Kleinstadt Los Toldos in der Nähe von Buenos Aires, der Hauptstadt Argentiniens, zur Welt. Sie war die uneheliche Tochter des wohlhabenden Juan Duarte, der von ihrer Mutter Juana Ibargon noch weitere uneheliche Kinder hatte. Der Vater von María Eva, die zu Hause Evita gerufen wurde und später auch unter diesem Namen Berühmtheit erlangte, lebte in Buenos Aires, wo er eine Ehefrau und noch andere Kinder hatte. Er besuchte aber von Zeit zu Zeit seine ehemalige Geliebte und Mutter seiner unehelichen Kinder in Los Toldos und unterstützte sie auch finanziell. Evita, die das Nesthäckchen der Familie war, litt immer darunter, daß ihr Vater nicht wie die Väter anderer Kinder ständig bei ihnen lebte, aber ihre Mutter gestand ihr bis zu dessen Tode 1926 nicht, daß sie nur das uneheliche Kind dieses Mannes war.

Sie war zum Zeitpunkt des Todes ihres Vaters sieben Jahre alt, und die erste bittere Erfahrung ihres Lebens, von der sie in ihrer Autobiographie berichtet, ist das abweisende Verhalten der Ehefrau ihres Vaters und deren Kinder gegenüber ihr und ihrer Mutter bei dessen Begräbnis. Evita schreibt in ihrer Autobiographie, die nach ihrer Erstveröffentlichung im Jahre 1951 mehr als hundertmal neu aufgelegt wurde, zuerst über die Not in ihrer Kindheit und die Herabsetzung, die sie teils wegen ihrer Armut, teils deshalb, weil sie keinen Vater und damit kein Familienoberhaupt hatten, erfahren mußte. Den Abend, an dem ihr ihre Mutter vom Tod ihres Vaters erzählt und davon, daß sie unehelich sei, bezeichnet sie als den schlimmsten ihres Lebens. Sie erzählt: »An diesem Abend habe ich bis zum Morgen geweint, und erst als wir am nächsten Tag im Bus nach Buenos Aires saßen, um zu dem Begräbnis meines Vaters zu fahren, konnte ich einschlafen.«

Evita hatte bis zu ihrem siebten Lebensjahr noch nie die Kleinstadt verlassen, und die breiten Straßen und riesigen Hochhäuser der Hauptstadt waren für sie so aufregend, daß sie für einen kurzen Moment den Schmerz um den Tod ihres Vaters vergaß.

Das elegante Haus des Vaters stand in keinem Vergleich zu ihrer ärmlichen Behausung in Los Toldos, und es war eben dieses Haus, in dem die kleine Evita der zweite schwere Schlag traf: Die Ehefrau des Verstorbenen und ihre Kinder warfen Evita und ihre Mutter mit Schimpf und Schande aus dem Haus und erlaubten ihnen nicht, an dem Begräbnis teilzunehmen.

Evita nennt diesen Vorfall in ihrer Autobiographie ein Erlebnis, das sie nie ganz verwinden konnte und schreibt: »Nach dieser Erfahrung beschloß ich, mich an den Reichen zu rächen, und nachdem wir in unsere ärmliche Behausung nach Los Toldos zurückgekehrt waren, hatte ich nur den einen Wunsch, nach Buenos Aires zu gehen und mich dort sozial zu engagieren.« Sie ergänzt: »Nach dem Tod meines Vaters, für den ich keinerlei Gefühle mehr hegte, wurde unsere Lage immer schlechter, denn auch mein Großvater (der Vater meiner Mutter), der Busfahrer war und mit zu unserem Lebensunterhalt beigetragen hatte, starb kurze Zeit später. Meine Mutter hatte also keine andere Möglichkeit, als als Putzfrau und Wäscherin bei anderen Leuten zu arbeiten, um uns zu ernähren.«

Evita war unter solchen Lebensumständen gezwungen, ohne Abschluß von der Mittelschule abzugehen, und kam 16jährig nach Buenos Aires.

Sie war sehr schön und hatte eine gute Stimme, und so war die erste Arbeit, die ihr erfolgversprechend erschien, die einer Theaterschauspielerin. Evita verfügte auch über schauspielerisches Talent, aber weshalb sie dann schließlich an einem zweitklassigen Theater angenommen wurde, lag mehr an ihrer Schönheit, denn der Theaterdirektor hatte ein Auge auf sie geworfen. In einigen Biographien, die in verschiedenen Zeitschriften über Evita Perón abgedruckt wurden, heißt es, daß sie von ihrer Ankunft in Buenos Aires bis zu ihrem 20. Lebensjahr als Prostituierte gearbeitet hätte, und Theaterschauspielerin nur ihr Nebenberuf war. Diese Berichte stammen jedoch von Journalisten, die gegen Perón waren, und entsprechen nicht der Wahrheit.

Es besteht aber kein Zweifel daran, daß Evita nach ihrem Eintritt in die Theaterwelt mit mehreren Männern Beziehungen hatte, doch wie sie in ihrer Autobiographie gesteht, war sie dabei immer nur auf der Suche nach der Liebe und Zärtlichkeit, die ihr in ihrer Kindheit vorenthalten worden war, und hat sich nie aus materiellen Gründen einem Mann hingegeben.

Einer der Männer, mit denen Evita während ihrer Zeit als Theaterschauspielerin befreundet war, war ein junger Offizier mit Namen Hanibal Francisco Imbert, der 1943 eine Offiziersgruppe unterstützte, die einen Staatsstreich durchführen wollte. Nachdem dieser Staatsstreich erfolgreich verlaufen war, wurde ihm deshalb das Post- und Telegraphenministerium unterstellt. Dazu gehörte auch der Radiobereich.

Evita, die des Theaterspielens überdrüssig geworden war und auch keinen großen Erfolg damit gehabt hatte, bat Imbert darum, sie als Radiosprecherin einzustellen. Sie wurde beim Radio angestellt, und ihre anziehende Stimme machte sie schnell berühmt. Eine ihrer interessantesten Sendungen, die viele Zuhörer hatte, behandelte das Leben berühmter Frauen in aller Welt.

Evita beschäftigte sich in diesen Radiobiographien mit Frauen, die ihren Ruhm und ihren Erfolg der eigenen Anstrengung verdankten und, wie sie selbst in ihrer Kindheit und Jugend, auch den bitteren Geschmack von Armut und Abhängigkeit erfahren hatten. Mit diesen Lebensbeschreibungen solcher Frauen, die es zu etwas gebracht hatten, drückte sie in Wirklichkeit ihre eigene Sehnsucht aus, selbst einmal zu Ruhm zu gelangen.

Im Januar 1944 gab es in San Juan in Argentinien ein furchtbares Erdbeben, das große Zerstörungen und Verluste mit sich brachte. Evita wurde für die Werbesendungen zuständig, durch welche Spenden zur Unterstützung der Erdbebenopfer gesammelt werden sollten. Im Rahmen dieser Aktivitäten lernte sie einen Oberst mittleren Alters mit Namen Juan Perón kennen. Oberst Perón, der zu der Gruppe der Putschisten und zu den Freunden Imberts gehörte, verliebte sich auf den ersten Blick in die junge, schöne Frau, und auch Evita, die bisher nur die Begierde in den Augen von Männern kennengelernt hatte, fand in seinem Blick zum ersten Mal die Liebe und Güte, die sie ein Leben lang gesucht hatte.

Aber mehr als mit den Umständen dieser Bekanntschaft, die dem Leben von Evita und Juan Perón, ja dem Schicksal Argentiniens eine entscheidende Wendung gaben, müssen wir uns zunächst näher mit der Person Juan Peróns, Evitas zukünftigem Ehemann und prominentem Regierungsoberhaupt von Argentinien, beschäftigen.

Juan Perón wurde am 8. Oktober 1895 in der Kleinstadt Lobos geboren und war bei seiner Bekanntschaft mit Evita 49 Jahre alt, also fast 25 Jahre älter als sie.

Er war, ebenso wie Evita, das uneheliche Kind eines wohlhabenden Mannes mit Namen Marion Thomas Perón, der, bis sein Sohn erwachsen wurde, dessen Ausbildung finanzierte und ihm den Besuch einer Militärakademie ermöglichte. Juan Perón stieg, nachdem er erst den Rang eines Leutnants erreicht hatte, in der Argentinischen Armee schnell weiter auf und nahm 1930 an einem Militärputsch teil, der zum Sturz der rechtmäßigen Regierung führte.

Nach diesem Putsch wurde er als Militärattaché Argentiniens nach Chile geschickt, zwei Jahre später aber wegen seiner vielen Frauengeschichten und einer Spionageaffäre, an der eine seiner Geliebten beteiligt war, wieder zurückbeordert.

Es gelang ihm jedoch schnell, seine alte Stellung wiederzuerlangen, und diesmal ging er als Militärattaché nach Rom und Berlin, wo er das Aufkommen des Faschismus miterlebte und zu einem Bewunderer von Hitler und Mussolini wurde.

Perón kehrte 1939 noch vor dem Ausbruch des Zweiten Weltkriegs nach Argentinien zurück und gründete mit einer Gruppe junger Offiziere eine Partei, die in ihrer Organisation mehr oder weniger der Nationalsozialistischen Partei Hitlers glich. Er sprach sich in seinen Reden öffentlich für Hitler aus und erklärte, daß Hitlers »Mein Kampf« im Krieg wie auch im Frieden die beste Anleitung für Argentiniens eigenen Kampf sei. Die Parolen und politischen Ziele von Peróns Partei glichen ebenfalls denen der NSDAP Deutschlands, und er wandte sich bei seiner Entfachung nationalsozialistischer Überzeugungen hauptsächlich an die argentinische Arbeiterklasse.

Im Juni 1943 nahm Perón an einer Verschwörung teil, die zum Ziel hatte, die zivile Regierung Argentiniens, die gerade erst die Militärregierung abgelöst hatte, abzusetzen, und wurde zuerst als stellvertretender Verteidigungsminister und dann als Arbeitsminister im Kabinett der Putschisten eingesetzt. In dieser Position lernte er 1944

Evita kennen, die Geliebte seines Freundes Imbert und bekannte Radiosprecherin.

Perón war mit fast 50 Jahren immer noch ledig und suchte nach 30 Jahren wechselnder Frauengeschichten nach einer dauerhaften und wahrhaften Beziehung. In Evita sah er das Ziel seiner Wünsche.

Evita dagegen sah in diesem ruhigen und ernsthaften Mann zuerst nur einen Vater, aber langsam wurde aus ihrer Beziehung richtige Liebe, und sie hängte ihr ganzes Herz an diesen Vater-Geliebten.

Um Perón bei seinem Vorwärtskommen zu unterstützen, wendete sie ihre ganze Zeit und Kraft für Aktivitäten in der argentinischen Arbeiterorganisation auf und sammelte so eine Menge Ansehen und Sympathie für ihn bei der Arbeiterschaft.

1945 stieg Perón zum Vizepräsidenten Argentiniens auf, wurde aber schon im Oktober des gleichen Jahres auf Befehl des amtierenden Präsidenten der Militärregierung Farrel verhaftet und ins Gefängnis gesteckt. Man klagte ihn der Sabotage bei der Regierungsarbeit an und einer Verschwörung zur Absetzung des Staatspräsidenten. Im Falle der Erhärtung dieser Beschuldigungen hätte ihm die Hinrichtung gedroht.

Hier betrat Evita die Bühne und änderte den Lauf der argentinischen Geschichte.

Sie nutzte ihren Einfluß bei der Arbeiterschaft und rief sie zu Demonstrationen in der Hauptstadt zugunsten Peróns auf. Am 17. Oktober 1945 wurde der Staatspräsident durch einen Generalstreik und Demonstrationen in den Straßen von Buenos Aires gezwungen, seinen früheren Befehl zurückzunehmen und Perón aus dem Gefängnis freizulassen.

Die Demonstrationen der Arbeiter dauerten bis zu Peróns Freilassung an. Sie kehrten erst an ihre Arbeit zurück, als sie den Präsidenten zusammen mit Perón auf dem Balkon des Präsidialpalastes erscheinen sahen.

Perón selbst, der als Entschädigung für seinen kurzen Gefängnisaufenthalt zum General befördert wurde, hielt nach diesem Ereignis offiziell um Evitas Hand an. Im Dezember 1945 fand dann in Buenos Aires ihre Hochzeit statt.

Im Januar des folgenden Jahres kandidierte General Juan Perón für das Präsidentenamt. Sein Wahlkampf stützte sich hauptsächlich auf die Talente seiner Frau, was Werbung und Redenhalten betraf, und ihre Beliebtheit und ihren Einfluß bei den Menschen Argentiniens. Evita reiste in den vier Monaten des Wahlkampfes für ihren Mann in alle größeren Städte und Bevölkerungszentren Argentiniens, und das

Ergebnis ihrer Bemühungen war ein glänzender Sieg Peróns bei den Präsidentschaftswahlen vom 4. Juni 1946.

In diesen Wahlen wurde Perón für fünf Jahre zum argentinischen Präsidenten gewählt, und Evita an seiner Seite organisierte die Partei, die unter dem Namen *Perónistische Partei* berühmt wurde.

Evita selbst nannte sie die »Partei der Hemdsärmeligen«, und das Programm und die Ziele der Partei ergaben sich aus diesem Namen:

Evita Perón wollte sich im Gedenken an ihre bittere Kindheit und Jugend an den Reichen rächen und mit ihrer ganzen Kraft den armen und ausgebeuteten Schichten helfen. Ihre Partei war in Wahrheit eine Partei mit sozialistischen Zielen und kämpfte für einen höheren Lebensstandard der benachteiligten Gesellschaftsschichten und für soziale Gerechtigkeit.

Neben ihren politischen Aktivitäten setzte sich Evita Perón auch für die Gründung einer großen sozialen Organisation ein, in der sie alle Aspekte der sozialen Fürsorge vertreten sehen wollte. Sie organisierte zahlreiche Reisen in die unterentwickelten Gebiete des Landes und bekam so den Beinamen Schutzengel der Armen und Benachteiligten.

1947 besuchte sie als Frau des argentinischen Staatspräsidenten offiziell einige westeuropäische Länder. Ihr Ziel war es bei diesen Reisen, den schlechten Eindruck auszugleichen, den die faschistischen Neigungen ihres Mannes bei den europäischen Völkern hinterlassen hatten, die durch den Faschismus viel Leid erfahren hatten.

Sie meisterte dies mit Erfolg, aber die europäische Presse, besonders die linksgerichteten Zeitungen, beschuldigten sie, daß sie, entgegen ihres Anspruchs, für die Arbeiter und Entrechteten einzustehen, die meiste Zeit ihres Aufenthalts in Frankreich damit verbrachte, sich in den Pariser Boutiquen teure Kleider und teueren Schmuck zu kaufen.

Evita Peróns Einfluß auf Argentiniens Politik und die Regierung nahm Tag für Tag zu, bis in den Jahren 1950 bis 1951 jeder in ihr das eigentliche Regierungsoberhaupt sah.

General Perón, der sie leidenschaftlich liebte, beschloß 1951, sie zum Kandidaten für seine Nachfolge auf den Posten des Staatspräsidenten von Argentinien zu machen. Dagegen leisteten jedoch die anderen Generäle, denen der ständig wachsende Einfluß Evitas mißfiel, Widerstand. Evita Perón sah sich darin die Gefahr eines Militärputsches anbahnen, trat freiwillig von der Kandidatur zurück und führte stattdessen wie schon im Jahre 1946 wieder den Wahlkampf für ihren Mann.

1951 wird General Perón so zum zweiten Mal mit absoluter Mehrheit zum Staatspräsidenten gewählt. Nach diesem Wahlsieg erklärte er, daß sein Erfolg diesmal wie auch 1946 einzig seiner Frau zu verdanken sei. Evita Perón wurde nach dem erneuten Wahlsieg ihres Mannes krank und bettlägerig. Zuerst dachte man, daß ihre Krankheit nur der Erschöpftheit und nervlichen Belastung zuzuschreiben sei, aber ärztliche Untersuchungen zeigten, daß sie Krebs hatte und nur noch kurze Zeit zu leben. Nachdem sie einige Monate große Schmerzen zu ertragen hatte, starb Evita Perón am 26. Januar 1952. Sie war bei ihrem Tod erst 33 Jahre alt, und die große Zahl von Menschen, die ihrem Sarg folgten, zeigte, wie sehr sie beim Volk beliebt gewesen war. Am Tage ihres Begräbnisses ruhte in ganz Argentinien die Arbeit, und es kam eine Woche lang zu Trauerkundgebungen.

Der Tod Evitas in so jugendlichem Alter ließ eine große Leere in Juan Peróns Leben entstehen, und die Fehler, die er später in seiner Funktion als Staatspräsident beging, zeigen, wie sehr ihn seine Frau bei der Regierungsarbeit unterstützt und geleitet hat.

Ein großer Fehler nach dem Tod seiner Frau war es, die Konzession für die Entdeckung und Förderung von Erdöl in Argentinien an eine amerikanische Firma zu vergeben, was allgemeine Unzufriedenheit und den Widerstand einiger Führungskräfte in seiner eigenen Partei nach sich zog. Mit seinem Vorhaben, Gesetzesänderungen durchzusetzen, mit dem Tenor größerer Freiheiten für die Frauen und ihr Recht auf Scheidung, stieß er bei der argentinischen Kirche auf Widerstand.

Eine Wirtschaftskrise, Inflation und Arbeitslosigkeit waren weitere Gründe, die seine Position gegenüber dem argentinischen Volk schwächten und den Boden für einen Militärputsch gegen ihn bereiteten. Im Juni 1955 revoltierten die Marinestreitkräfte, aber Perón konnte diesen Aufstand niederschlagen. Im September des selben Jahres riefen die Armeebefehlshaber in einigen Teilen des Landes den Aufstand aus, und nach drei Tagen Widerstand sah Perón sich gezwungen, abzutreten und das Land zu verlassen. Er ging erst in den Nachbarstaat Paraguay, dann nach Nicaragua und schließlich nach Spanien, wo er fast 17 Jahre unter dem Schutz des Diktators General Franco lebte.

## Amerikanische Präsidentengattinnen

In der heutigen amerikanischen Gesellschaft steht die Frau gleichberechtigt neben dem Mann, aber diese Rechte wurden ihr erst Anfang des 20. Jahrhunderts gewährt, und auch in dieser Zeit ging ihr politisches

Erwachen langsamer als in Europa oder sogar in Asien vor sich.

Die amerikanische Vefassung, seit deren Proklamation mehr als 200 Jahre vergangen sind, sah kein Wahlrecht für Frauen vor, und sogar nach dem Bürgerkrieg und der Abschaffung der Sklaverei in den 60er Jahren des 19. Jahrhunderts erhielten zwar farbige Männer das Wahlrecht, amerikanischen Frauen aber, gleichgültig ob schwarz oder weiß, wurden bis 1920 weiterhin alle politischen Rechte vorenthalten. Trotzdem spielte eine Amerikanerin, noch bevor die Frauen dieses Landes politische Rechte erhielten, eine hervorragende Rolle in der Politik und der Regierung und wurde als erste First Lady berühmt. In der gesamten Geschichte Amerikas wurde nie eine Frau zur Präsidentin oder Vizepräsidentin der USA gewählt, aber einige Ehefrauen von führenden amerikanischen Politikern konnten aufgrund ihres Einflusses auf ihre Ehemänner eine wichtige Rolle in der amerikanischen Politik spielen. Vier dieser Frauen gelang es auf diese Weise, einen besonders großen Einfluß auf die Regierungsführung auszuüben.

Diese vier Frauen sind: *Edith Wilson*, die Ehefrau von *Woodrow Wilson*, dem amerikanischen Präsidenten während des Ersten Weltkriegs, *Eleanor Roosevelt*, die Frau von *Franklin D. Roosevelt*, dem amerikanischen Präsidenten von 1933 bis 1945, *Nancy Reagan*, die Ehefrau *Ronald Reagans*, dem amerikanischen Präsidenten von 1981 bis 1989, und schließlich *Hillary Clinton*, die Ehefrau von *Bill (William Jefferson) Clinton*, dem amerikanischen Präsidenten seit 1993. Alle vier Frauen nahmen in der Regierungszeit ihrer Männer öffentlich und manchmal unwidersprochen Einfluß auf die amerikanische Politik. Hillary Clinton nimmt unter diesen Frauen eine besondere Position ein, da sie durch ihren großen Einfluß sogar als eine Art von »Schatten-Präsident« bezeichnet wird.

## Golda Meir (1898 - 1978) – die große Mutter Israels

Wenn man sich mit den Frauen beschäftigt, die in der zweiten Hälfte des 20. Jahrhunderts an die Macht kamen, so kommt man nicht an Golda Meir, der israelischen Ministerpräsidentin von 1969 bis 1974, vorbei, denn sie regierte nicht nur in einer der schwierigsten Perioden des 40jährigen Bestehens von Israel über die Angelegenheiten dieses Landes, sondern sie spielte schon seit Entstehung dieser Nation eine wichtige Rolle in deren Innen- wie Außenpolitik. Sie gehörte mit zu den Begründern dieses Regimes, das bei all seiner eigenen Schwäche und

Unbedeutsamkeit aufgrund der Unterstützung durch die USA oder, besser gesagt, durch den Einfluß, den die amerikanischen Juden auf die dortigen politischen Entscheidungen ausüben, jetzt zu den wichtigsten Protagonisten der internationalen Politik gezählt wird.

Golda Meir, die 1978 im Alter von 80 Jahren verstarb, kam 1898 in einer mittellosen jüdischen Familie in Kiew zur Welt. Ihr Vater war ein armer Schreiner mit Namen Moshe Mabovitch, der nur unter größten Mühen den Lebensunterhalt seiner vielköpfigen Familie sichern konnte. Golda und ihre drei Schwestern hatten aber nicht nur unter Armut und Hunger, sondern auch unter der Verachtung und den Quälereien der Nachbarn und gleichaltrigen Mädchen zu leiden, denn Juden waren in dieser Zeit in Rußland eine verhaßte Minderheit und liefen immer Gefahr, belästigt, angepöbelt oder sogar getötet zu werden. Selbst die zaristische Polizei betrachtete sie nur als unbequemes Volk, das Verschwörungen anzettelt.

Der Familie von Moshe Mabovitch gelang es im Jahre 1906 durch den Verkauf ihres gesamten Hab und Gutes das Geld für die Emigration nach Amerika aufzubringen und so zusammen mit anderen jüdischen Auswanderern dorthin aufzubrechen. Sie ließen sich in dem amerikanischen Bundesstaat Wisconsin nieder, und obwohl sich ihre Lage gegenüber Rußland sehr verbessert hatte, lebten sie doch immer noch in Armut und Elend. So sah sich die Mutter gezwungen, zusätzlich dazu, daß der Vater in einer Schreinerwerkstatt arbeitete, eine kleine Drogerie zu eröffnen, um zum Lebensunterhalt beizusteuern. Golda, die zu diesem Zeitpunkt neun Jahre alt war, mußte, statt zur Schule zu gehen, ihrer Mutter in diesem Laden helfen. Jedoch lernte sie bei ihrem Vater und ihren Schwestern Hebräisch und Englisch und vervollkommnete letzteres langsam bei ihrer Arbeit in der Drogerie und im Gespräch mit den Kunden.

Golda hatte von Kindheit an den Wunsch, Lehrerin zu werden, aber ihr Vater verbot ihr dies mit den Worten, daß die meisten Mädchen, die Lehrerinnen werden, nicht heiraten und zu Hause sitzen bleiben würden. Aber Golda, die um jeden Preis ihr Ziel erreichen wollte, zog mit 15 von Zuhause aus und beschloß, zu ihrer größeren Schwester nach Denver zu gehen. Sie glaubte, mit Hilfe ihrer Schwester ihre Ausbildung fortsetzen und einen Beruf nach ihrem Geschmack, nämlich als Lehrerin, ergreifen zu können. Aber ihre Schwester konnte sich nur mit Mühe ihren eigenen Lebensunterhalt verdienen, und so sah Golda sich gezwungen, niedere Arbeiten wie Wäschewaschen anzunehmen, um sich zu ernähren.

Mit 17 beschäftigte sie sich zum ersten Mal mit Politik und wurde in einer Arbeitervereinigung aktiv, die unter zionistischem Einfluß stand. Bei diesen Aktivitäten lernte sie einen jungen Juden mit Namen Morris Myerson kennen, dessen Aufgabe es war, Parolen auf Spruchbänder zu schreiben, und heiratete ihn dann mit 20. Golda war jetzt in einer zionistischen Bewegung engagiert, die Juden zur Auswanderung nach Palästina ermutigte, und schließlich überzeugte sie auch ihren Mann, 1921 mit ihr dorthin auszuwandern. Das junge Ehepaar wurde in einem Kibbuz, das heißt einem landwirtschaftlichen Kollektivbetrieb, untergebracht, wo sie zwei Jahre blieben. Golda widmete sich dort mit Leidenschaft der Feldarbeit und der Geflügelzucht, aber ihr Mann, dem die Arbeit in der Landwirtschaft und das Leben in einer Gemeinschaftsunterkunft mißfielen, bestand darauf, nach Amerika zurückzukehren. Bei ihrer Arbeit im Kibbuz traf Golda auch zum ersten Mal David Ben Gurion, den ersten Ministerpräsidenten Israels, der der Initiator solcher Kollektivbetriebe war. Ben Gurion forderte sie und ihren Mann dazu auf, ihren Familiennamen »Meyerson«, der mehr einem christlichen Familiennamen ähnlich war, in den hebräischen Namen »Meir« umzuändern. Die beiden akzeptierten diesen Vorschlag, und ihr Name wurde in ihren Ausweispapieren entsprechend geändert.

1923 zogen sie nach Tel Aviv und dann nach Jerusalem um, und ihre beiden Kinder, ein Junge mit Namen Menachim und ein Mädchen mit Namen Sarah, kamen in diesen beiden Städten zur Welt. Das Einkommen von Goldas Mann in Jerusalem war nur gering und reichte nicht für den Lebensunterhalt eines 4-Personen-Haushalts, wodurch Golda wieder gezwungen war, Arbeiten wie Kochen, Putzen und Waschen für andere Leute zu übernehmen. Trotzdem vernachlässigte sie nie ihre politischen Aktivitäten und nahm regelmäßig an den Sitzungen der Jüdischen Arbeiterföderation »Histadrut« teil, die bis heute die wichtigste Arbeiterorganisation Israels ist. Sie übernahm auch die verschiedensten Aufgaben innerhalb dieser Organisation. Ihr Mann war jedoch mit solchen Aktivitäten seiner Frau in einer Arbeiterorganisation und mit ihrer sozialistischen Einstellung nicht einverstanden und wollte darüber hinaus nicht weiter in Palästina leben, sondern dachte an eine Rückkehr in die USA.

Golda Meir schreibt in ihrer Autobiographie, die unter dem Titel *Mein Leben* erschien und bis heute eines der meistverkauften Bücher Israels ist, nach einem Hinweis auf die Auseinandersetzungen zwischen ihr und ihrem Mann: »Ich gelangte schließlich an einen Scheideweg, an dem ich zwischen meinem Mann und meinem Traum wählen mußte. Ich entschied mich für das zweite.«

Nach der Trennung von ihrem Mann übernahm sie eine noch aktivere Rolle in der Jüdischen Arbeiterföderation und wurde 1928 zur Generalsekretärin der Jüdischen Arbeiterfrauenvereinigung gewählt. 1934 wurde sie in den Exekutivrat der Föderation gewählt. Durch ihre Aktivitäten in der Föderation arbeitete sie auch mit der Zionistischen Organisation Ben Gurions zusammen und schwor so die Föderation faktisch auf zionistische Ziele ein.

Nach dem Ende des zweiten Weltkriegs und den verstärkten Bemühungen der Zionisten, einen Judenstaat in Palästina zu errichten, wurde Golda Meir von Ben Gurion, der zu dieser Zeit an der Spitze der politischen Organisation der Zionisten mit Namen »Jüdische Agentur« stand, in die USA entsandt. Ihre Aufgabe bei dieser Reise war es, Geld für eine bewaffnete jüdische Armee in Palästina zu sammeln. Sie hielt Reden in allen großen amerikanischen Städten, die Zentren jüdischer Besiedlung waren. Bei einer dieser Reden in Chicago gab sie auf die Frage nach der Notwendigkeit eines jüdischen Staates in Palästina zur Antwort: »Ihr könnt nicht entscheiden, ob wir für die Errichtung eines jüdischen Staates kämpfen werden oder nicht ... wir haben uns entschieden, und wir werden kämpfen. Ihr könnt uns nur dabei helfen, diesen Kampf zu gewinnen ... «

Am Ende dieser Reise hatte Golda Meir 50 Millionen Dollar für die Juden in Palästina gesammelt, was für diese Zeit eine sehr große Summe war.

Ben Gurion schuf mit diesem Geld die erste jüdische Militärorganisation, die Haganah, die den Keim der jetzigen israelischen Armee bildet. Einige Jahre später erklärte er in einer Rede in seiner Funktion als Staatspräsident von Israel, daß Golda Meir mit dem Geld, daß sie gesammelt hatte, einen entscheidenden Beitrag zur Gründung Israels geleistet habe, denn ohne den Kauf von Waffen und die Schaffung von bewaffneten Streitkräften, was erst durch dieses Geld ermöglicht wurde, wäre der israelische Staat schon bei den ersten Angriffen der Araber vernichtet worden.

Nach der Anerkennung der Resolution, die die Teilung Palästinas und die Gründung eines Judenstaates auf einem Teil seines Territoriums vorsah, schickte Ben Gurion, der für die Staatsführung der neuen Nation vorgeschlagen war, Golda Meir zu einer wichtigen Geheimmission nach Jordanien. Jordanien (das zu dieser Zeit »Transjordanien« hieß) verfügte unter der Führung eines englischen Offiziers mit Namen Glubb oder

Pascha Glubb über die geordnetsten Streitkräfte aller benachbarten arabischen Länder und stellte so auch mehr als alle anderen eine Gefahr für den neugegründeten jüdischen Staat dar.

Golda Meir, die sich wie eine arabische Frau verkleidet hatte, traf König Abdullah von Jordanien insgesamt dreimal und versuchte ihn von einem Angriff auf Israel, das sich gerade erst zu ordnen begann, abzuhalten. Bei ihrem ersten Treffen ließ sich König Abdullah von ihr beeinflussen und versprach, den neuen jüdischen Staat zu verschonen. Es ergaben sich dann aber neue Umstände, die in einem weiteren Treffen zwischen ihnen diskutiert werden mußten. Bei diesen zweiten Treffen erkannte Golda Meir, daß König Abdullah seine Einstellung geändert hatte und augenscheinlich nach einer Beratung mit den Engländern oder in Anbetracht seiner Stellung unter den Arabern nicht mehr bereit war zuzusichern, keinen Krieg mit der zukünftigen jüdischen Regierung zu beginnen. Bei ihrem dritten Treffen forderte Abdullah, daß die Ausrufung des Staates Israel auf einen späteren Zeitpunkt verschoben würde. Als Gold Meir sagte, dies sei unmöglich, fragte König Abdullah: »Warum haben Sie es so eilig mit der Gründung eines jüdischen Staates?« Golda Meir erwiderte: »Es sind bereits 2000 Jahre, daß wir auf die Gründung eines jüdischen Staates warten ... und wieder sagen Sie, wir hätten Eile?!«

Nach der Ausrufung des Staates Israel im Mai 1948 gehörte die Sowjetunion, die zu dieser Zeit noch keine sehr engen Beziehungen zu den arabischen Ländern unterhielt, zu den ersten Staaten, die die neue jüdische Nation offiziell anerkannten.

Der erste israelische Staatspräsident Ben Gurion, der trotz der Verbundenheit mit den USA und dem internationalen Zionismus eine freundschaftliche Beziehung zur Sowjetunion für unerläßlich hielt, um die Position Israels zu festigen und eine Annäherung zwischen der Sowjetunion und den arabischen Ländern zu verhindern, schickte Golda Meir als erste israelische Botschafterin dorthin. Sie akzeptierte dies, denn abgesehen davon, daß sie eine gebürtige Russin war und ihr Russisch genauso perfekt wie ihr Englisch und ihr Hebräisch, wollte sie auch das Rußland nach der bolschewikischen Revolution einmal aus der Nähe kennenlernen und beobachten, wie die marxistischen und sozialistischen Theorien in die Realität umgesetzt worden waren, denn sie selbst war ja auch Sozialistin und Verbündete der Arbeiterklasse und hatte den größten Teil ihres Lebens damit verbracht, in der Arbeitervereinigung für die Verwirklichung der Rechte der Arbeiterklasse zu kämpfen. Die Juden in der Sowjetunion bereiteten ihr einen warmen Empfang. Wer sie unter anderem in den ersten Tagen ihres Aufenthalts im Hotel National besuchte, war die jüdische Ehefrau Molotows, des damaligen Außenministers der Sowjetunion. Die beiden freundeten sich schnell miteinander an, und diese Freundschaft, die während Golda Meirs gesamten Aufenthalts in Moskau andauerte, spielte in den ersten Jahren, während derer sich die jüdische Regierung etablierte, eine wichtige Rolle bei der Verstärkung der israelisch-sowjetischen Beziehungen und der Zurückhaltung der Sowjetunion, was die Zusammenarbeit mit der arabischen Welt betraf. Was sie allerdings persönlich in der Sowjetunion sah, machte Golda Meir zutiefst betrübt und hoffnungslos, denn wenn sie während ihres Aufenthalts in Läden ging, um ihren eigenen Bedarf an Kleidung und Lebensmitteln zu decken, empfand sie den großen Mangel, der herrschte, und sah, unter welchen Schwierigkeiten die Menschen ihr Leben zu fristen hatten. Später schrieb sie: »Diese zwei Jahre in Moskau haben meinen Glauben an den Sozialismus erschüttert, und indem ich die Schwierigkeiten bei der Umsetzung der sozialistischen Theorien erkannte, überdachte ich meine Einstellungen neu, ohne mich in der Grundtendenz völlig von ihnen abzuwenden.«

1949 kehrte sie nach Israel zurück, und Ben Gurion berief sie als Arbeits- und Sozialministerin in sein Kabinett. Golda Meir behielt diese Position sieben Jahre und konnte durch ihre Erfahrungen, die sie mit der israelischen Arbeitervereinigung hatte, jedem Widerstand und jedem Aufruhr in der neuentstehenden israelischen Industrie entgegentreten. 1956 machte Ben Gurion sie zur Außenministerin. Als sich einige seiner Mitarbeiter über diese Wahl beschwerten und sagten, eine Frau könne einen solchen Posten nicht bewältigen, antwortete er ihnen: »Golda ist der einzige Mann in meinem Kabinett!«

Golda Meir hatte zehn Jahre lang das Außenministerium unter sich und konnte in diesem Amt, wie Ben Gurion es vorausgesehen hatte, ausgezeichnet ihre Kraft und ihre Kompetenz zeigen. Sie stellte sich sogar gegen Ben Gurion selbst. Nach Ben Gurions Rücktritt von dem Posten des Staatspräsidenten im Jahre 1963 konnte Golda Meir ihre Stellung auch in dem darauffolgenden Kabinett behaupten, trat aber 1966 selbst zurück und wurde Parteivorsitzende der sozialistischen Mapi-Partei.

Nach dem Tod von Staatspräsident Levi Eshkol im Jahre 1969 war sie als Parteivorsitzende der herrschenden Regierungspartei Israels sein natürlicher Nachfolger. Bei der Amtsübernahme 1969 war sie 71 Jahre alt, entwickelte aber eine ungeheure Energie und Beweglichkeit. Sie arbeitete täglich mehr als 16 Stunden. Die meisten ihrer Regierungsaufgaben erledigte sie in ihrem eigenen kleinen Apartment, und so manche Kabinettssitzung fand an ihrem Küchentisch statt. Während mancher dieser Sitzungen, die bis mitten in die Nacht anzudauern pflegten, kochte sie für ihre Mitarbeiter und setzte dabei aber gleichzeitig die Diskussion mit ihnen fort.

Als Golda Meir gerade ihr Amt als Staatspräsidentin angetreten hatte, erwarteten die meisten westlichen Politkommentatoren, daß sich die unnachgiebige Haltung Israels gegenüber seinen arabischen Nachbarn lockern würde. Es gab zahlreiche Gründe für diese optimistische Zukunftssicht, aber die Hauptgründe waren Golda Meirs sozialistische Einstellung und die Tatsache, daß eine Frau dieses Amt übernommen hatte. Entgegen allen Erwartungen zeigte sie sich jedoch unnachgiebiger und härter als ihre Vorgänger und war nicht bereit, auch nur einen Schritt in Richtung Annäherung und Verständigung auf ihre arabischen Nachbarn hin zu tun.

Ein Jahr nach dem Beginn ihrer Präsidentschaft starb der ägyptische Staatspräsident Gamal Abdel Nasser, der zu den erbittertsten Feinden Israels gehörte, an einem Herzinfarkt, und sein Nachfolger Anwar Sadat schlug eine Versöhnungspolitik gegenüber Israel ein. Golda Meir war jedoch nicht bereit, sich nachgiebig zu zeigen. In einem Interview mit der bekannten italienischen Journalistin Oriana Fallaci, das im November 1972 in ihrem kleinen Apartment in Jerusalem stattfand, nannte sie als Voraussetzung beispielsweise direkte Gespräche mit jedem einzelnen arabischen Staatsoberhaupt, in welchen vor jedem anderen Zugeständnis erst die Anerkennung Israels stehen müsse.

Darüber hinaus bestand sie darauf, daß es nie zu einer Einigung über den Status von Jerusalem und den Golan-Höhen kommen könne. Sie erklärte offen, daß Israel niemals hinter die Grenzen von vor dem Krieg von 1967 zurückkehren werde, was schon ein unüberwindliches Hindernis für die Aufnahme jeglicher Gespräche eines arabischen Staatsmannes mit Israel darstellte.

In dem Interview mit Oriana Fallaci sagte Golda Meir auch, daß sie bis zu ihrem 75. Geburtstag ihr Amt als Staatspräsidentin wahrnehmen und dann 1973 nach den israelischen Parlamentswahlen zurücktreten wolle. Sie eröffnete sogar ihr genaues Rücktrittsdatum und sagte, sie werde im Oktober 1973 ohne jede Beachtung des Wahlergebnisses aus ihrem Amt ausscheiden. Der Jom-Kippur-Krieg, der Anfang Oktober 1973 begann, verzögerte dies jedoch.

Anwar Sadat, der keinen Erfolg bei seinen Bemühungen gehabt hatte, Israel zur Freigabe der Sinai-Halbinsel zu bewegen, bereitete sich seit Anfang 1973 auf einen neuen Krieg vor, um die von Israel besetzten Gebiete zurückzuerobern. Um die Israelis unvorbereitet zu treffen, begann er diesen Krieg an einem wichtigen jüdischen Festtag, dem Jom Kippur, in dessen Verlauf Arbeiten, Essen und Trinken streng verboten sind.

Golda Meir beschreibt diesen Tag in ihren Erinnerungen als den bittersten Tag ihres Lebens, und zwar nicht deshalb, weil sie überrumpelt worden wäre, sondern weil sie die Ereignisse zwar vorausgesehen, aber nicht rechtzeitig gehandelt hätte!

Nach Golda Meirs Bericht ereignete sich der Vorfall so, daß sie am 5. Oktober, also einen Tag vor dem Angriff der ägyptischen Streitkräfte an der Flanke des Suez-Kanals und dessen Überquerung, die kurze Nachrichtenmeldung gelesen hätte, daß die sowjetische Regierung ihre Landsleute aus Ägypten und Syrien zurückgerufen hätte und die Rückführung bereits begonnen habe. Sie erinnerte sich daran, daß die sowjetische Regierung am Vorabend des arabisch-israelischen Krieges von 1967 dasselbe getan hatte, und im selben Moment kam ihr der Gedanke, daß die Möglichkeit eines neuen Militärschlags gegen Israel bestehe. Sofort rief sie ihren Verteidigungsminister Moshe Dayan an und berichtete ihm von ihren Befürchtungen. Aber Moshe Dayan teilte diese Befürchtungen nicht und bezeichnete ihren Vorschlag, die Armee in Bereitschaft zu bringen und die Reservisten zusammenzurufen, als unangemessen. Dies würde vielleicht erst Aggressionen provozieren. Golda Meir setzt sich auch mit den israelischen Nachrichtendiensten in Verbindung, aber auch diese meinten, daß der Aufmarsch der ägyptischen Truppen im Osten des Suez-Kanals normal sei und nicht nach der Vorbereitung eines Großangriffs aussähe.

Golda Meir ist nicht zufriedengestellt, verschiebt jedoch die endgültige Entscheidung über ihren Vorschlag auf die außerordentliche Kabinettssitzung nach Jom Kippur. Die Ägypter bringen daraufhin an diesem Vorabend des Jom-Kippur-Festes, an dem die Juden ihr 24stündiges Fasten beginnen, ihre Truppen am Ostufer des Suez-Kanals in Stellung und rufen am Ende des Jom Kippur, als die israelischen Soldaten vor Hunger und Durst fast besinnungslos sind, zum Angriff.

Golda Meir berichtet in ihren Erinnerungen von diesem »bitteren« Tag und dem großen Fehler, den sie gemacht habe: »Gegenüber der absoluten Sicherheit unserer Nachrichtendienste darüber, daß es keinerlei Anzeichen für die Vorbereitung eines Militärschlags gebe, erschien mein Beharren darauf, die Armee in Bereitschaft zu bringen und die Reservisten zusammenzurufen, fehl am Platze. In diesem Moment hätte ich der Stimme meines Herzens gehorchen müssen und, wie in vielen anderen Fällen, selbst eine Entscheidung treffen ... Das, was am Jom Kippur geschah, versetzte meiner Seele einen tödlichen Schlag, und obwohl Israel auch in diesem Krieg der Gefahr entrann, werde ich nie mehr wieder die Frau sein, die ich vor diesem Jom Kippur war...«

Die ersten vier Tage jenes Krieges, der insgesamt 18 Tage dauern sollte, waren für Golda Meir wie ein Alptraum, und sie fand in diesen 96 Stunden keinen Schlaf. Sie beschreibt in ihren Erinnerungen nicht im Detail, wie ihr zumute war, aber ihre Sekretärin und Vertraute Lou Kada erzählte dem Verfasser von Golda Meirs Biographie, Slater: »Golda schloß in diesen Tagen oft ihre Zimmertür hinter sich und weinte, und einmal sagte sie zu mir, daß sie lieber Selbstmord beginge, als eine Niederlage in diesem Krieg zu ertragen.«

Das, was in den ersten Tagen des Jom-Kippur-Krieges am meisten zu Golda Meirs Hoffnungslosigkeit und ihrer gedrückten Stimmungslage beitrug, war die Schwäche und der Pessimismus ihres Verteidigungsministers Moshe Dayan, der schon am ersten Kriegstag abdanken wollte. Da Golda Meir fürchtete, seine Abdankung würde die Armeeangehörigen demoralisieren, lehnte sie sein Abdankungsgesuch ab. Gleichzeitig mit den Angriffen der ägyptischen Truppen an der Flanke des Suez-Kanals und seiner Überschreitung, die zu den Meisterstücken der Militärkunst gezählt wird, griffen auch die syrischen Truppen an der Nordgrenze Israels an, und so war Israel in einer Situation, in der ein Viertel seiner regulären Truppen nicht einsatzbereit war, dazu gezwungen, einen Zweifrontenkrieg zu führen. Golda Meir ordnete sofort eine Generalmobilmachung und das Zusammenrufen aller Reservisten an, aber bis sich diese Truppen gesammelt hatten und sich in Richtung Front in Marsch setzten, war die ägyptische Armee bereits bis ins Zentrum der Wüste Sinai vorgedrungen, und die syrischen Truppen hatten die Golan-Höhen, die im Krieg von 1967 an Israel verloren gegangen waren, zurückerobert. Golda Meir bat daraufhin den derzeitigen amerikanischen Präsidenten Nixon flehentlich um Hilfe, und auch eine Gruppe von amerikanischen Senatoren und Kongreßabgeordneten forderte von Nixon, daß er direkt zugunsten Israels in den Konflikt eingreife. Nixon akzeptierte dies nicht, erreichte aber durch Soforthilfe an Israel auf dem Wasser- wie auf dem Landwege und politischen Druck auf die arabischen Länder, daß das Vordringen der syrischen und ägyptischen Truppen auf israelisches Gebiet gestoppt wurde. Am fünften Tag des Jom-Kippur-Krieges ging die israelische Armee sowohl an der Süd-, wie auch an der Ostfront zum Gegenangriff über, und zu Beginn der zweiten Kriegswoche hatten sie an beiden Fronten die Oberhand gewonnen. In der Nacht des 7. Oktobers überquerten die israelischen Truppen den Suez-Kanal, beschritten ägyptisches Gebiet und waren im Laufe von einer Woche nur noch 101 km von Kairo entfernt. An der Nordfront kamen die Israelis nach der Rückeroberung der Golan-Höhen bis 60 km an Damaskus heran. Auf Druck der USA und der Sowjetunion und aufgrund der Schritte, die die UNO in die Wege geleitet hatte, kamen sie aber an diesem Punkt zu stehen, und am 24. Oktober 1973 wurde für beide Fronten ein Waffenstillstandsabkommen geschlossen.

Der Krieg von Oktober 1973 war der Beginn für direkte Verhandlungen zwischen Ägypten und Israel, die zu Sadats Reise nach Jerusalem und einem separaten Friedensabkommen zwischen den beiden Ländern führten, welches im großen und ganzen zugunsten Israels ausfiel. Trotzdem konnte es sich Golda Meir bis zum Ende ihres Lebens selbst nicht verzeihen, daß sie nicht rechtzeitig eine Generalmobilisierung angeordnet hatte, und die israelische Armee deshalb in der ersten Phase des Krieges eine Niederlage hinnehmen mußte. Sechs Monate nach dem Jom-Kippur-Krieg trat sie von ihrem Amt zurück und verbrachte die verbleibenden vier Jahre ihres Lebens hauptsächlich mit dem Schreiben ihrer Memoiren und mit Reisen.

In ihren Memoiren erwähnt Golda Meir, wenn sie von ihren Kindern und Enkeln spricht, nur fünf Enkelkinder, ein sechstes wird nicht genannt. Dr. Pierre Rentchnik schreibt in seinem *Kranke, die Geschichte machten* betitelten Buch jedoch, daß Golda Meir auch ein geistig zurückgebliebenes Enkelkind hatte, das an Mongoloismus litt und zum Zeitpunkt ihres Todes 22 Jahre alt war. Dr. Retchnik, der Golda Meir als eine hartherzige, lieblose Frau bezeichnet, schreibt weiter, daß sie in ihrem ganzen Leben nicht ein einziges Mal dazu bereit war, dieses zurückgebliebene Kind auch nur zu sehen, und so seine Existenz auch in ihrem Buch leugnet.

Dr. Retchnik ergänzt, daß Golda Meir vor ihrem siebzigsten Lebensjahr an einer Art Lymphdrüsenkrebs erkrankte, den sie durch Medikamente und Chemotherapie unter Kontrolle bekam. Als sie das Amt der Ministerpräsidentin von Israel annahm, hatte sie diese Krankheit schon, machte das aber nicht öffentlich, und so wurde ihre Krankheit auch bis zum Ende ihres Lebens als Staatsgeheimnis behandelt. Dr. Rentchnik glaubt, daß die Auswirkungen der Medikamente mehr als alles andere der Grund für ihre Entscheidungsschwäche im Jom-Kippur-Krieg waren, und ebenso auch ihr Rücktritt von dem Posten der Ministerpräsidentin in ihrer Krankheit begründet lag.

Golda Meir sagte in dem oben schon erwähnten Interview, daß sie sich wünschte zu sterben, bevor sie ein zu hohes Alter erreicht hätte. Weiter ergänzte sie, daß sie beim Altern mehr als den körperlichen, den geistigen Verfall fürchten würde, denn ihre Angst sei es, in sehr hohem Alter ihre geistige Gesundheit zu verlieren, und sie würde einen frühen Tod im Vollbesitz ihrer geistigen Kraft einem langen Leben bei nachlassendem Verstand vorziehen. Dieser Wunsch wurde ihr erfüllt: War sie doch bis kurz vor ihrem Tod als eine hervorragende Politikerin geschätzt, und auch nach ihrem Tod verehrten sie Juden auf der ganzen Welt als »große Mutter Israels«.

Bei einer Analyse der Persönlichkeit dieser »großen Mutter Israels« muß aber gesagt werden, daß sie zweifellos eine der härtesten und erbarmungslosesten Staatsführerinnen der Welt war, und ihr fanatischer Einsatz für zionistische Ziele beweist dies nachdrücklich. In zahlreichen Interviews und Diskussionen über das Palästinenser-Problem hat sie immer vehement für die vollständige Auslöschung der Identität des palästinensischen Volkes gestritten. Die Unnachgiebigkeit ihrer Regierung und ihrer eigenen Haltung gegenüber den Palästinensern erklärte sie so: »Da sie uns beseitigen wollen, haben wir auch das Recht, sie zu vernichten!«

Golda Meir betrachtete sogar das Entgegenkommen Begins und Sadats mit Mißtrauen und hielt die Schaffung eines wirklichen Friedens zwischen den Arabern und den Israelis für unmöglich.

## Berühmte asiatische Frauen

In der zweiten Hälfte des 20. Jahrhunderts kamen in einigen asiatischen Ländern Frauen an die Macht, denen gemeinsam war, daß sie alle diese Macht von ihrem Vater oder Ehemann geerbt hatten.

Zwar besaßen alle von ihnen die nötige Kraft und die nötigen Fähigkeiten, um die Herrschaft zu erlangen und die Angelegenheiten ihres Landes zu verwalten, ohne den Erfolg und die Berühmtheit ihrer Ehemänner hätten sie jedoch nie die Möglichkeit gehabt, jemals die Macht zu übernehmen.

Die erste Frau der Welt auf dem Stuhl eines Premierministers war *Sirimavo Bandaranaike*, die nach der Ermordung ihres Ehemannes Soleiman Bandaranaike 1959 an seiner Stelle zur Parteivorsitzenden der Freiheitspartei Sri Lankas gewählt wurde und nach dem Wahlsieg dieser Partei 1969 in Ceylon (das später unter dem Namen Sri Lanka bekannt wurde) den Posten der Premierministerin jenes Landes erreichte.

Die zweite Staatspräsidentin der Welt, *Corazon Aquino*, war ebenfalls eine Asiatin, die wie die erste Staatspräsidentin (*Isabel Perón*) und die erste Premierministerin der Welt (Sirimavo Bandaranaike) ihren eigenen Erfolg und ihre Berühmtheit ihrem Vater verdankte, und aufgrund der Gefühle, die seine Ermordung im Volk dieses Landes erweckte, diese Stellung erreichte. Aber auch sie erwies, nachdem sie die Staatsführung erlangt hatte, die sie vor dem Tod ihres Mannes niemals zu erreichen erwartet hätte, ihre Geschicklichkeit und Fähigkeit bei der Bewältigung der schwierigen Aufgabe, die sie übernommen hatte.

Die dritte Asiatin, die in der zweiten Hälfte des 20. Jahrhunderts an die Macht gelangte, ist eine der jüngsten Frauen, die einen Ministerpräsidentenposten erlangt hat. *Benazir Bhutto* ist als pakistanische Ministerpräsidentin gleichzeitig die erste Frau, die die Herrschaft über ein islamisches Land übernahm. In der kurzen Zeit, die sie bislang ihr Amt innehatte, hat sie ihre Fähigkeit, diese große Aufgabe zu bewältigen, auf das beste bewiesen.

## Indira Gandhi – Staatspräsidentin Indiens (1917 - 1984)

Indira Gandhi war das einzige Kind des berühmten indischen politischen Führers Jawaharlal Nehru, dem ersten Ministerpräsidenten dieses Landes nach dessen Unabhängigkeitserklärung.

Indira heiratete 1942 mit 25 Jahren einen jungen Parsen mit Namen Firuz Gandhi und wurde danach unter dem Namen Indira Gandhi bekannt. Firuz Gandhi war ein indischer Zarathustrier und entgegen den Vorstellungen der meisten Menschen nicht mit Mahatma Gandhi, dem Führer der indischen Unabhängigkeitsbewegung, verwandt. Er hatte schon Jahre vor seiner Heirat mit Indira Kontakt zu der Familie Nehru und gehörte zu den aktiven Mitgliedern der Kongreß-Partei. Trotzdem war die Familie aus religiösen Gründen und wegen der Tradition gegen diese Hochzeit. Auch Nehru selbst war, obwohl er keine feste religiöse Überzeugung hatte, aus persönlichen Gründen mit einer Verbindung zwischen Indira und Firuz Gandhi nicht einverstanden, aber Indira hatte ihre Entscheidung gefällt, und niemand konnte sie an der Heirat hindern.

Die Ehe von Indira und Firuz nahm einen guten Anfang, aber mit der Zeit entfremdete sie sich ihrem Mann, der vergnügungssüchtig und ein

Frauenheld war, immer mehr. Seit 1947, als Indien die Unabhängigkeit erlangte und Nehru als erster Ministerpräsident die Leitung der Angelegenheiten dieses riesigen Landes übernahm, wurde Indira vermehrt politisch aktiv und übernahm in der Kongreß-Partei wichtige, verantwortungsvolle Aufgaben. Sie lebte trotz ihrer beiden Söhne von Firuz praktisch von diesem getrennt und hielt sich mehr bei ihrem Vater auf, um diesen zu pflegen.

Firuz Gandhi starb 1960 an einem Herzanfall, und Indira nahm daraufhin die Erziehung ihrer beiden Söhne allein in die Hand. Sie war zu dieser Zeit Generalsekretärin der Kongreß-Partei, und sowenig sie auch eine offizielle Stellung in der indischen Regierung innehatte, war sie doch präsent bei vielen politischen Problemen und Angelegenheiten der Landesverwaltung, die in der Verantwortung ihres Vaters lagen. 1964 starb Nehru, wie schon zuvor Indiras Ehemann, an einem Herzinfarkt, und die Kongreß-Partei wählte einen seiner engen Freunde und Vertrauten, *Lalbahador Shasteri,* zum neuen indischen Ministerpräsidenten.

Indira Gandhi wurde als Informations- und Propagandaministerin seines Kabinetts aktives Regierungsmitglied und bewies in dem Krieg zwischen Indien und Pakistan, der im Jahre 1965 stattfand, ihre besonderen Fähigkeiten. Am Ende der Gespräche, die unter Vermittlung des damaligen sowjetischen Ministerpräsidenten Kasigin zwischen ihm und dem pakistanischen Regierungschef Ayyub Khan in Taschkent abgehalten wurden, starb Shasteri an einem Herzanfall. Mit seinem Tod am 11. Januar 1966 begann in Indien ein heftiger Konkurrenzkampf um die Neubesetzung des Ministerpräsidentenpostens.

Die beiden wichtigsten Konkurrenten in diesem Kampf waren Indira Gandhi und *Morarji Desai,* und fast niemand hätte vorausgesehen, daß die 48jährige Indira gegen einen 70jährigen erfahrenen Politiker wie Morarji Desai, der zu den nahen Freunden Mahatma Gandhis gehörte, gewinnen könnte. Aber Indira gewann diesen Kampf entgegen allen Voraussagen und wurde am 24. Januar 1966 zur neuen indischen Ministerpräsidentin gewählt.

Die Wahl einer Frau zur Ministerpräsidentin eines Landes, dessen Bevölkerungszahl zu jener Zeit bereits 300 Millionen überschritten hatte, wurde in der ganzen Welt mit Verwunderung aufgenommen, und niemand mochte glauben, daß es einer Frau, die noch nicht einmal ausreichende Erfahrung in der Regierungsarbeit hatte, gelingen sollte, die Angelegenheiten des nach der Bevölkerungszahl zweitgrößten Landes der Welt mit all seinen Problemen zu leiten. Aber Indira Gandhi zeigte in kürzester Zeit, daß sie, was die Regierungsarbeit betraf, ihren Mitbewerbern um Längen überlegen war. Was Format und Entschlossenheit betrifft, so stand sie ihrem Vater, wenn sie ihn nicht übertraf, so doch in nichts nach.

Indira Gandhi, die sofort nach Unterzeichnung des Friedensabkommens zwischen Indien und Pakistan die Herrschaft übernahm, erkannte zwar dessen Vertragspunkte an, setzte aber den Ausbau der indischen Streitkräfte fort und unternahm nichts, um die grundsätzlichen Spannungen zwischen den beiden Ländern zu beseitigen.

Eine ihrer Regierungsmaßnahmen in Beziehung auf Pakistan bestand in der Unterstützung der Separationsbestrebungen Ost-Pakistans, welche sich dann auch durch dessen Abspaltung von Pakistan und die Errichtung eines unabhängigen Staates mit Namen Bangladesh verwirklichten. Der militärische Schutz, den Indien Bangladesh gegenüber Pakistan gewährte, führte die beiden Länder an die Schwelle eines neuen Krieges, aber Pakistan, das durch die Abtrennung Bangladeshs geschwächt war, ließ sich auf keinen weiteren Krieg gegen Indien ein.

Indira Gandhi stärkte durch zahlreiche Auslandsreisen die internationale Stellung ihres Landes. Trotz prinzipieller Neigung zum Ostblock und der Annahme sowjetischer Wirtschafts- und Militärhilfe, empfing sie nicht unerhebliche Hilfsleistungen auch aus Amerika und dem Westen und verstand es so, aus der Konkurrenz zwischen West und Ost größtmöglichen Nutzen zu ziehen. In der Innenpolitik konzentrierte sie sich auf den Kampf gegen die Armut und die Geburtenkontrolle und machte eindrucksvolle Fortschritte bei der Industrialisierung des Landes neben einem gleichzeitigen Ausbau der Landwirtschaft.

Der Erfolg ihrer Politik während ihrer ersten fünfjährigen Regierungsperiode führte zu einem glänzenden Sieg der Kongreß-Partei bei den Wahlen von 1971, aber dieser unerwartet große Erfolg bewirkte, daß sie mit einiger Selbstüberschätzung in ihre zweite Amtsperiode ging und in ihren Maßnahmen übertrieb. Ihr schärfster Konkurrent aus der Kongreß-Partei, Morarji Desai, der sich 1969 von dieser getrennt hatte und eine eigene Partei unter dem gleichen Namen gründete, beschuldigte Indira Gandhi des Wahlbetrugs. Zusammen mit einem Wahlgegner Indiras in Allahabad verfolgte er diesen Vorwurf weiter, was im Juni 1975 auch tatsächlich zu einer Verurteilung führte. Die Vollstreckung dieses Urteils hätte bedeutet, daß Indira für sechs Jahre von jeglichem Regierungsamt ausgeschlossen gewesen wäre. Indira Gandhi reagierte auf diese Schritte ihrer Gegner sehr heftig und ließ unter Ausrufung des Ausnahmezustands in nur einer Nacht in ganz

Indien 676 ihrer politischen Gegner verhaften und ins Gefängnis bringen. Danach verlängerte sie mittels außerordentlicher Befugnisse, die sie sich vom Parlament, in dem sie die Mehrheit besaß, hatte genehmigen lassen, den Ausnahmezustand, der eigentlich nur für eine begrenzte Zeit zulässig war, ließ unter Ausnützung dieser Befugnisse Tausende andere ihrer politischen Gegner verhaften und schränkte die Presse-, Meinungs- und Versammlungsfreiheit stark ein. Diese Maßnahmen führten in ganz Indien zu Widerstand und heftigen Protesten.

Indem sie den Termin für neue indische Parlamentswahlen auf März 1977 ansetzte, überließ Indira Gandhi so der Öffentlichkeit, sich zwischen ihr und ihren Gegnern zu entscheiden. Diese Parlamentswahlen wurden zu einer bitteren Erfahrung für sie, denn es verlor nicht nur ihre eigene Partei die Parlamentsmehrheit, sondern auch sie selbst erlitt in dem Wahlkreis ihres Geburtsortes eine Niederlage gegen ihren Mitbewerber und erhielt so keinen Sitz im Parlament. Diese Wahlniederlage war in Wahrheit die Antwort des indischen Volkes auf die übertrieben harten und diktatorischen Maßnahmen, die sie in der Zeit des Ausnahmezustands mit ihren außerordentlichen Befugnissen erwirkt hatte. Diese Erfahrung muß Indira Gandhi eine Lehre gewesen sein.

Nach der Niederlage der Kongreß-Partei in den Wahlen von 1977 übernahm ihr greiser Wahlgegner Morarji Desai als Chef einer Koalitionsregierung aus verschiedenen Parteien die Macht, doch aufgrund der Uneinigkeit unter den Fraktionsführern der Bündnisparteien war die Regierungsarbeit blockiert.

Neben der Erfolglosigkeit der Regierung bei der Lösung der wirtschaftlichen Probleme Indiens, was zu allgemeiner Unzufriedenheit führte, ließen die Vergeltungsmaßnahmen gegenüber Indira Gandhi und ihren Angehörigen, aufgrund derer sie selbst und ihr Sohn Sanjai verhaftet und ins Gefängnis gesteckt wurden, zusätzlich die Volksmeinung zu deren Gunsten umschlagen und bereiteten so den Boden für ihren Erfolg in der nächsten Kampfrunde.

Im Laufe des Jahres 1979 zwangen die allgemeine Unzufriedenheit und aufkommende Unruhen die indische Regierung, die Parlamentswahlen vorzuziehen. Indira Gandhi und ihr zweiter Sohn Sanjai (der gerade erst gegen Kaution aus dem Gefängnis freigekommen war) starteten einen umfassenden Wahlkampf und gewannen mit den Schlagworten »Kampf gegen die Armut«, »soziale Sicherheit« und »Aufbau von Recht und Ordnung« die Mehrheit der indischen Wähler für sich. Indira Gandhi, die jetzt 62 Jahre alt war, reiste mit einer Stärke und Ausdauer, die für eine Frau in ihrem Alter unerwartet war, in den letzten zwei Monaten des Jahres 1979 über 60 000 Kilometer und hielt in 384 Wahlkreisen Reden. Sie sprach täglich auf mehreren Wahlveranstaltungen, und einmal kam sie sogar auf 20 Wahlreden an einem Tag.

Das Ergebnis dieser unermüdlichen Anstrengungen war ein glänzender Sieg ihrer Kongreß-Partei bei den Wahlen vom 3. Januar 1980. Bei dieser Wahl, an der 196 Millionen Inder teilnahmen, gingen fast zwei Drittel der Parlamentssitze an die Abgeordneten der Kongreß-Partei, und der glänzendste dieser Erfolge war, daß Indiras 33jähriger Sohn Sanjai mit mehr als 100 000 Stimmen in das Parlament gewählt wurde.

Indira Gandhi kehrte mächtiger als zuvor an die Regierung zurück, betrat die politische Bühne aber aufgrund der Lehre, die sie aus ihrer diktatorischen 21monatigen Regierungszeit von 1975 bis 1976 gezogen hatte, mit mehr Geduld und Nachsicht und sagte in ihrer ersten Rede nach dem Wahlsieg, ihre Ziele in der neuen Regierungsperiode wären nationale Versöhnung und die Lösung der wirtschaftlichen Probleme des Landes, und sie hätte in keinster Weise die Absicht, sich an irgendjemanden, der sie in der Vergangenheit schlecht behandelt habe, zu rächen oder Vergeltung zu üben.

In dieser zweiten Amtsperiode übertrug Indira Gandhi ihrem Sohn Sanjai mehr Kompetenzen als früher. Sie machte ihn in allen Angelegenheiten zu ihrem Berater und Vertrauten, so daß die indische wie auch die internationale Presse ihn langsam den Liebling und Thronfolger Indira Gandhis nannte und schrieb, sie wolle ihn zu ihrem Nachfolger machen und somit die Regierungsmacht in der Familie Nehru erblich werden lassen.

Sanjai war ein aktiver und intelligenter junger Mann, der auch das Können und die Begabung besaß, Nachfolger seiner Mutter zu werden. Sein plötzlicher Tod bei einem Flugzeugabsturz am 23. Juni 1980, also kaum sechs Monate nach seinem glänzenden Wahlerfolg, zerstörte jedoch diese Hoffnung und war ein schmerzvoller Schlag für Indira Gandhi.

Solange Sanjai auf der politischen Bühne präsent war, zeigte sein älterer Bruder Rajiv kein besonderes Interesse an Politik und begnügte sich mit seiner Arbeit als Pilot in einer indischen Fluggesellschaft. Nach dessen plötzlichem Tod bat ihn seine Mutter jedoch darum, Sanjais leeren Platz an ihrer Seite einzunehmen.

Rajiv beugte sich diesem Wunsch seiner Mutter und ließ sich als ersten Schritt in seiner politischen Karriere als Kandidat für das freigewordene Abgeordnetenmandat seines Bruders im Wahlkreis Amethi in der Provinz Uttarpradesh aufstellen und wurde mit absoluter Mehrheit in das Parlament gewählt.

Indira Gandhi konnte während ihrer zweiten Amtszeit innen- wie auch außenpolitische Erfolge verbuchen, aber die Fortschritte waren besonders im wirtschaftlichen Bereich geringer als die Erwartungen, die sie diesbezüglich im Wahlkampf von 1979 im Volk geweckt hatte. Einige ihre Programme im Wirtschaftsbereich, besonders was die Eindämmung des Bevölkerungswachstums und Zwangssterilisationen betraf, weckte Widerstand bei den Menschen, aber ihr größtes innenpolitisches Problem war die Konfrontation mit der Separationsbewegung der Sikhs, was sie zu harten Maßnahmen zur Niederschlagung dieser Bewegung zwang. Dies brachte ihr natürlich den Haß fanatischer Sikhs ein.

Indira Gandhi wurde am 31. Oktober 1984 von zwei Soldaten ihrer Leibwache, die zur Gruppe der Sikhs gehörten, ermordet. Weshalb man, trotz des gespannten Verhältnisses der Sihks ihr gegenüber und der Todesdrohungen von deren Anhängern, nicht alle Angehörigen der Sikhs aus ihrer Leibwache entfernt hatte, bleibt ein Rätsel, auf das bis jetzt keine befriedigende Antwort gefunden worden ist. Auch bei der Gerichtsverhandlung gegen die Männer, die wegen ihrer Ermordung angeklagt waren, wurde dieses Rätsel nicht gelöst, aber noch einige Jahre nach ihrem Tod sprach man in politischen Kreisen und in der indischen Presse von der Möglichkeit einer Verschwörung gegen sie, und einer ihrer engsten Mitarbeiter namens Rajind Rakumar Davan wurde der Mittäterschaft an dieser Verschwörung verdächtigt. Letzlich kehrte Davan aber nach Veröffentlichung des offiziellen Untersuchungsberichts über die Ermordung Indira Gandhis in seine politischen Ämter zurück, und der Verdacht einer Beteiligung seinerseits an der Verschwörung war beseitigt.

Die intelligente Indira Gandhi – eine Frau, die stets in einen Sari gehüllt war – erhob sich im zurückgebliebenen Orient und lenkte lange Jahre mit unendlichem Geschick und Scharfblick die Angelegenheiten der größten Demokratie der Welt, bis sich eines Tages die zornige Hand eines fanatischen Mannes erhob und sie ermordete. In einer ihrer Reden sagte sie: »Wenn das Schicksal von 550 Millionen Menschen in der Hand einer Frau liegt, ist es da nicht dumm, daß wir die Frau als das schwächere und unterlegene Geschlecht bezeichnen? Glauben Sie mir, ich bezeuge dem weiblichen Geschlecht, was Standhaftigkeit, Verantwortungsbewußtsein und Begabung angeht, mehr Achtung als dem Mann. Vergessen Sie nicht, daß in Indien die Verkörperung der Macht eine Frau ist, nämlich Shakti ...«

## Margaret Thatcher – die »Eiserne Lady« von Großbritannien

Die »Eiserne Lady« von England wurde 1925 als Margaret Hilda Roberts in einer duchschnittlichen englischen Familie in der Kleinstadt Grantham geboren. Ihr Vater Alfred Roberts, Sohn eines Schuhmachers, hatte einen kleinen Laden in der Stadt. Er war ein überzeugter Anhänger der Konservativen und harter Gegener der Arbeiterpartei.

So wurde Margaret von Kind an im Haus und im Lebensmittelgeschäft ihres Vaters mit politischen Diskussionen konfrontiert.

Margaret war eine sehr ordentliche und fleißige Schülerin. Sie wußte Antwort auf jede Frage, die ihr gestellt wurde. Mit neun Jahren gewann sie einen Preis für »Gedichtelesen« an ihrer Schule. Als der Rektor von ihrem Glück sprach (es gab noch mehrere Mitstreiter, die überwiegend aus höheren Klassen waren), sagte Margaret bestimmt zu ihm:

»Herr Rektor, ich habe kein Glück gehabt, sondern ich war dieses Preises würdig. «

Nachdem Margaret die Grundschule und das Gymnasium in Grantham abgeschlossen hatte, ging sie an die Universität Oxford und studierte Chemie. Sie mochte dieses Fach zwar nicht besonders, aber sie studierte es, weil sie sich nach dem Abschluß eine gute Anstellung versprach. Damals war die Universität Oxford die Szene von politischen Kämpfen zwischen den Anhängern der Konservativen und der Arbeiterpartei Englands. Letztgenannte hatte damals die ersten Wahlen nach dem Krieg gewonnen. Margaret war unter dem Einfluß des Vaters Anhängerin der Konservativen geworden und schloß sich dem Verein dieser Partei an der Universität an. Sie wurde durch intensive Aktivität in diesem Verein 1946 zur Vorsitzenden ernannt.

Margaret begann nach Beendigung des Studiums in einer Kunststoffabrik zu arbeiten. Die Mehrheit der Angestellten und Arbeiter dieser Fabrik waren Anhänger der Arbeiterpartei, so daß Margaret unermüdlich angeregte Diskussionen führte. Während ihrer dreijährigen Tätigkeit in dieser Fabrik gelang es ihr, einen Teil der Arbeiter für ihre Partei zu gewinnen. Ihre Aktivitäten brachten ihr bei ihren regionalen Parteikollegen Ruhm und Beliebtheit ein, und 1950 stellte die Partei sie als Parlamentsabgeordnete für den Wahlkreis Dartford im Süden Londons auf. Margaret Roberts war mit 25 die jüngste Kandidatin des Abgeordnetenhauses der Konservativen. Ein Sieg bei diesem Wahlkampf war unwahrscheinlich, denn Dartford war das Zentrum der Arbeiterregion und somit Einflußbereich der Arbeiterpartei, die seit 20 Jahren über die Sitze verfügte.

Margaret Roberts wurde bei den Wahlen 1950 durch ihre Gegner geschlagen. Im Verlauf des Wahlkampfs lernte sie einen Mann namens Denis Thatcher kennen, den sie 1951 heiratete.

Nach ihrer Heirat kandidierte sie erneut für die konservative Partei in Dartford und erlitt erneut eine Niederlage. Danach ließ sie den Gedanken, Abgeordnete im Parlament zu werden, fallen und machte sich mit dem Hausfrauenstatus vertraut. 1953 brachte sie Zwillinge zur Welt, Marc und Carol. Nach erfolgreichem Jurastudium begann sie als Anwältin zu arbeiten. Ihre Spezialgebiete beim Amtsgericht waren das Steuerrecht und Firmenregistrierungen.

Margaret Thatcher nahm ihre politischen Aktivitäten bei den Konservativen 1958 wieder auf. Im Jahre 1959 kandidierte sie für die Aufnahme in das Abgeordnetenhaus im Umkreis von London im Bezirk Finchley. Diesmal besiegte Margaret mit überwiegender Mehrheit den Gegner der Arbeiterpartei und ging mit 34 Jahren zum erstenmal ins Parlament. Diesen Sieg verdankte Frau Thatcher ihrer eigenen rhetorisch starken Rede und der Großzügigkeit ihres Mannes, der die Wahlkosten, ohne zu zögern, getragen hatte.

Nachdem Margaret Thatcher ins englische Parlament eingezogen war, beteiligte sie sich aktiv an Parlamentsdiskussionen. Es gelang ihr, durch spektakuläre Reden auf sich aufmerksam zu machen. Sie wurde bald die bekannteste und repräsentativste Frau des Abgeordnetenparlaments und war eine der härtesten Gegnerinnen der Arbeiterregierung unter Harold Wilson. Sie kritisierte seine Finanzpolitik und Sozialpäne hart. Als ihr einmal ein Minister des Wilson–Kabinetts protestierend sagte, daß eine Frau sich nicht bei allen Themen einmischen sollte, zitierte Thatcher einen Satz von Sophokles, der einst sagte: »Wenn eine Frau und ein Mann in einer gleichberechtigten Position sind, dann hat die Frau die Oberhand. «

1967 wurde Margaret Thatcher zum Mitglied des Schattenkabinetts gewählt, indem sie nacheinander die Posten des Ministeriums für Wohnungsbau, Verkehr, Erziehung und Kultur übernahm.

Im Jahre 1970, nach dem Sieg der konservativen Partei und nach den englischen Parlamentswahlen wurde Edward Heath neuer Premierminister der Konservativen. Dieser ernannte Frau Thatcher zur Ministerin für Erziehung und Kultur. Dort stellte sie ihre Fähigkeiten und Begabungen unter Beweis.

Nach den Arbeiterstreiks 1974, die die englische Wirtschaft völlig lahmlegten, wurde die konservative Partei von der Arbeiterpartei geschlagen. Infolgedessen wurde Harold Wilson zum zweitenmal

Premierminister. Dadurch wurde die Position von Edward Heath labil, und eine der Politikerinnen, die gegen ihn aktiv wurden, war Margaret Thatcher. Sie unterstellte Heath eine schlechte politische Strategie und Unentschiedenheit. Außerdem war sie der Meinung, daß Edward Heath nicht zur Führung der konservativen Partei geeignet wäre.

Vor der Konferenz der Partei im Februar 1975 wurden drei Kandidaten für Heath aufgestellt, von denen einer die Führung nach seiner eventuellen Abwahl übernehmen sollte. Edward Heath, der sich inzwischen seiner Wiederwahl nicht mehr sicher war, ließ sich nicht mehr aufstellen und unterstütze die Position von William Whitelaw. Auch Margaret Thatcher kandidierte für die Führung der Partei. Ihre Rede anläßlich ihrer Kandidatur beeindruckte alle. Außer ihrer starken Redegewandheit besaß sie ein konkretes Programm, das ihr den Sieg ihrer Partei bei den nächsten Wahlen sichern sollte. Bei der Konferenz am 11. Februar 1975 wurde Margaret Thatcher mit der absoluten Mehrheit von 146 Stimmen gegenüber William Whitelaw mit 79 Stimmen zur Führung der Partei gewählt. Das war das erste Mal, daß eine Frau in England die Führung einer Partei übernahm. Die Reaktion der englischen Öffentlichkeit zur Wahl Margaret Thatchers war recht differenziert. Auch wenn die Medien es nicht direkt kritisierten, betrachteten sie es als Schwäche, diese Position mit einer Frau zu besetzen.

Dieses Urteil änderte sich allmählich. Frau Thatcher zeigte im Kampf gegen Harold Wilson, den amtierenden Premierminister, daß sie eine harte und unermüdliche Gegnerin war. 1976 trat Wilson überraschenderweise von seinem Posten zurück. Der Außenminister seines Kabinetts, James Callaghan, wurde zu seinem Nachfolger gewählt.

Die innen- und außenpolitischen Probleme Englands in dieser Zeit brachten Margaret Thatcher viele Verhandlungsvorteile ein, die sie bei Parlamentsdebatten wiederholt zu ihren Gunsten nutzte.

Bei den Wahlkämpfen im Mai 1979 gelang der konservativen Partei unter der Führung von Margaret Thatcher ein überwältigender Sieg gegen die Arbeiterpartei. Erstmalig gelang es einer Frau in der Geschichte Englands, den Premierministerposten zu besetzen.

Frau Thatcher senkte, wie bei den Wahlkämpfen versprochen, die Lohnsteuer und setzte den Kampf gegen die Inflation an die Spitze des Arbeitsprogramms ihrer Regierung. Um den so entstandenen Finanzverlust des Staates auszugleichen, erhöhte sie die Mehrwertsteuer von 8 % auf 15 %. Durch diese Maßnahme wurden die Lohnempfänger und Wenigverdienenden entlastet und die besser verdienende Schicht belastet.

Als Margaret Thatcher an die Macht kam, betrug die Inflationsrate 20 % jährlich, und sie stieg bis 1980 auf über 22 %. Durch die Kontrolle der Löhne und die Sparmaßnahmen sowie die Herabsetzung der Lohnsteuer gelang es ihr, die Inflationsrate von 1981 bis Mitte 1983 auf 4 % zu senken. So stabilisierte sich die Position des labilen englischen Pfundes.

Infolge der sinkenden Exportrate stieg die Arbeitslosenquote innerhalb von vier Jahren von 5,4 % zu Beginn ihrer Amtsübernahme auf 13,3 %. Die englische Arbeitslosenzahl überstieg die Dreimillionengrenze. Die Wirtschaftsbilanz der Thatcher-Regierung wurde aus der Sicht der Mehrheit der englischen Bevölkerung negativ beurteilt. Bei einem Referendum nach Beendigung des dritten Regierungsjahres waren nur 25 % der Bevölkerung zufrieden. Dies war der niedrigste Beliebtheitsgrad eines Premierministers in England seit Ende des Zweiten Weltkrieges.

In dieser Zeit nutzte die Militärregierung Argentiniens die Gunst der Stunde und erhob Anspruch auf die Falkland-Inseln im Atlantischen Ozean. Die Falkland-Inseln, deren ursprünglicher Name »Malvinas« war, bestehen aus 200 kleinen und großen Inseln, die bis 1770 unter der Kolonialherrschaft Englands standen. Seit dem Ersten Weltkrieg sind diese Inseln wieder unter englischer Herrschaft. Die Engländer ignorierten die Ansprüche der Argentinier auf die Falkland-Inseln und sie stationierten dort ihre Militärs.

Im April 1982 beanspruchte die Militärregierung Argentiniens die Falkland-Inseln. Die argentinische Marine besiegte die kleine englische Flotte und die Militärstationen bei einem überraschenden Angriff und übernahm die Kontrolle der Inseln. Frau Thatcher reagierte nach diesem Angriff schnell und entschieden. Unter ihrer persönlichen Aufsicht besiegte die englische Marine die argentinischen Streitkräfte.

Am 21. Mai 1982 verließen die argentinischen Truppen, die hohe Verluste hatten erleiden müssen, die Inseln. Während des Falklandkrieges versuchten die USA und die europäischen Verbündeten zwischen der argentinischen und der englischen Regierung zugunsten der argentinischen Regierung zu vermitteln. Für Frau Thatcher war eine erbärmliche Niederlage Argentiniens die einzig akzeptable Position.

Der Falklandsieg überdeckte sämtliche innenpolitischen Schwächen ihrer Regierung. Margaret Thatcher nutzte die Situation und legte die Parlamentswahlen auf Juni 1983 statt Juni 1984 fest. Währendessen war die englische Wirtschaft auf dem Weg der Besserung, und folglich erreichte die konservative Partei Englands unter der Führung von Frau

Thatcher den größten Sieg seit dem Zweiten Weltkrieg. Die Partei errang mit 397 von insgesamt 650 Sitzen im Parlament die absolute Mehrheit, und Frau Thatcher begann ihre zweite Amtsperiode mit noch mehr Macht und Stärke.

Die Arbeitsbilanz dieser zweiten Periode von Frau Thatcher war noch überzeugender als die der ersten. Aus diesem Grund ging sie aus den Parlamentswahlen 1987 noch einmal siegreich hervor. In ihrer dritten Amtszeit wurde Margaret Thatcher mit mehreren Problemen konfrontiert, so daß ihre Popularität bei dem letzten Referendum spürbar sank.

Ein anderer interessanter Hinweis der London Times war, daß weniger Frauen als zuvor unter den Wahlbeteiligten ihre Stimme Frau Thatcher gaben. Nach ihrer Prognose hätten Frauen zwischen 18 und 24 Jahren, die Mehrheit der englischen Frauen, bei einer neuen Abstimmung ihre Stimme der Arbeiterpartei gegeben. Selbstverständlich ignorierte Frau Thatcher solche Prognosen und regierte bis 1992 weiter. Sie wiederholte bei allen ihren Interviews, daß ihre Energie für die Arbeit als Premierministerin kein bißchen nachgelassen hätte und sie auch in der nächsten Periode mit voller Kraft regieren würde.

Margaret Thatcher pflegte nach ihrer Amtsübernahme gute Beziehungen zu den amerikanischen Präsidenten Carter, Reagan und Bush und beendete den sinnlosen Konkurrenzkampf zwischen Amerika und England, der die Position Englands immer geschwächt hatte.

Sie zeigte sich auch gegenüber den Ländern der Europäischen Gemeinschaft mit Macht und Entschiedenheit. Auch wenn das Durchsetzungsvermögen Frau Thatchers bei den europäischen Regierungschefs viele Kontrahenten herausforderte, unterstütze es ihr Ansehen unter den Kollegen derart, daß sie als neue europäische »De Gaulle« berühmt wurde. Nach Meinung vieler Engländer war Margaret Thatcher, die unter den Namen »Eiserne Lady« berühmt geworden ist, der entschiedenste und mächtigste Staatsmann, den England jemals gesehen hatte, und in einer Umfrage bewerteten sie die meisten befragten Engländer unter den verschiedensten Gesichtspunkten sogar höher als Churchill. Bei einer anderen Umfrage im amerikanischen Wahlkampf 1988 erklärten die meisten Amerikaner, daß, wenn Margaret Thatcher Amerikanerin wäre, sie sie den Kandidaten der Demokraten und Republikaner vorziehen würden und sie so leicht der erste weibliche Präsident der USA hätte werden können.

Gegenüber der Sowjetunion zeigte sie Härte und beteiligte sich intensiv an der Intervention in Afghanistan gegen Breschnew. Frau

Thatcher war die erste westliche Politikerin, die Gorbatschow, bevor er an die Macht gelangte, in London traf und ihn als einen cleveren, realistischen und verhandlungsbereiten Mann einschätzte.

Trotzdem lehnte sie, nachdem Gorbatschow an die Macht gelangte, seine Vorschläge über die atomare Abrüstung ab.

Frau Thatcher sagte 1987 während einer Reise durch die Sowjetunion bei einem Interview in Moskau, daß die atomare Macht trotz aller Gefährdungen die beste Sicherheit für das Aufrechterhalten des Frieden sei. Sie fügte als Erklärung zu ihrer Position hinzu: »Europa hat in der ersten Hälfte des 20. Jahrhunderts zwei schreckliche Kriege erlebt, und wenn es nun seit über 40 Jahren von der Kriegsgefahr verschont geblieben ist, liegt es an dieser atomaren Macht ... Ich kann es nicht begreifen, daß sie nur an atomare Abrüstung denken und nicht über die Gefährdung des Friedens durch konventionelle Rüstung sprechen. «

Ein russischer Journalist fragte sie bei einem Interview: »Sehen Sie nicht ein, daß Europa während dieser vierzig Jahre mehrmals kurz vor einem Atomkrieg gestanden hat? «

Und Frau Thatcher antwortete: »Ja, aber kurz vor einem Krieg. Und dennoch, wenn es keinen Krieg gegeben hat, lag es an der Furcht vor den Folgen eines Atomkrieges ... ohne dieses Gleichgewicht der Furcht hätten wir bestimmt das Elend eines weiteren Krieges erlebt.«

Die Beziehungen zwischen dem Iran und England wurden mehrmals krisenhaft und führten schließlich durch die Unterstützung der englischen Regierung des Schrifstellers Salman Rushdie zum endgültigen Bruch.

Obwohl Margaret Thatcher drei Wahlperioden gewonnen hatte, war die Mehrzahl der Intellektuellen und Arbeiter mit ihrer Innen- und Außenpolitik nicht einverstanden. Ganz zuletzt hörte man sogar unzufriedene Stimmen aus der eigenen Partei. Einige ihrer Exminister, wie John Nott aus dem Verteidigunsministerium und Francis Peam (Außenministerium), traten aufgrund ihrer Unzufriedenheit mit ihrer Politik von ihren Posten zurück und bezichtigten sie der populistischen Autorität. Ein anderer Exminister, William Whitelaw, sagte, daß Frau Thatcher nach jedem Sieg immer mehr von sich selbst eingenommen geworden wäre. Ferner meinte Whitelaw: »In dem Glauben, daß die Mehrheit der Bevölkerung ihre Politik bestätigt, oktroyiert Margaret Thatcher anderen ihre Meinung auf. «

## Rita Süssmuth – Deutschlands erste Bundestagspräsidentin

Als Rita Süssmuth am 26. September 1985 zum erstenmal als neuernannte Bundesministerin für »Jugend, Familie und Gesundheit« von Bundeskanzler Helmut Kohl und ihrem Entdecker und Förderer Heiner Geißler der Öffentlichkeit vorgestellt wurde, kannte außer den an familien- und frauenpolitischen Fragen interessierten Kreisen kaum jemand die ordentliche Professorin an der Pädagogischen Hochschule Ruhr.

Aus der Ministerin, die in ihrer Amtszeit von 1985 bis 1988 Erfolge, aber auch Mißerfolge zu verzeichnen hatte und sich vor allem in Geduld üben mußte, ist inzwischen die Bundestagspräsidentin geworden, die das zweithöchste Staatsamt nicht nur geschickt ausfüllt, sondern es auch immer wieder zu politischen Initiativen nutzt. In diesen Jahren wurde deutlich, daß sich Rita Süssmuths politisches Handeln an den Maßstäben der Vernunft, der Humanität und Liberalität orientiert.

Doch erklären diese Tugenden weder ihren kometenhaften Aufstieg noch ihr nach wie vor ungebrochen hohes Ansehen in der Bevölkerung.

Beides verdankt sie wohl vor allem ihrem Mut zur eigenen Meinung, der Standfestigkeit, mit der sie sie verficht und immer wieder deutlich in der Öffentlichkeit vertritt.

Als Vertreterin der konservativen CDU wagte sie es, bisher von ihrer Partei tabuisierte Themen aufzugreifen und sie ohne ideologische Beschränkungen vernünftig zu diskutieren.

Ihr größtes politisches Ziel aber bleibt die Durchsetzung der Jahrhundertaufgabe: die Gleichberechtigung von Mann und Frau. Hier hat sie entscheidend bewußtseinsfördernd gewirkt. Sie hat mit dazu beigetragen, daß die Bedeutung dieser Frage in der Bundesrepublik inzwischen unumstritten ist, alle Parteien der Frauenpolitik einen kräftigen Schub vorwärts gegeben haben und sich endlich auch konservative Kreise mit der Problematik und den Konsequenzen dieser gesellschaftlichen Veränderung auseinandersetzen.

Für ihre Partei ist Rita Süssmuth oft unbequem. Die Querdenkerin stört, ihre Beharrlichkeit ist lästig. Ihr Nonkonformismus wirkt wie Sand im Getriebe.

Inzwischen wird sie aus den eigenen Reihen oft heftig angegriffen. Doch gerade dies zieht die Bundesbürger an, macht Rita Süssmuth beliebt und sichert ihr hohen Zuspruch in der Bevölkerung – vor allem bei den Frauen und der Jugend.

Ihr Name steht heute allgemein für das Bemühen um eine offene, glaubwürdige, aufrichtige und menschliche Politik. Den Frauen in der

Bundesrepublik ist sie eine unverzichtbare Vorkämpferin für die zwar im Grundgesetz verbürgte, doch noch immer nicht voll verwirklichte Gleichberechtigung von Mann und Frau.

Der Gedanke an einen Wechsel in die Politik kam der Professorin nicht, weil sie in ihrem Institut in Hannover, als Mitarbeiterin in zahlreichen wissenschaftlichen Gremien, als Autorin von Stellungnahmen zu frauenpolitischen Fragen, als Partnerin eines erfolgreichen Mannes und Mutter einer heranwachsenden intelligenten Tochter rundum ausgelastet war.

Zudem sprachen gegen die Annahme eines so hohen politischen Amtes nach ihrer und ihrer Familie Meinung

- ihre Unerfahrenheit in der Politik, speziell der Parteipolitik und das Fehlen einer Hausmacht,
- ihre Unerprobtheit in der Führung einer mittelgroßen Behörde, hier speziell einer eingespielten Bürokratie,
- die wahrscheinliche Verärgerung über die Quereinsteigerin bei den verdienten, erfahreneren CDU-Frauen, die zu Recht das Amt für eine aus ihren Reihen reklamierten,
- die schwierige wirtschaftliche Situation, die der Umsetzung der Essener Beschlüsse entgegenstehen würde,
- die ungelösten Probleme des § 218 und der Umgang mit Aids sowie sie besonders bewegend,
- ihre Freude an der Arbeit am Hannoveraner Institut und die enge Bindung an ihre dortigen Mitarbeiter und Mitarbeiterinnen.

Letzlich aber setzte sich gegen alle Zweifel bei Rita Süssmuth die Gewißheit durch, daß diese einmalige Lebenschance ergriffen werden müsse, weil sich mit ihr die Möglichkeit bot, gesellschaftliche Entwicklungen mitzubestimmen und die Gleichberechtigung der Frauen voranzutreiben.

Schon bald nach ihrer Amtseinführung am 26.9.1985 drängte sie darauf, daß der bisher in ihrem Ministerium existierende Frauenarbeitsstab zu einer Frauenabteilung ausgebaut und die Bezeichnung »Frauen« in den Namen des Ministeriums aufgenommen wurde. Seit dem 5. Juni 1986 spricht man vom Bundesministerium für Jugend, Familie, Frauen und Gesundheit (BMJFFG). Die Umbenennung war ein kluger, nicht mehr revidierbarer Schritt. Von nun an hatten Frauenfragen eine Adresse. Wer hieran rüttelt, hat die Frauen aller Parteien gegen sich.

Während der dreijährigen Amtszeit Rita Süssmuths wurden eine Reihe von frauenrelevanten Gesetzen und Maßnahmen verabschiedet, an denen sie direkt oder indirekt mitgewirkt hat. Sie hat in diesen Jahren viel für die Gleichberechtigung von Mann und Frau getan.

Grundsätzlich stellt Rita Süssmuth bei allen ihren Bemühungen um Gleichberechtigung von Männern und Frauen unser Wirtschafts- und Gesellschaftssystem nicht in Frage. Sie versucht aber stets, dessen Bedingungen so umzugestalten, daß es den Lebensbedürfnissen der heutigen Menschen näherkommt.

## Die Neuordnung des § 218 und andere Aufgaben

Nach langer Gewissensabwägung hatte sich Rita Süssmuth 1992 entschlossen, für den Gruppenantrag zu dem § 218 zu votieren und damit gegen die Beschlüsse ihrer Fraktion. Den Ausschlag gab, daß der Gruppenantrag das Selbstbestimmungsrecht der Frau achtete und wahrte.

Mit ihrer ganzen Autorität und Begeisterung setzte sich Rita Süssmuth in der Nacht des 25./26. Juni 1992 für ihre Entscheidung ein.

Sie sagte unter anderem:

»Die Entscheidung über die Neuregelung des Schwangerschaftsabbruchs zu treffen, heißt, vor einer nicht lösbaren Aufgabe zu stehen. Das gemeinsame Ziel ist der wirksame Schutz des ungeborenen Lebens. (...) Es geht mir nach wie vor um die Frage, wer denn über eine Not- und Konfliktlage entscheiden kann; denn ein Schwangerschaftsabbruch kann doch überhaupt nur in einer ausweglosen Not- und Konfliktlage in Frage kommen. Ich frage mich, warum in dieser Not- und Konfliktlage eigentlich dem Arzt oder nachfolgend dem Richter, dem Staatsanwalt mehr Kompetenz, mehr Verantwortung zugesprochen wird als der Frau, die die Verantwortung nicht nur jetzt, sondern ein Leben lang für das Kind, für die Kinder übernimmt. Hören wir deswegen endlich auf, die Frauen für entscheidungsunfähig, für nicht verantwortungsfähig zu halten! (...) Da ist das Gespräch mit dem Arzt oder mit der Ärztin. Aber dann muß ich Ihnen sagen und wiederhole ich hier: Niemand kann der Frau die letzte Entscheidung abnehmen. «

Am 26. Juni 1992 wurde mehrheitlich der Gruppenantrag von SPD, FDP und Teilen der CDU angenommen, der ab 1. Januar 1993 für alle Bundesländer gelten sollte. Doch die Bayerische Staatsregierung und die Mehrheit der Unionsfraktion bestanden auf einer Klage gegen den Gesetzesentwurf beim Bundesverfassungsgericht in Karlsruhe.

Das Eintreten für die Fristenlösung brachte Rita Süssmuth viele

Schwierigkeiten mit der eigenen Partei, mit der katholischen Kirche und ultra-konservativen Kreisen der bundesdeutschen Gesellschaft. Man verübelte ihr diese Entscheidung.

Andererseits aber war die Zustimmung in weiten Teilen der Bevölkerung und in den Medien groß. Ein Bremer Bürger beschrieb, was ein großer Teil der Bevölkerung dachte: »Mehr Politiker Ihres Formats, und die Menschen würden wieder Zuversicht fassen.«

Neben ihren ständigen Bemühungen, das Bild Deutschlands im Ausland zu verbessern, Gewalttaten Deutscher gegen Ausländer und Asylanten zu bekämpfen und dafür zu arbeiten, daß Juden, Christen und Moslems vorurteilsfrei und ohne Rassismus miteinander leben, setzt Frau Süssmuth sich mit aller Energie für die Gleichberechtigung ein. Sie plädiert nach wie vor für die Frauenquote innnerhalb und außerhalb der Partei. Zunächst konnte sie in dieser Hinsicht wenig Erfolge erzielen, da bei dem CDU-Parteitag 1995 die Einführung einer internen Quote scheiterte. Das Urteil des EuGH vom November 1997 zugunsten einer legitimen Frauenquote im öffentlichen Dienst dürfte die Diskussion um die Frauenquote in allen Bereichen positiv beeinflussen. »Frauen können nichts bewegen, wenn sie nicht auch politisch Einfluß nehmen« sagte Rita Süssmuth am 28.12.95 in einem Interview mit der *Süddeutschen Zeitung*. »Die Probleme, ob in Deutschland oder in Europa oder in der Welt, sind ohne die Frauen gar nicht mehr lösbar – ob das die Bevölkerungsexplosion, die Armutsbekämpfung und die Alphabetisierung ist, oder ob es die Umweltfragen sind. Das ist auch die Lehre des Jahres 1995, die Botschaft der Weltfrauenkonferenz und zuvor der Bevölkerungskonferenz.« Auf den Hinweis der SZ, daß weltweit der Frauenanteil in den Parlamenten zurückgeht, antwortete Frau Süssmuth: »... nicht weltweit, aber regional. Wir haben eine Stagnation in den entwickelten Demokratien und in den Reformstaaten des Ostens. Ausnahme bilden die skandinavischen Länder, die die Quoten inzwischen auch abschaffen könnten. Doch nehmen wir Afrika. Die afrikanischen Frauen erwirtschaften 75 % dessen, was ihre Familien für das Überleben brauchen. Sie haben ein sehr hohes Selbstwertgefühl, etwas, was ich verbinde mit Frauenwürde. Im europäischen Kontext gibt es kein vergleichbar starkes Selbstwertgefühl.« Frau Süssmuth sieht ihre wichtigste Aufgabe für die Zukunft darin, das Vertrauen der Bevölkerung in die Politik und zu den politisch Handelnden wiederzugewinnen und möglichst viele Menschen davon zu überzeugen, daß wir die Möglichkeit haben, neu anzufangen. Rita Süssmuth unterstützt verschiedene Frauennetzwerke. 1997 fungierte sie als Schirmherrin für die Frauenmesse »top« und für die »FIM-Vereinigung für Frauen im Management e. V.« anläßlich ihres zehnjährigen Jubiläums.

## Madeleine Albright – die erste Außenministerin der USA

Die derzeitige Außenministerin der Vereinigten Staaten wurde am 15. Mai 1937 in Prag als eines von drei Kindern einer jüdischen, später zum Katholizismus konvertierten Diplomatenfamilie geboren. Nach dem Einmarsch deutscher Truppen emigrierte die Familie 1939 nach England. Madeleine Albrights Vater, Joseph Korbel, war nach dem Krieg zunächst tschechoslowakischer Botschafter in Belgrad, dann Vorsitzender eines Sonderausschusses der Vereinten Nationen, als 1948 die Kommunisten in Prag die Macht übernahmen. Nachdem Joseph Korbel in Abwesenheit wegen Staatsfeindlichkeit zum Tode verurteilt worden war, suchte er mit seiner Familie in den USA um politisches Asyl nach.

Von ihrer jüdischen Abstammung und dem Tod ihrer Großeltern im Konzentrationslager Ausschwitz hatte Madeleine Albright nichts geahnt, weil die Eltern ihr die Wahrheit ersparen wollten. Erst Ende 1996 hat sie durch die Recherchen eines Journalisten ihren wahren Familienhintergrund erfahren. Ein großer Teil ihrer Familie ist in den Lagern des Dritten Reiches ums Leben gekommen.

Madeleine Albright studierte Politikwissenschaft an der Frauenuniversität des Wellesley College, das sie 1959 mit dem *Bachelor-Grade* (B.A.) verließ. Später studierte sie Öffentliches Recht und Staatswissenschaft an der Columbia University. 1968 erhielt sie den *Master Grade* (M.A.), und hier promovierte sie auch (1976).

Neben ihrem Studium war Madeleine Albright, die 1959 den Zeitungserben Joseph Albright heiratete (Scheidung 1983), als Mutter von drei Töchtern sehr eingespannt und begann ihre Karriere erst nach der Promotion, wobei das Vermögen ihres Mannes zudem ihren Weg zur Powerfrau ebnete. Ihre Villa in Georgetown wurde zum Treffpunkt der politischen Elite.

Sie arbeitete 1975/76 als Wahlkampfhelferin für den demokratischen Politiker Edmund Muskie, und nach dessen Wahl zum Senator wurde sie bis 1978 zu seiner Rechtsberaterin.

Unter der Carter-Administration gehörte Madeleine Albright zum Stab des Nationalen Sicherheitsrates. Von 1981 bis 1982 war sie als Wissenschaftlerin am *Woodrow Wilson International Center* tätig.

Anschließend übernahm sie die Professur für Internationale Beziehungen an der *School of Foreign Service der Georgetown University*. Seit 1981 war sie ebenfalls wissenschaftliches Mitglied des *Soviet and Eastern European Affairs Center for Strategic and International Studies*. 1984 wurde sie außenpolitische Beraterin der Präsidentschaftsbewerber Walter Mondale und Geraldine Ferraro und vier Jahre später des demokratischen Kandidaten Michael Dukakis.

1993 nominierte Bill Clinton Madeleine Albright als neue UNO-Botschafterin. Damit wurde sie zur ersten Inhaberin dieses Amtes, die nicht in den USA geboren wurde.

Madeleine Albright hat sich seitdem als loyale und kämpferische Verfechterin der offiziellen Regierungspolitik der USA gezeigt. Sie scheute auch nicht davor zurück, die UNO zu kritisieren, und ihr kam eine exponierte Rolle zu in dem Bemühen, eine zweite Amtszeit des Generalsekretärs der Vereinten Nationen, Butros-Ghali, zu verhindern, der in den USA nicht sehr beliebt war. Ihm lastete sie die Reformunfähigkeit der Weltorganisation an, obwohl unter seiner Führung die größte Etatkürzung und der radikalste Personalabbau in der UNO-Geschichte stattgefunden hatten, und sie vertrat gegenüber einer gewaltigen Mehrheit im UN-Sicherheitsrat kompromißlos das Veto gegen eine Verlängerung seiner Amtszeit.

Mit der Wiederwahl Clintons Ende 1996 wurde Madeleine Albright Anfang 1997 mit dem Amt der Außenministerin betraut. In Europa wurde ihre Berufung überwiegend mit Zustimmung aufgenommen, wobei ihr ein besonderes Interesse und Gespür für die Belange Mittel- und Osteuropas sowie den Ländern der ehemaligen Sowjetunion zugeschrieben wird. Sie ist eine engagierte Befürworterin der Nato-Osterweiterung.

Madeleine Albright hat sich bisher als eine Politikerin gezeigt, die deutlich, in ihrer Sprache unverblümt, ihre Meinung sagt, die nicht vor Konfrontationen zurückscheut und die ihre Ziele mit einer gewissen Härte durchzusetzen versucht. Zu ihrer Zeit als UNO-Botschafterin wurde sie häufig als *Queen of mean* (Königin der Gemeinheiten) betitelt.

Es gelingt Albright besonders gut, die Medien für sich einzunehmen, und sie nutzt diese Art der Öffentlichkeit ohne Scheu für ihre Zwecke. *Die Zeit* schrieb dazu im Juli 1997: »Natürlich ist sie sich der Macht der Bilder im medialen Zeitalter voll bewußt. Das 'richtige Bild' verbunden mit dem 'richtigen Wort', sagt sie, verdoppele die Kraft der Botschaft. Und wenn sie dafür ihre Weiblichkeit gezielt einsetzen muß, warum denn nicht? Händchenhalten mit dem Republikaner Jesse Helms, dem betagten Vorsitzenden des Außenpolitischen Ausschusses im Senat, dem Verhinderer par excellence: Damit hat sie es geschafft, ihn zu veranlassen, seine Blockadepolitik gegen die Ratifizierung des Chemiewaffenvertrages aufzugeben. Die huldvolle Entgegennahme eines Handkusses von Hervé de Charette – der vormalige französische Außenminister schmolz dahin, er hatte nichts mehr von der ablehnenden Steifheit, mit der er stets ihrem Amtsvorgänger Christopher begegnet war. Und wenn Madeleine Albright der amerikanischen Nation Bosnien erklären will, dann stellt sie sich in voller Montur auf einen Flugzeugträger: Das Bild verdeutlicht tatsächlich die Botschaft.

Auch wenn Madeleine Albright von diplomatischen Floskeln nichts hält, hat sie in der bisherigen Amtszeit eine überlegte Herangehensweise an die unterschiedlichen Konflikte gezeigt. So deutlich und klar aber auch moralisch ihre Worte und Taten zu dem Konflikt im ehemaligen Jugoslawien ausfielen, so wichtig ist es ihr andererseits, im Verhältnis zu China Fortschritte durch ausgewogene Dialoge zu erreichen, um die wichtigen Handelsbeziehungen nicht zu gefährden.

Ob es Madeleine Albright auch gelingen wird, die Situation zwischen Israelis und Palästinensern zu verbessern? Sie ist sich darüber bewußt, daß gerade dieser Konflikt einer Sisyphusarbeit nahekommt. In den bisherigen Verhandlungen hat sie Vorwürfe oder Schuldzuweisungen vermieden und die beiden Hauptakteure insbesondere an ihre »gemeinsame Verantwortung« in dem Friedensprozeß erinnert.

Die *Washington Post* beurteilt die Arbeit von Madeleine Albright so: »Der Posten des obersten amerikanischen Diplomaten ist von ihr auf eine Weise neu besetzt worden, wie es seit Henry Kissinger niemand mehr vermochte«.

Madeleine Albright gerade in der konservativen, männlich dominierten Politik der Vereinigten Staaten mit Konsequenz und Hartnäckigkeit ihre Ziele verfolgt und kennt daher die Probleme der Frauen und die Steine, die ihnen immer noch in den Weg gelegt werden. Mit Hillary Clinton verbindet sie über die Freundschaft hinweg den Wunsch, Frauen zu einer größeren Rolle in der Politik zu verhelfen. So findet sie in ihren Reden fast immer eine günstige Stelle, um ein Plädoyer für Gleichberechtigung einzuflechten.

Die eigenen Erfahrungen haben sie härter gemacht und eine gewisse Bissigkeit herausgefordert, aber so hart sie sich auch gibt: Madeleine Albrights Reden strahlen oft jene Menschlichkeit aus, die ihr steifer

Vorgänger Warren Christopher und viele andere Politiker vermissen lassen. Die Verknüpfung von Geradlinigkeit und Menschlichkeit scheint die Stärke Madeleine Albrights zu sein, die es ihr ermöglichen wird, nachhaltigen Einfluß auf die Politik zu nehmen.

## Die unterschiedliche Psychologie der Geschlechter

Das Entzücken oder der Schmerz, die alle Menschen bei einer angenehmen oder unangenehmen Erfahrung ergreifen, sind bei Männern und Frauen verschieden, und beide werden aufgrund von Freude oder Leid anderer mehr oder weniger froh oder traurig. Darüber hinaus ist beim Mann die Empfindlichkeit gegenüber persönlichem Verdruß ausgeprägter und bei der Frau eher die Empfindlichkeit gegenüber Verdruß außerhalb ihrer eigenen Person. Der Mann hat anders als die Frau keinen Mutterinstinkt. Er ist vom Wesen her egoistischer, oder passender ausgedrückt: Er möchte, daß alle nur für ihn da sind, das heißt er richtet sein Leben nur auf seine eigenen Vorteile und seine eigenen Interessen hin aus.

Das Gehirn der Frau ist wie eine Lupe, die die Gefühle der anderen verstärkt und vergrößert wiedergibt, und das ist der Grund für die große Empfindsamkeit der Frau gegenüber dem Leid und dem Schmerz anderer. Frauen reagieren nicht nur eher als Männer auf die Zuneigung und die Reaktionen, die jemand ihnen gegenüber zeigt, sondern auch auf Zuneigung, die nicht ihnen selbst gilt. Eine Frau findet nicht nur heraus, ob sich jemand für sie interessiert oder nicht, sondern fühlt sich auch schnell in den inneren Zustand anderer ein, und aufgrund dieses starken Mitgefühls mit der Freude und dem Leid anderer vergißt sie ihre persönlichen Gefühlsregungen. Das bewegt sie zu wahrem Altruismus und läßt in ihr das Bedürfnis, anderen Freude zu bereiten und ihr Leid zu lindern, stärker sein als das Streben nach eigenem Vergnügen und der Vertreibung eigenen Kummers.

Die Macht, mit der die Frau auf die Reaktionen anderer Einfluß nehmen kann, erfüllt den Mann manchmal mit Freude und Entzücken und manchmal mit Angst und Furcht, aber in beiden Fällen erscheint sie ihm als ein übernatürliches Wesen.

Das Wesen der Frau ist durch die Liebe und Zuneigung, die ihr instinktiv zueigen sind, natürlicherweise eng mit ihren Mitmenschen verbunden. Die psychischen Besonderheiten der Frau liegen in einem starken Antrieb, der sie zwingt, mit dem gleichen Eifer, mit dem sie nach eigenem Glück und eigener Zufriedenheit strebt, auch die Zufriedenheit anderer erreichen zu wollen.

Ja, in der Seele der Frau liegt das halberloschene Feuer des Egoismus immerwährend mit der lodernden Flamme des Altruismus im Kampfe, aber leider siegt aufgrund der falschen Erziehung und der unnatürlichen Gesellschaftsumstände meist die Flamme der Selbstlosigkeit.

Wenn bei einer Frau das Ergebnis von Nachdenken und Einsicht durch natürliche und spontane Reaktionen, also ihre Zuneigung zu anderen und von anderen ihr gegenüber, widerlegt wird, so haben andere Kräfte wie Scharfsinn, Vorstellungskraft, innerer Antrieb und Harmoniebedürfnis, deren Wichtigkeit und Nutzen dem von Nachdenken und Einsicht in nichts nachstehen, die oben genannten Kräfte verdrängt.

Die Frau fürchtet sich nicht davor, Opfer bringen zu müssen, sogar den Tod hinzunehmen, aber sie hat Angst, daß die sie umgebenden Menschen, für die sie Zuneigung empfindet, sie vor ihrem Tod nicht richtig erkannt und ihr wahres Wesen nicht erfaßt haben könnten.

Ermutigung und Verwirrung sind für die Frau das, was Gefahren und Abenteuer für den Mann sind, und sie ist fortwährend dabei, sich in diesen Problemen selbst zu erproben und sie zu beseitigen. Wenn im Wesen der Frau dieser Instinkt, Leidende zu trösten, nicht existieren würde, würde eine natürliche Neigung sie wahrscheinlich zu Hartherzigkeit und Grausamkeit treiben.

Weil sie eine Art sechsten Sinn besitzt, offenbart sich ihr die Wahrheit leichter auf dem Wege ihres Herzens und ihrer Gefühle.

## Der sechste Sinn

Der sechste Sinn wirkt bei der Frau wie ein inneres Auge, mit dessen Hilfe sie schnell auch in die undurchdringlichste Seele und das unnahbarste Wesen eindringen und Einfluß nehmen kann. Sie kann ihre eigene Leidenschaft nur auf jemanden konzentrieren, dessen Neigungen, Gefühle und Sorgen sie verstehen kann, und dies geschieht mit Hilfe des sechsten Sinnes.

### Was ist Ziel des sechsten Sinnes?

Der sechste Sinn ist eine Fähigkeit, die das Ergebnis von Handlungen schon vor ihrem Eintreten vorausahnen läßt. Eine Kraft, die mit Leichtigkeit den Grad und die Heftigkeit der Reaktionen anderer errät. Eine Art von Sehvermögen, welches die Natur in das Gehirn der Frau gelegt hat, damit sie unschwer das Denken, die Empfindungen und die Seele anderer Menschen ergründen kann.

Der sechste Sinn gilt als Grundlage des Verstandes, und er existiert bei beiden Geschlechtern, mit dem Unterschied, daß der sechste Sinn des Mannes rational und willensmäßig ist und sich nur auf seinen Beruf und seine Studien beschränkt, das heißt, er findet seine Grenzen in den Interessensgebieten und Vorlieben des Mannes. Er wirkt wie eine Brille, die die wahre Farbe von Freude und Leid seinen Augen verborgen hält, oder wie ein Schlüssel, der nur zu dem Schatz der persönlichen Vorlieben des Mannes paßt und deshalb völlig unabhängig von seinen wahren Bedürfnissen ist.

Bei der Frau wirkt dieser Sinn dagegen umgekehrt wie ein scharfsichtiges Auge, das den Sitz der Wünsche hervorragend lokalisiert, wie ein Fluß, der ohne Furcht vor Ausdehnung kraftvoll zu fließen beginnt und sich ohne fremde Hilfe seinen Weg bahnt – daraus entstehen dann andere Eigenschaften wie Selbstbewußtsein und Entscheidungsfreudigkeit und aus deren Mischung Neugier, Genauigkeit und Vertraulichkeit.

Da der Mann an rationale Überlegungen und Begründungen gewöhnt ist, verfällt er manchmal in Zweifel, und er wird nie einen so unerschütterlichen Glauben wie die Frau haben, aber auch nie dergestalt wie sie an seinen Zweifeln leiden.

Im Wesen des Menschen ist es möglich, daß sich ein Gedanke in aller Stille bildet, aber für die Erhellung eines Sachverhalts oder einer Vermutung ist die Hilfe anderer nötig. Zusammenfassend läßt sich sagen, daß Frauen, bevor sie etwas rational begründen können, es mit dem Gefühl begreifen.

## Weibliche Phantasie

Wie die Strahlen der Sonne unfruchtbare Erde mit ihrem Licht in ein Farbenmeer tauchen können, so kann auch die Phantasie die dunklen Seiten des Lebens erhellen und erleuchten.

Die Phantasie ist eine himmlische und zauberhafte Kraft, die die Frau mit unglaublicher Leichtigkeit in Welten versetzten kann, in denen sie ihre Träume verwirklicht sieht. Sie ist eine Macht, die aus einem Wort oder einem Bild für eine Frau Tausende und Abertausende ähnlicher Bilder entstehen lassen kann. Eine Kraft, die den poetischen Vorstellungen einer Frau Gestalt geben und ihre verschiedensten Gedanken als Realität erscheinen lassen kann.

Phantasie wird zu den wichtigsten Faktoren für Scharfsinn gezählt und ist für den Mann auf seinen Vorteil, seine Selbstverwirklichung und seine Eigenliebe beschränkt.

Nun ist es aber so, daß sie in der Frau die verschiedensten anderen Gestalten angenommen hat, die um vieles vielfältiger sind als das, was wir beim Mann finden. Weil die Kraft der Phantasie bei Frauen tiefer und wendiger ist als beim Mann und die Motivation dieser Kraft im allgemeinen konkrete Tatsachen sind, entspringen ihr die erstaunlichsten Zustände und die sich widersprechenden Eigenschaften und Eigenheiten der Frau.

Diese Kraft wird aus den verschiedensten Quellen, der Vorstellungskraft, der Neugier und auch der Tugendhaftigkeit der Frau gespeist, und es entstehen aus ihren unterschiedlichen Facetten Eigenschaften wie Umsichtigkeit und Aufrichtigkeit.

Die Phantasie, die die Frau dazu bringt, sich von ihren Wünschen und Zielen abzuwenden, kann ihr aber auch eine lebendige Vorstellung von diesen geben.

Da die Antriebskräfte der weiblichen Phantasie konkrete Dinge wie ihre unmittelbaren Gefühle und Sinneswahrnehmungen sind, ist sie natürlicherweise begierig auf alles, was diese Kraft verstärken könnte, und zeigt so übermäßiges Interesse an Sinneserfahrungen. In allen Ländern der Erde, in den hochzivilisierten wie in den einfacheren Gesellschaften, lieben es die Frauen, am Fenster oder in der Tür zu stehen und die vorbeigehenden Leute genau zu beobachten. Für eine Frau ist es im Gegensatz zum Mann nicht nötig, lange Zeit die gedankliche Umgebung eines bestimmten Phänomens zu ergründen.

Nicht nur ist bei der Frau die Kraft der Phantasie besser ausgeprägt und stärker als beim Mann, sondern sie besitzt auch eine besonderes Gespür, das beim Mann nur unvollständig zu finden ist, und dies ist ihr Harmonieempfinden, was Menschen und auch Gegenstände betrifft. Da dem Mann Phantasie, Beobachtungsgabe und ein Gespür für Harmonie fehlen, ist er gezwungen, durch rationale Planung und Berechnung sein Ziel zu erreichen. Die Frau dagegen kann mit ihrem Harmonieempfinden verschiedene Möglichkeiten in der Phantasie durchspielen und dann mit ihrem natürlichen Instinkt eine davon auswählen. Das Harmonieempfinden der Frau ist ein Mittel für sie, mit dessen Hilfe sie ohne Nachdenken und rationale Überlegung die natürlichen Grenzen des Denkens und der Wünsche, die Vorstellungen hervorbringen, erkennen und in Beziehung zur Realität setzen kann. Mit anderen Worten, durch ihr Harmonieempfinden kann sie verschiedene Handlungen und Begebenheiten zueinander in Beziehung setzen. Es arbeitet so exakt, wie es vielleicht sogar genauesten logischen Überlegungen nicht möglich ist.

Im zwischenmenschlichen Bereich kann eine Gruppe von Menschen in einer Pension, auf einem Schiff oder in einem Krankenhaus durch die Anwesenheit von nur einer Frau zu einer Art Familie werden, denn die Frau entdeckt die Vorlieben eines jeden einzelnen und stimmt sie aufeinander ab. Wenn aber keine Frau unter ihnen ist, werden diese Menschen sich wie auf einem Bahnhof immer fremd bleiben.

## Wesen und innerer Antrieb der Frau

Der innere Antrieb der Frau ist die Antwort ihrer Phantasie und Beobachtungsgabe auf die Einwirkungen der äußeren Umstände. Mit Antrieb ist das gemeint, was die Frau dazu anregt, ihre Gedanken in die Realität umzusetzen und die Ergebnisse dieser Umsetzung der öffentlichen Meinung nahezubringen. Es ist eine Notwendigkeit, die, abgesehen von den materiellen Vorteilen, die Frau zu Aktivitäten ermutigt und sie so trotz ihrer Abhängigkeit von spontanen Einfällen und Interessen im Leben seltener eine Niederlage erleiden läßt, obwohl doch bei Männern Planlosigkeit und Unvorsichtigkeit meist zu Mißerfolgen führen.

Bis jetzt ist es selten passiert, daß eine Frau als Händlerin Konkurs anmelden mußte, es sei denn, ein Mann hatte seine Hände im Spiel. Bei Männern dagegen kommt dies häufig vor, und den Banken ist diese Tatsache wohlvertraut.

Wir können Wein nicht nach Metern und Stoff nicht in Litern messen, und ebensowenig kann man das Wesen von Mann und Frau mit ein und demselben Maß messen und die Reaktionen des einen gegenüber den Reaktionen und Gefühlen des anderen beurteilen.

Die Frau hegt im Laufe ihres Lebens zitternd und angstvoll einen Wunsch und eine Leidenschaft, denen sie ihr Denken und ihre Seele vollständig opfert. Diese Leidenschaft besteht darin, Freude zu mehren und das Unglück verschwinden zu lassen.

Die Vorstellung, mit ihren Anstrengungen zum Glück und der Bequemlichkeit anderer beizutragen, befriedigt die Frau und läßt sie jede Unbill ertragen. Der Mann dagegen denkt nicht daran, ob seine Handlungen anderen einen Vorteil bringen, er strebt nur danach, sich selbst Befriedigung zu verschaffen.

Vielleicht interessiert sich die Frau nicht für den Grad des Herzeleids eines Gequälten, sie wird aber immer versuchen, den Grund dafür herauszufinden.

Es ist eine Tatsache: Die Frau ist duldsamer und opferbereiter als der Mann.

Beobachtungsgabe, Phantasie und Harmoniebestreben haben bei der Frau insoweit den Platz eingenommen, den Logik und rationale Schlußfolgerungen beim Mann haben, daß beide ihre Art zu denken und das Ergebnis davon für identisch halten. Beobachtungsgabe ist ein inneres Gespür der Frau, und dieser sechste Sinn kann sie vor Eintreten eines Vorfalls seinen Ausgang erkennen lassen.

Obwohl Beobachtungsgabe, Phantasie und Harmoniebestreben natürliche und gottgegebene Eigenschaften der Frau sind, bedarf es noch anderer Faktoren wie Sorgfalt, Aufmerksamkeit, Begriffsvermögen und der verschiedensten Reaktionen, um sie zu motivieren.

Nicht nur die Beobachtungsgabe und der Scharfsinn sind bei der Frau besser ausgeprägt als beim Mann, sondern auch das Vorstellungsvermögen ist bei der Frau fühlbar deutlicher entwickelt.

Zahlreiche Beispiele zeigen uns sogar, daß weibliche Tiere gewöhnlich intelligenter, gewandter, schlauer und fähiger als die männlichen Tiere sind und Unruhe bei den Männchen oft dazu führt, daß die Weibchen die Macht übernehmen.

Auch *Robert Briffault*, einer der Vorreiter der Ethnologie, hat unmißverständlich männliche Tiere als dümmer bezeichnet als weibliche.

Es scheint auch dieser Punkt von Wichtigkeit: Der angebliche Unterschied in Intelligenz und Begabung liegt nur in der jahrhundertelangen geschichtlich begründeten Arbeitsteilung zwischen Mann und Frau.

Wenn die Entwicklungsmöglichkeiten für Männer und Frauen im gleichen Maße gegeben wären und sie in gleichem Maße an der Ausbildung ihrer Begabungen und notwendigen Fähigkeiten arbeiten könnten, würden die Frauen sicherlich die Führung übernehmen.

Der innere Antrieb ist eine Kraft, die die Frau dazu bringt, aufgrund ihrer eigenen Reaktionen eine Angelegenheit zu begreifen und dadurch die Beobachtungsgabe und die Vorstellungskraft zu reizen, so daß sie sie wie durch genaueste rationale Überlegungen in bewiesene Realität umwandeln kann.

Nicht ohne Grund hat man schon im Altertum gesagt: Hinter jedem erfolgreichen Mann steht eine Frau. Diese Frau kann seine Mutter, seine Schwester oder seine Ehefrau sein.

Wenn wir uns jetzt die positiven und die negativen Seiten des

Charakters der Frau von heute in Erinnerung rufen, erkennen wir einerseits Nachsicht, Opferbereitschaft, Mitgefühl, Großmut, Aufmerksamkeit, Neugier und im Gegensatz dazu Zaghaftigkeit, Geiz, Tollkühnheit, Prahlerei, Unterwürfigkeit, Unbeständigkeit, Unentschlossenheit – all diese schimpflichen Eigenschaften finden sich bei der Frau aufgrund der heutigen Erziehung, der sich die Mütter schuldig gemacht haben.

Wir sehen, daß es aufgrund der falschen Erziehung ein elementarer Wunsch und eine heftige Neigung der Frau ist, anderen Leuten zu gefallen, durch ein hübsches Gesicht, einen schönen Körper, anmutige Bewegungen, eine angenehme Stimme, gezierte Redeweise und schließlich durch ihre Art und Weise zu gehen, Wohlgefallen zu ernten, die Gemüter zu erregen und die Herzen zu gewinnen.

Diese Neigung fand sich schon immer bei den Frauen, und sie ist sogar beständiger und einflußreicher als die Liebe. Aber all die, die dies für einen Ausdruck von Liebe und Zuneigung halten, sind im Irrtum, denn es handelt sich um zwei völlig unterschiedliche Sachverhalte.

Der Wunsch zu gefallen: Nach Meinung der Frau besteht dies darin, Aufmerksamkeit zu erregen und auf Leute anziehend zu wirken, obwohl Liebe und Zuneigung ganz und gar etwas anderes bedeuten – etwas, was Selbstvergessenheit und Aufopferung mit sich bringt. Diese Neigung erwirkt aber weder Respekt noch Achtung, und die Frau erhebt auch keinen Anspruch darauf, obwohl Liebe diese Empfindungen erfordert. Der Wunsch zu gefallen ist das Ergebnis falscher Erziehung und bezieht sich nur auf Äußerlichkeiten, während Liebe etwas Seelisches ist mit ethisch-moralischen Vorzügen. Darüber hinaus ist diese Gefallsucht grenzenlos, während Liebe und Zuneigung auf einen Menschen beschränkt ist.

Der Mann kennt das Gefühl der Neugier nicht, kümmert sich nicht um das, was andere Leute machen, und mischt sich auch nicht in das Leben anderer ein. Warum? Weil sein Verstand nicht genügend Antriebskraft dafür besitzt, und alles, was er von alters her zur Anregung seiner Phantasie getan hat, war nur der Genuß der verschiedensten alkoholischen Getränke, die er Lebenswasser nennt und gebraucht, um seine Gedanken zu vergiften.

Der Mann zeigt häufig eine übermäßige Neigung zum Alkohol und hält ihn für das wahre Antriebsmittel seiner Gedankengänge und Vorstellungsabläufe. Indem er sich selbst vergiftet, taucht er in eine Traumwelt ein und hält in seinen trügerischen Vorstellungen diese

Welten für unendlich edler und besser als die Neugier der Frau.

Man kann sagen, daß es einige Gründe dafür gibt, daß die Frau größere Standhaftigkeit als der Mann besitzt – sie hat eine ausgeprägte Fähigkeit, die Menschen und Dinge, die sie umgeben, in ein harmonisches Verhältnis zueinander zu bringen.

Nicht nur ist bei der Frau die Kraft der Phantasie besser ausgeprägt und stärker als beim Mann, sondern sie besitzt auch ein besonderes Gespür, das beim Mann nur unvollständig zu finden ist, und dies ist ihr Harmonieempfinden, was Menschen und auch Gegenstände anbetrifft.

Da dem Mann Phantasie, Beobachtungsgabe und ein Gespür für Harmonie fehlen, ist er gezwungen, durch rationale Planung und Berechnung sein Ziel zu erreichen. Die Frau dagegen kann mit ihrem Harmonieempfinden verschiedene Möglichkeiten in der Phantasie durchspielen und dann mit einem natürlichen Instinkt eine davon auswählen.

Wenn die Ziele, denen eine Frau Wert beimißt und die sie verfolgt, angemessen sind, wird ihr dies in den Höhen und Tiefen des Lebens ein besserer Führer sein als rationale Planung.

Die Handlungen einer Frau ergeben sich dann aus verstandesgemäßer Logik, wenn sie nur ihrem inneren Antrieb und ihrer natürlichen Beobachtungsgabe folgt. Wenn sie dagegen unter den Einfluß gefühlsmäßiger Triebe gerät, verliert sie den Faden und begeht die größten Fehler.

Ihre Beobachtungsgabe ist wie ein Kompaß, der sie vor Irrwegen beschützt, sie auf der Straße des Lebens geleitet und zur Wahrheit führt. Diese Kraft gehört untrennbar zum Wesen der Frau, wird anstelle von Logik und rationaler Planung eingesetzt, und die Frau kann ihr ohne jede Furcht in grenzenlosem Vertrauen ihre Gedankengänge anheim stellen.

Beobachtungsgabe, Phantasie und Harmonieempfinden haben keine äußeren Anhaltspunkte, beruhen aber in Wirklichkeit auf den inneren und äußeren Beobachtungen der Frau.

Im Wesen der Frau existiert ein Gegensatz. Sie besitzt ein Gehirn und eine Gebärmutter, was sie im Gegensatz zu dem einen Mittelpunkt, der beim Mann zu finden ist und ihn so möglicherweise einem Kreis gleichen läßt, mehr zu einer Ellipse macht, die sozusagen zwei Festpunkte hat. Bei der Fortpflanzung ist es erst die Aufgabe der Frau, einen Mann auszuwählen, dann folgen die Empfängnis, die Schwangerschaft und die Geburt. Ein Kind zur Welt zu bringen ist nicht nur die bloße Umwandlung von etwas, was vorher schon existierte, das heißt, es ist nicht nur eine Veränderung der Erdoberfläche, sondern eine wahrhafte Neuerschaffung, eine materielle Bereicherung der Erde. Diese Handlung ist die Form, aus der sich der weibliche Charakter bildet, und man kann eine Eigenschaft als ursprünglich bezeichnen, wenn sie nur aus dieser Quelle, wie mittelbar auch immer, entstanden ist. Alle anderen Eigenschaften, so offensichtlich sie auch sein mögen, sind nur sekundär und wie Lang- oder Kurzhaarfrisuren der Mode unterworfen.

Bis ins 4. Jahrhundert v. Chr. glaubten die Griechen, daß nur der Vater für die Zeugung verantwortlich ist. Es schien schwierig zu sein zu glauben, daß beide Geschlechter an der Zeugung des Kindes beteiligt sind. Ich möchte eher eine Aufteilung wie bei *Simone de Beauvoir* – »Der Mann ist Transzendenz und die Frau ist Immanenz«, vorschlagen und darauf hinweisen, daß das Patriarchat die Frau in zwei Hälften zerschlagen hat: eine, die für Gebären und Kinderaufzucht zuständig ist und eine andere, die auf häusliche Geborgenheit verzichten muß und Berufstätigkeit und Überlebenskampf bewältigt. So wurde die früher im Matriarchat mit den Erdgottheiten verbundene Frau zur einfachen Sklavin, die frühere Priesterin und Seherin aber verschleißt ihre Energie in einem durch Leistungsdruck entfremdeten System. Beide Frauentypen werden zum Verzicht auf ein ganzheitliches Leben gezwungen – im Spätkapitalismus mehr denn je. So ist das Wesen der Frau wie das Wesen der Materie überhaupt, bewegungslos, beständig und energetisch. Deshalb kennt ihr Wesen nicht den Weg zu höheren Entwicklungsstufen. Sie dehnt sich dagegen aus, sie stellt sich dar, ohne sich materiell zu verändern. Frauen bleiben immer sie selbst, ihre Qualität ändert sich nicht. Sobald wir uns mit dem Problem ihres Geschlechts beschäftigen, wird die Bedeutung dieser Erkenntnis deutlich werden. Die Frau lebt nicht außerhalb der gegenständlichen Welt. Sobald sich ihr ein Gegenstand nähert, tritt sie zu ihm in Kontakt. Sie hat zu jedem Geschöpf – sei es Mensch, Tier oder Pflanze – eine direkte und prinzipielle Verbindung. Diese Verbundenheit gleicht dem Lebensstil von Kindern oder dem primitiver Völker, sie ist die Grundlage der religiösen Mysterien, der Hypnose, der Mutter-Kind-Beziehung, der menschlichen Zivilisation und schließlich die Essenz der geschlechtlichen Erfahrung.

Diese Verbundenheit und dieses »in« und nicht nur »mit« den Dingen leben, befähigt die Frauen, nicht nur über den Verstand und die Ratio, sondern in der Teilnahme an ihrer Existenz und durch etwas, das man gewöhnlich Offenbarung nennt, die Dinge zu erkennen und Belebtes wie Unbelebtes zu verstehen. Deshalb empfinden Frauen oft in Situationen Sicherheit, in denen viele intelligente Männer Zweifel haben. In Angelegenheiten, in die sich hochgestellte Männer verrennen, beschreiten Frauen mit Schlichtheit und Demut den richtigen Weg. Frauen kennen kein Mißtrauen, denn entweder akzeptieren sie jemanden völlig, oder sie lehnen ihn ab. Diese Fähigkeit der Frauen, Unerkanntes zu erkennen, hat die Männer früher auf der ganzen Welt mit Furcht und Bewunderung ihnen gegenüber erfüllt, und sie dazu gebracht, in ihnen ein Geheimnis zu sehen und sie zu den heiligen Priestern und Sehern zu zählen. In den Märchen und Legenden ist es immer eine Frau, meist eine keusche Jungfrau, die den Mann errettet und niemals einen anderen geliebt hat. Diese hohe Stellung, die man der Frau gegeben hatte, entstand selbstverständlich nicht als Ausgleich für ihre Minderwertigkeit – sie ist die wahre Quelle der Ritterlichkeit. Später, in den dunklen Jahren, als die Bereitschaft, das Geheime zu begreifen, geringer war, Angst und Fanatismus aber stärker verbreitet waren, hat man die Frauen, statt sie auf den Sockel der Verehrung zu stellen, als Hexen auf dem Scheiterhaufen verbrannt. Dies war bis vor etwa 200 Jahren verbreitete Praxis, und auch heute noch, wo sie von solchen Verdächtigungen befreit sind, erhalten die Frauen immer noch nicht gleichen Lohn für gleiche Arbeit.

Es gibt eine weitere Ansicht, die der Betrachtung wert ist. Diese Verbundenheit mit der Natur und dieses eingebungsgleiche Verständnis von dem Wesen und den Gesetzen in den Dingen wurde früher als Essenz der weiblichen Begabungen angesehen. Es ist erstaunlich, daß die Allgemeinheit denkt, die Frauen hätten noch nie wahre Begabung gezeigt. Dies ist nur aus der männlichen Sicht von Begabung richtig. Der Mann empfängt wie ein Radarempfänger abstrakte Gedanken, verändert sie, nimmt sie wieder auf, verändert sie nochmals und paßt ihre Dimensionen in die Umgrenzungen unseres Verstandes ein. Die Frauen dagegen ziehen das Erzgestein der Wahrheit aus der Tiefe unserer Existenz hervor und übergeben es unseren Empfindungen. Dies ist gegenüber der wissenschaftlichen Wahrheit, die man durch Arbeit und Mühen erkennt, wie eine Offenbarung. Begabungen, wie Männer sie besitzen, sind unter den Frauen selten zu finden, während ihre eigenen Begabungen in jeder von ihnen vorhanden sind.

Die weibliche Größe beinhaltet unter anderem Aufopferungsbereitschaft, Großherzigkeit, Kontaktfreudigkeit, Geduld und Verständnis. Ich kann kein besseres Beispiel bringen als einige Herrscherinnen zu nennen: zwei große russische Zarinnen, Elisabeth I., die der preußische König Friedrich II. als »gekrönte Hure« bezeichnete (ein Scherz, den er mit sieben Jahren Krieg bezahlen mußte), und ihre Nachfolgerin

Katharina II., die aufgrund ihrer weiblichen Reize den Thron und die Macht innehalten konnten; die österreichische Kaiserin Maria Theresa, die ihr ganzes Volk in ihrer Umarmung behütete, und Königin Viktoria, die ihr Land wie eine Familie regierte.

Machtkontrolle und Selbsterhaltung sind bei den Frauen besser ausgebildet als beim Mann. Der Grund dafür ist, daß, wenn ein Mann von Sinnlichkeit befallen wird, er selbst mit einer alten, häßlichen Frau schläft; eine Frau aber (selbst wenn sie temperamentvoll ist) wird auch bei größtem sexuellen Verlangen nicht dazu bereit sein, sich mit solch einem Mann einzulassen. Ein bemerkenswerter Punkt ist, daß, wenn ein Mann einer Frau gefällt, es ihr nie um Schönheit oder Häßlichkeit geht. Wie viele wirklich schöne Frauen gibt es doch, die mit einem häßlichen Mann verheiratet sind.

Die Professorin *Marjory Nicholson* von der Universität Columbia, USA, hat in einer ungewöhnlichen Übertreibung des Weiblichen und mit einer sarkastischen Betonung des Männlichen folgenden Spruch geprägt: »Weshalb die Frauen wahrhaftig nicht wie die Männer arbeiten können, liegt daran, daß sie keine Ehefrauen haben! Bis die Wissenschaft oder die Wirtschaft diesen Fehler der Natur nicht behoben haben, ist zu befürchten, daß wir Frauen immer das untergeordnete Geschlecht bleiben.« Dies ist eine revolutionäre Ansicht, aber man ist leider gezwungen zu sagen, daß sie falsch ist. Wenn jemand sich nur auf diese männlichen Vorstellungen stützt, müssen wir mit Bedauern mitteilen, daß diese Art von Logik keinen Einfluß auf die Frauen hat.

Logik besteht aus einer Folge von Regeln, die die Gedanken in einer bestimmten Folge miteinander verbindet und notwendigerweise durch Haarspaltereien zu einem Ergebnis kommt, ohne darauf zu achten, was überhaupt das Thema ist. Auf der anderen Seite ist die weibliche Logik eine materielle, die sich auf die Gesetze in den Dingen – auf die Art und Weise, wie sie wirklich sind – stützt, und nicht auf die Weise, wie sie in das Denken übersetzt werden. Dies ist keine abstrakte und handwerkliche Logik, die in jeder Situation gleich arbeitet, sondern eben eine materielle Logik, die sich mit der veränderlichen Natur der Dinge, die mit ihr zusammenhängen, verändert – oder besser gesagt, es ist eine Logik, die in jeder Situation aus den Dingen selbst entsteht. Dies wird auch darin deutlich, daß man diese Art von Logik grundlos der Nichtbeachtung moralischer Gesetze bezichtigt: Die Frauen kümmern sich nicht um die abstrakten Moralvorstellungen, die die Männer für sich selbst aufgestellt haben, aber die Moral, die im Herzen einer jeden Frau bewahrt wird, ist eine grundsätzliche, die man als natürliche Ordnung bezeichnen kann. Sie hält an dieser Ordnung ohne Wenn und Aber und ohne jegliche Abweichung fest.

Der Unterschied zwischen der männlichen und der weiblichen Auffassung liegt grundsätzlich in dem Verständnis von künstlicher und natürlicher Ethik. Wenn Frauen etwas tun wollen, ist es für sie nicht nötig, verschiedene Möglichkeiten abzuwägen oder vorausschauend zu planen. Sie richten sich nach den Erfordernissen der Zeit und vertrauen ihrem Wissen, das aus den Notwendigkeiten der Umstände, mit denen sie verbunden ist, erwächst. Frauen lösen die Probleme nicht durch Nachdenken, sie leben mit ihnen.

Daher können Frauen auch nicht allein leben; sie müssen immer zu jemanden oder zu etwas gehören. Diese Verbundenheit bestimmt ihr Leben, und wenn sie von diesen Kontakten abgeschnitten werden, verkümmern sie wie Wellensittiche, die einsam gelassen apathisch werden. Künstliche Kontakte, wie sie im Berufsleben und bei Vereinsaktivitäten entstehen, können eventuell, aber nicht zwangsläufig zeitweilig dagegen helfen, auf keinen Fall können sie aber den Schmerz der Einsamkeit vollständig heilen.

Auch dies soll nicht ungesagt bleiben: Frauen besitzen Würde und Anstand, Männer Achtung und Stolz. Achtung und Stolz sind künstliche Werte, die die Gesellschaft vergibt und die in verschiedenen Gesellschaften verschiedene Bedeutung haben. Ihre Anerkennung ist nur für diejenigen vonnöten, die einer bestimmten gesellschaftlichen Gruppierung angehören; wenn jemand beispielsweise einem Verein beitreten will, muß er dessen Satzung anerkennen. Stolz und Achtung können eventuell durch Handlungen zerstört und durch andere Taten wiederhergestellt werden – demgegenüber sind Würde und Anstand existentielle Pfeiler des Wesens der Frau, unveränderlich und unveräußerlich; sie sind fester Bestandteil ihres Charakters. Während es für den Mann möglich ist, durch einen nicht wiedergutzumachenden Umstand Achtung und Stolz zu verlieren, kann die Frau, was auch immer sie tut, sich ihren Anstand und ihre Würde unverletzt erhalten; selbst aus einem zerstörten Charakter wird noch immer ein Glanz von Würde scheinen. Eine Frau weiß genau, daß sie in jeder Lage, was auch immer sie gesehen, erfahren und erlitten hat, doch immer ihre weibliche Würde und ihren Anstand verteidigen muß.

Anschließend noch ein paar Worte zu einem ganz alltäglichen Problem, nämlich der vorhandenen oder fehlenden Aktivität. Dieses Problem entspringt einem grundsätzlichen Mißverständnis im Verhältnis zwischen Mann und Frau. Wir beginnen unsere Ausführungen bei der Biologie. Ohne Zweifel ist beim Geschlechtsakt das weibliche Geschlechtsorgan das empfangende; das männliche Geschlechtsorgan dringt in die Scheide der Frau ein, und das Spermium vereinigt sich mit der Eizelle. Die Rolle des Mannes scheint dabei die aktivere zu sein. Das grundsätzliche Mißverständnis liegt aber darin, daß jede Frau natürlich weiß, inwieweit sie selbst aktiv werden muß, um den Mann weichzumachen und ihm schließlich die Erlaubnis zu geben, sich ihr zu nähern. Darüber hinaus ist sie sich auch bewußt, wieviel eigene Aktivität Hingabe und Selbstvergessenheit erfordern. Ein Teil der Aktivität wird vom weiblichen Prinzip übernommen.

Aristoteles hat gesagt: »Wir bezeichnen das als männlich, was in etwas anderem etwas erzeugt, und weiblich wird das genannt, das etwas in sich selbst entstehen läßt.« Dieser große Philosoph akzeptiert hierbei durch den Ausdruck »das etwas in sich selbst entstehen läßt« offensichtlich das Vorhandensein einer Art von Aktivität im weiblichen Prinzip. Während es die Frau ist, die den Mann auswählt, bringt sie ihn, indem sie sein Verlangen erweckt und seine Aufmerksamkeit auf sich zieht, auch dazu, um sie zu werben und seine Liebe zu gestehen. So ist sie es, die den ersten Schritt macht, aber sie tut dies in der Absicht, einen Mann zu erwählen. Der Mann dagegen bezeichnet die Frau dann spöttisch als kokett, ohne die Süße dieses Spiels zu verstehen. Das Wichtige daran ist, daß die Ausführung aller Aktivitäten von seiten des Mannes notwendig, aber nicht ausreichend ist, um das Ziel zu erreichen, auf das beide so leidenschaftlich hinstreben. Das Endresultat dieses Auswählens und Akzeptierens ergibt sich also aus der weiblichen Aktivität. Die hauptsächlichen Aktivitäten im Geschlechtsleben, das von beiden gemeinschaftlich mitbestimmt wird, richten sich dann darauf, sich auf das Wunderbarste vorzubereiten.

## Unterschiede zum Mann

Frauen sind den Männern gegenüber völlig fremde Wesen; ihr Leben ist ein absolut anderes als das der Männer – und darin liegt ihre Vortrefflichkeit wie auch ihre Gefahr. Ihre Gefühle und Reaktionen, die vor einem ganz anderen Hintergrund entstehen, unterscheiden sich ebenfalls von denen der Männer, und verschiedene Frauen drücken diesen Unterschied auf verschiedene Arten aus. Wie sollte ein junger, unschuldiger Mann in seiner sittlichen Unerfahrenheit, die vielleicht sehr kostbar ist, in der Praxis aber eher unheilvoll, wissen, auf welche

Art er mit solch wertvollen und komplizierten Charakteren umzugehen hat, um erfolgreich zu sein? Man muß zugeben, daß ein solch junger Mann einfach nichts über den Umgang mit dem weiblichen Geschlecht weiß. Ebenso hat er keine Ahnung davon, von welch großer Bedeutung die erste sexuelle Erfahrung einer Frau für ihr weiteres Leben ist und inwieweit es dadurch bestimmt wird. Und er weiß auch nicht, daß eine Enttäuschung für sie zu einer Erniedrigung wird, und eine Erniedrigung verwandelt sich schnell in Abscheu. Weil er in der Größe dieser Verpflichtung untergeht, nimmt er all diesen Duft und diese Süße, die mit Sorgfalt nur für ihn aufgespart wurde und ihm mit so viel Liebe zum Geschenk gemacht wird, einfach hin und zertritt sie unter seinen Füßen zu Staub.

Es soll nicht ungesagt bleiben, daß auch die meisten reiferen Männer behaupten, daß sie Tapetenwechsel nötig hätten und sich nicht nur auf eine Frau beschränken könnten oder daß jede Frau nach einer gewissen Zeit ihren sexuellen Reiz verlieren würde usw. Es besteht kein Zweifel, daß solche Männer tatsächlich diese Gefühle hegen, aber ihre Aussagen beweisen nicht etwa, daß ihre Reaktionen natürlich und deshalb normal sind, sondern im Gegenteil, daß sie in jeder Hinsicht anormal sind. Es ist richtig, daß der rein sexuelle Reiz bei einem Geschlechtspartner langsam weniger wird, besonders wenn das Gefühl der Neuheit, das immer der Hauptstimulator ist, sich zu verflüchtigen beginnt, aber dies betrifft ausschließlich den rein sexuellen Reiz, und solch ein Reiz ist in einer reiferen Persönlichkeit nicht in dieser Weise zu finden. Er formt sich bei ihr aus zärtlicher Verbundenheit, also Liebe, und Liebe ist es, die diesen Reiz immer neu und lebendig erhält. Aber auch Liebe besteht nur eine beschränkte Zeit. Nur die Verbundenheit einer Ehe ist ein beständiger Garant für gefühlsmäßige und ebenso sexuelle Anziehungskraft. Es muß sich allerdings um eine wirkliche Ehe handeln und zwar um eine solche, in der Mann und Frau in geschwisterlicher partnerschaftlicher Verbundenheit zueinander finden. Wenn also ein älterer Mann nur schnell vergängliche Erregung und die Befriedigung sexueller Reize kennt, hat er natürlich ständige Abwechslung nötig und beweist damit seine eigene Unreife.

Ich habe Jahre meines Lebens damit zugebracht, bewußt oder halbbewußt die Charaktere der Frauen zu studieren, und immer noch erscheinen sie mir kompliziert und erstaunlich. Frauen, mit denen ich näher bekannt war, haben mich mit Handlungen, von denen ich nie gedacht hätte, daß sie ihren Neigungen entsprechen, in Erstaunen versetzt, oder Seiten ihres Charakters offensichtlich gemacht, von deren

Existenz ich nicht die geringste Ahnung hatte.

Die Frauen mit ihren kleinen Freuden und ihrem begrenzten Leben ähneln all den anderen Frauen, die hier und dort auf der Welt leben. Die Frauen aller fünf Kontinente führen mehr oder weniger alle ein ähnliches Leben, denn sie haben aufgrund falscher Erziehung ein gemeinsames Wesen und den gleichen Charakter.

Man darf nicht pessimistisch sein, was die Frauen betrifft. Sie sind den Erfahrungen ihrer Kindheit und Jugend unterworfen und kommen nicht als Engel zur Welt. Wir sind alle nur Menschen und haben so auch viele gemeinsame Schwächen.

Ich habe in meinem Leben betrügerische Frauen getroffen, die doch zu großen Opfern fähig waren, Gelegenheitsdiebinnen, die doch einen guten Charakter hatten, und Prostituierte, die es für eine Frage der Ehre hielten, die Männer für das empfangene Geld gut zu befriedigen. Die einzige Erklärung, die ich dafür habe, ist, daß jede Frau instinktiv so an ihre eigene Einzigartigkeit und Privilegiertheit glaubt, daß sie der Meinung ist, daß das, was sie von sich aus tut, so sehr die anderen es auch für falsch halten mögen, wenn auch nicht richtig und gut, so doch wenigstens verzeihbar sei.

Und alle Frauen können Worte, die wirklich von Herzen kommen, unfehlbar erkennen. Jede Frau hält sich für besser als die anderen. Aber dieser Stolz, der für sich genommen etwas Positives ist, führt zu Fehlentscheidungen, die im Umfeld der Frauen keine große Billigung erfahren, und der größte Schlag dabei, der durch nichts wiedergutgemacht werden kann, ist, daß er die Frauen an Solidarität und Zusammenschluß hindert.

So finden wir Frauen mit einer guten Ausbildung, die den Männern an Intelligenz in nichts nachstehen und dieselbe Berühmtheit und Stellung wie sie erlangen. Aber aufgrund von Fehlern bei ihrer Erziehung haben Reichtum und Ehre, die zum Ehrgeiz des Mannes gehören, in der Gedankenwelt der meisten Frauen überhaupt keine Bedeutung, denn man erzieht unschuldige Mädchen von Beginn ihrer Kindheit an weiblich und stärkt in ihnen das Gefühl ihres Frauseins. Im gleichen Maße wie für den Mann beruflicher Aufstieg und eine hohe Stellung wichtig sind, sind für die Frau Erscheinung, Kleidung und Charme von Bedeutung. Es ist das Ergebnis der falschen Erziehung, daß es ihr immerwährender Wunsch ist, Aufmerksamkeit zu erregen, im Mittelpunkt zu stehen und von anderen gebraucht zu werden – dahin geht ihr Ehrgeiz, und diese Dinge sind den Bestrebungen des Mannes genau entgegengesetzt.

Das sind die unerfreulichen Ergebnisse dieser Erziehung, daß wir sehen müssen, wie die Frau dem Mann an Neid und unendlicher Eifersucht voraus ist, und wie sie es nicht ertragen kann, daß eine andere Frau – sei sie ihr noch so sehr überlegen – mehr Lob empfängt als sie selbst.

Der Neid und die Eifersucht der Frau kennen keine Grenzen, und sie hegt allen gegenüber Rachegefühle, denn sie kann es nicht ertragen, daß eine andere Frau aufgrund ihrer sittlichen Größe eine besondere Stellung in der Gesellschaft einnimmt.

Heute noch werden die Frauen sowohl in den hochentwickelten als auch in den unterentwickelten Nationen zu den Bürgern zweiter Klasse gezählt, obwohl sie den Männern in vieler Hinsicht überlegen sind. Deshalb müssen wir uns dringend der Darlegung der natürlichen Eigenschaften der Frau zuwenden, die im Wesen aller Frauen in gleicher Art vorhanden sind.

Es ist wirklich erstaunlich, daß meine Geschlechtsgenossen (also die Männer) immer den Anspruch erhoben haben, daß die Natur zur Sicherung des gesellschaftlichen Gleichgewichts einen Unterschied zwischen Mann und Frau geschaffen hat und daß ein Abweichen davon das Leben aus den Fugen bringen und das Gleichgewicht zerstören würde.

Es sind die gleichen Männer gewesen, die von den ersten Jahrhunderten an bis heute die Frau als das schwächere Geschlecht bezeichnen und ihre Seele für ein undurchsichtiges Rätsel halten. Welche Schnörkel und Verzierungen haben sie den unglücklichen Frauen nicht angehängt. Man muß diesen Ansprüchen entgegenhalten, daß eine Frau in erster Linie ein Mensch ist und erst an zweiter Stelle eine Frau.

Ein weiterer Punkt, den ich nicht ungesagt lassen möchte und der auf meinen Erfahrungen in Deutschland beruht, ist, daß deutsche Frauen in bezug auf liberale Gesinnung, Kultur, Charakterfestigkeit, Bewußtsein, Verständnis, Scharfblick, Wissen und Auffassungsgabe fortschrittlich sind. Die meisten sind begeisterungsfähig, intelligent, empfindsam und stolz, in großem Maße freundlich und gutherzig, und die meisten sehen auch gut aus. Die deutsche Frau hat viele Begabungen und ist im Durchschnitt vielleicht sogar begabter als die meisten deutschen Männer, was Scharfsinn, Phantasie, Gewandtheit, Initiative und vieles andere betrifft.

Grundsätzlich unterscheiden Frauen sich untereinander sehr, was ihren Körperbau, ihre sexuellen und auch ihre intellektuellen Bedürfnisse betrifft, während Männer sich gegenseitig mehr gleichen.

Je größer die Machtposition eines Mannes in der Gesellschaft ist, desto schwächer und hilfloser verhält er sich oft der Frau gegenüber, die er liebt. Ebenso gilt: Je gutaussehender ein Mann oder eine Frau ist – obwohl diese Schönheit eigentlich schon an sich eine besondere Macht hat -, desto schutzloser ist er oder sie der Liebe häufig ausgeliefert und desto leichter kapitulieren beide vor ihr. So fällt es auch nicht schwer zu glauben, daß einige Männer, obwohl sie vielleicht anderen Menschen an Intelligenz und künstlerischer Begabung überlegen sind, gegenüber der Schönheit der Frau oft hilflos und schwach sind.

Von alters her haben die Männer behauptet, die Frauen seien das geheimnisvolle, unbekannte Geschlecht; sie wären der Transzendenz am nächsten. Die Frau sei ein unbekanntes Wesen, deren Gefühle man nicht verstehen könne. Ihre wahre Existenz sei nicht erkennbar. Eine Frau hätte tausenderlei Schrullen und sei abhängig von ihren Gefühlen. Sie tötet auf der einen Seite ihre Neigungen und Sympathien in sich ab, ist aber gleichzeitig die Sklavin ihrer Gefühle.

Wenn jemand den Weg zu dem Herzen einer Frau gefunden hat, so muß er nicht überheblich denken, er hätte sie nun zu seiner Gefangenen gemacht, denn man kann eine Frau nicht durchschauen: Sie ist von Kopf bis Fuß ein Geheimnis ... ein Rätsel ... eine Halluzination ... etwas, was man nicht verstehen kann, nicht nachvollziehen. Man hat viel über die Frauen gesagt, viele Theorien aufgestellt und allerlei philosophiert, aber der Mann ... Weil die Männer im Laufe der Geschichte in allen Bereichen des Lebens den Frauen überlegen waren, die Erdkugel beherrschten und sogar die Propheten Männer gewesen sind, haben sie über sie jede Menge Unsinn verbreitet. Sie haben sich zu ihrer Undurchdringlichkeit und ihrem mysteriösen Wesen geäußert und allerlei Geschichten darüber erfunden – nie aber sich selbst in ausreichender Weise definiert.

Eine Frau mit Universitätsbildung hat sich einmal mir gegenüber folgendermaßen geäußert:

»Die Männer haben überhaupt kein Schamgefühl. Ein Mann, der einem wie ein Hund die Füße leckt, unsereins wie einen Gott verehrt und das ganze Glück der Erde in einem Lächeln oder einem Druck unserer Hand zu finden glaubt, dessen Seele findet Ruhe, wenn er den Sturm der Liebe und Leidenschaft erreicht hat. Dann lösen sich seine Liebe und seine Verehrung in nichts auf, und wenn sie dies nicht tun, verwandeln sie sich in eine ruhige und etwas langweilige Art von Zuneigung. In den Augen des Mannes sind wir nichts anderes als ein Mittel zur Befriedigung seiner Bedürfnisse. Die Männer benehmen sich wie unzufriedene, dreiste Tiere: Wenn sie nicht mögen, sind sie hochmütig und wenden sich ab, haben sie aber Lust, sind sie grob und barsch. Sind sie verliebt, verhalten sie sich fordernd, mißtrauisch, feige, zieren sich, finden ein Haar in jeder Suppe und suchen wie verzogene Kinder nach Ausreden. Wenn man jedoch all ihre Ausreden aus dem Weg räumt und ihnen alles geben will, was sie sich wünschen, winken sie ab. Sie rennen wie verrückt hinter etwas her, wenn sie es aber erreichen, fliehen sie verschreckt davor. Männer können nicht wie normale Menschen logisch denken und gehorchen nicht dem Verstand. Sie sind wie nörgelnde Kinder oder Epileptiker, die ihrer Sinne nicht Herr sind. Mein Freund – der Mann, der sich für mich umbringen würde und dem auch noch nach einem Jahr wie am ersten Tag meine Nähe zitternd den Atem nimmt – beginnt zu stottern und wird unruhig, sobald das Wort Heirat fällt. Er traut sich nicht, etwas zu sagen, aber es ist deutlich zu sehen, daß er davon nichts hält. In allen Männern ist ein sadistischer Zug, ein Wunsch nach Abenteuern, eben jener Charakter und jene Gewohnheiten des Jägers aus grauer Vorzeit verborgen – besonders in meinem Freund, der von einem normalen Leben ohne Nervenkitzel überhaupt nichts hält.«

Es ist eben noch nie deutlich ausgesprochen worden: Der Mann ist unersättlich. Selbst wenn er die schönste Frau der Welt in seinen Armen hält, folgen seine lüsternen Augen den anderen, und sein Herz schlägt für sie ... immer noch will er mit den Frauen, die er auf der Straße sieht, flirten. Es ist der Mann, der noch nicht durchschaut wurde. Der Mann ist es, der keine Gefühle hat, und wenn er sie doch hat, sie jede Sekunde auf ein anderes Objekt überträgt. Er ist wie eine Gleichung mit vier Unbekannten – ein seltsames Wesen. Er ist es, der von Kopf bis Fuß ein Rätsel ist. Der Mann drückt Zuneigung aus, Liebe – und vergißt dies dann alles in einem einzigen kurzen Augenblick, als ob überhaupt nichts geschehen wäre. Er besitzt einen unsinnigen Stolz und hält sich für besser als alles und jeder. Er glaubt, es gäbe in der Welt nichts Mächtigeres als ihn. Mit dieser törichten Vorstellung läuft er seinen vergänglichen und wertlosen Gelüsten hinterher und hält sich für das einzig Wahre. Das Recht sieht er immer auf seiner Seite, denn er denkt, »die Frau ist nur eine Frau«, ein Mensch zweiter Klasse, aber der Mann ist ein Mann und also ein Mensch erster Klasse. Der Mann denkt sich so manche Dummheiten. Diese seine Gedanken, seine Wünsche und Empfindungen sind außer Rand und Band, und sein ganzes Wesen ist ein einziges Geheimnis. Bis jetzt hat eben noch niemand seinen Charakter und seine Seele untersucht, niemand hat über ihn kluge Reden geschwungen und sich die absonderlichsten Dinge über ihn ausgedacht! Wichtiger als diese Punkte und einer genaueren Betrachtung angemessen ist der Umstand, daß die Männer sich in ihrem Leben aufgrund ihrer unausgegorenen Wünsche selbst ins Unglück stürzen, und dabei gibt es keine einzige Ausnahme. In Wirklichkeit ist ihr Leben eine einzige Kette von unendlichen Wünschen.

Je älter der Mann wird, desto mehr beeinflussen ihn diese beiden Dinge: Die Leidenschaft und Intensität seiner Wünsche gewinnen an Stärke, und er ist im blühendsten Garten des Lebens immer voll Panik auf der Suche. Er wendet sich von einem Ziel dem nächsten zu und kommt von einer Sehnsucht zu einer größeren. Dieser Größenwahn hält dann solange an, bis er sich eines Tages am Tor der Vernichtung wiederfindet.

## Selbsterkenntnis

Sich selbst annehmen – das heißt, daß wir uns, wenn wir ein Mann sind, als Mann akzeptieren, und wenn wir eine Frau sind, als Frau, und es ist eine Voraussetzung für unser seelisches Gleichgewicht und unsere geistige Gesundheit. Wenn jemand mit seinem Geschlecht unzufrieden ist, ist er mit seinem Leben im allgemeinen nicht zufrieden. Solch ein Mensch wird sich niemals glücklich fühlen. Erlauben Sie, daß wir uns dies von einer leidenden Frau, die mit ihrem Geschlecht unzufrieden ist, erzählen lassen:

»Meine Seele verbrennt in dem Verlangen ein Mann zu sein, aber ich bin in dem Körper einer Frau gefangen. Wenn Sie wüßten, wie eifersüchtig ich auf jeden Mann und sein Mannsein bin ... Gibt es etwa eine größere Qual, als wenn der Körper und die Seele eines Menschen nicht in Einklang miteinander stehen und voreinander fliehen?«

Sich nicht annehmen können, die psychische Ablehnung des eigenen Geschlechts und darunter zu leiden, ein Mann oder eine Frau zu sein, liegt besonders bei Frauen – wenn keine Hormonstörungen vorhanden sind – an der ungleichen Behandlung, die in Familie und Gesellschaft gegenüber Frauen und Männern geübt wird.

Menschen, die Minderwertigkeitsgefühle haben und sich selbst immer für unterlegen, schlechter und niedriger als die anderen halten, besitzen kein Selbstbewußtsein. Sie fliehen vor der Gesellschaft und ihren Mitmenschen. Sie fürchten sich, vor einer größeren Gruppe zu sprechen, und bekommen Herzklopfen. Sie sind in Verzweiflung und Hoffnungslosigkeit gefangen. Es handelt sich dabei um Personen, die sich selbst nicht kennen, nichts von ihren verborgenen Stärken und

Begabungen wissen, um durch sie gegen ihre Schwächen ankämpfen zu können und so das Talent an die Stelle der Unfähigkeit zu setzen. Die Pflicht der Psychologen und Psychotherapeuten diesen Menschen gegenüber ist es, erst deren verborgene Begabungen zu entdecken und sie ihnen vor Augen zu führen. Jeder kann, wenn er von seinen Stärken erfährt, damit beginnen, seine Schwächen durch Ausnutzung seiner Begabungen auszugleichen. Die Psychologie ist davon überzeugt, daß jeder seinen eigenen Schatz und den Schlüssel zu seinem eigenen Glück in sich trägt. Ja – du bist du selbst: ein Abbild des göttlichen Prinzips. Was auch immer du wünschst, suche es in dir selbst!

## Über die Ehe

Die Ehe ist eine ewige Verbindung zwischen Mann und Frau, die durch staatlich Organe anerkannt wird. Das wichtigste Wort bei dieser Definition ist »ewig«, und jegliche Ablehnung und aller Widerspruch, von seiten der Leute, die direkt betroffen sind, und auch von seiten derer, die nur mittelbar damit zu tun haben, wie beispielsweise Gesetzgeber, Psychologen und Reformer, konzentriert sich auf dieses »ewig«. Es gibt noch einen anderen Einwand gegen die Institution Ehe, der von außen betrachtet sehr wesentlich erscheint, und zwar, daß sie eine indiskrete Einmischung in das Gefühlsleben zweier Menschen sei, und sie so zwangsweise in die Enge einer Überwachung durch das Gesetz, den Staat oder die Kirche getrieben werden. All diese Diskussionen haben den falschen Ansatzpunkt, lassen das Wesentliche in Vergessenheit geraten und beachten nicht die psychologischen Grundbedingungen, denen ein Mensch unterworfen ist. Es gibt viele Belege, die beweisen, daß Monogamie nicht die bloße Erfindung einiger strenger Geistlicher oder Moralisten ist, die sie den Menschen aufgezwungen haben, sondern der Ausdruck dessen, was in der Tiefe des Wesens eines Menschen wurzelt und zu der unendlichen Gesetzmäßigkeit der Natur gehört. Die Menschheit ist so erschaffen. Wäre sie es nicht, könnte man vielleicht nicht nachvollziehen, daß Monogamie immer und überall auf diesem Planeten zu finden war und vom Morgengrauen der Geschichte an eine zentrale Rolle bei der Beziehung zwischen Männern und Frauen gespielt hat.

Die Tatsache, daß Monogamie schon immer zum Wesen des Menschen gehörte, läßt sich mit den verschiedensten Methoden belegen. Der beste Weg ist die Psychologie. Die Untersuchungen von *Charlotte*

*Bühler* über die Grundlagen der Psychologie, worin sie die Entwicklung des Menschen im allgemeinen und darüber hinaus die Anstrengungen des einzelnen dabei beobachtet hat, zeigen, daß sich das Erwachsenwerden auf die Vervollkommnung einer bestimmten Sache ausrichtet, und zwar in der Weise, daß es in unserem Leben nicht nur etwas Festes und Sicheres geben kann oder gibt, sondern daß es das geben muß. Ein Leben, indem nichts Festes erreicht wird, ist unvollständig, fast wie vergeudet und in Wahrheit anormal. Dieses Gesetz der Entwicklung auf etwas Festes und Sicheres hin bezieht sich auch auf das Geschlechtsleben: Natürlicherweise streben wir nach einer festen und dauerhaften sexuellen Beziehung, und jeder erwachsene Mensch muß darauf hinarbeiten, dieses Ziel zu erreichen. Davon ausgehend ist die Dauerhaftigkeit der Ehe also eine biologische Tatsache, das Ergebnis des Erwachsenwerdens und auch ein Beleg für wirkliche Reife.

Man könnte dagegen halten, daß es in der Geschichte Epochen gegeben hat, in denen die Männer mehrere Frauen hatten. Aber diese Form der Ehe ist nie der Normalfall gewesen. Wenn wir uns mit den Gründen für die Vielehe beschäftigen, erkennen wir, daß rein sexuelle Motive, wie beispielsweise die Lust auf Abwechslung, die Bevorzugung junger Frauen usw., nur Nebenfaktoren waren. Die grundlegenden Ursachen waren wirtschaftlicher und gesellschaftlicher Natur. Die ersten Menschen lebten wahrscheinlich in kleinen Gruppen von 10 bis 30 Personen, und um die Fortpflanzung und Vermehrung zu gewährleisten, hatte jeder kräftige Mann mehrere Frauen. Wenn der Mann aber auf die Jagd ging, entfernte er sich oft für längere Zeit von seiner Familie. Seine Frauen blieben dann ohne Schutz und erregten die Aufmerksamkeit anderer Männer. So standen der Wunsch, Fleisch zu bekommen, und die Angewohnheit, einige Frauen um sich zu versammeln und sie eifersüchtig zu bewachen, miteinander im Widerspruch. Auch hier hat der Verstand schließlich das Problem gelöst. Mit den Worten eines Biologen: Die Wahl zwischen einem vollen Magen und einem vollen Haus geht letztendlich zugunsten des vollen Magens und des eigenen Überlebens aus – noch dazu, wo eine ausreichende Anzahl an Geburten und Kindern auch ohne einen Harem möglich ist.

Es ist möglich, daß solcher Druck den wichtigsten gesellschaftlichen Fortschritt bei den Jägern und Sammlern, nämlich das Entstehen der Einehe, der Monogamie, hervorgebracht hat. Sobald die Anzahl der Frauen etwa der der Männer gleicht, entsteht in einer Gesellschaft, in der es üblich ist, mehrere Frauen zu haben, fast immer ein Defizit an Frauen und ständige Konkurrenz unter den Männern. Es ist wohl wahr, daß es ein solches Verhalten unter den einfachen Menschen gegeben hat, aber es ist möglich, daß der Verstand allein in einer Gruppe von Männern keine Zusammenarbeit, die eine Notwendigkeit der Jagdgesellschaft war, erwirken konnte. Sondern im Gegenteil, in der monogamen Gesellschaftsordnung ist eine Frau für die Fortpflanzung und die Erhaltung der Art völlig ausreichend, und kein erwachsener Mann bleibt ohne Ehefrau. Deshalb geht auch die Konkurrenz unter den Männern stark zurück, die Anläße für Streitigkeiten nehmen auf ein Minimum ab, während im gleichen Maße die Bereitschaft zur Zusammenarbeit wächst. Abgesehen davon kann der Mann ohne jede Besorgnis aus sexueller Hinsicht seine Familie allein lassen, denn die Männer in der Nachbarschaft haben auch alle Ehefrauen; und wenn sie auch nicht selbst auf die Jagd gegangen sind, so sind sie doch mit ihrer eigenen Familie beschäftigt, und die Wahrscheinlichkeit, daß sie sich gegenseitig Schwierigkeiten machen, wird wesentlich geringer. Es ist möglich, daß die Einehe die einzig passende gesellschaftliche Einrichtung für die Fortpflanzung und die Jagd gewesen ist.

Danach kam eine Zeit, in der die Menschen andere Formen des Lebens erreichten, und in dieser Zeit entstanden auch andere Formen der Ehe. Viehzüchter brauchen für die Vergrößerung ihres Viehbestandes Menschen, Arbeiter oder Sklaven. Die Herden wuchsen derartig rasch, daß es nie genug Familienmitglieder gab, um sie zu hüten. Deshalb war es bei viehzüchtenden Stämmen zwingend notwendig, mehrere Ehefrauen für die Arbeit zur Verfügung zu haben. Auch in der Landwirtschaft brauchte man zum Kultivieren von brachliegenden Wüsten und Steppen, zum Pflügen, zum Düngen, zum Unkrautjäten, für die Ernte und für andere Arbeiten Arbeiter und Sklaven. So war auch hier die Polygamie üblich. Der wichtigste Grund war die niedrige Bevölkerungszahl. Das folgende Beispiel mag dies verdeutlichen: Vor dem Aufkommen des Islam, in der heidnischen Zeit, war es unter den radikalen und unzivilisierten Arabern üblich, ihre Töchter lebendig zu begraben, deshalb lebten in der islamischen Frühzeit nur 50 000 Menschen auf der arabischen Halbinsel. Die Muslime hatten aber vorgeblich für die Verbreitung des Islam, in Wahrheit aber zur Vergrößerung ihres Herrschaftsbereichs, junge Männer als Krieger nötig. Der Koran, die heilige Schrift der Muslime, hat, um die Bevölkerungszahl ansteigen zu lassen, jedem muslimischen Mann die Erlaubnis gegeben, vier Ehefrauen zu haben, während ein Sklave nicht mehr als zwei Frauen haben durfte. Auf der anderen Seite gab es schon in der Frühzeit im alten Ägypten ein Gesetz, demzufolge Priester nur eine einzige Frau heiraten konnten. Selbst in Ländern, wo die Polygamie durchaus üblich und keine Besonderheit war, konnte sie sich doch nicht weiter durchsetzen und war immer auf bevölkerungsarme Regionen beschränkt. Als dann zusammen mit der Ausbreitung des Christentums die Sklavenhaltung beendet wurde, gewann die Einehe wieder die Oberhand. Aber keiner dieser Faktoren ist wirklich wesentlich, denn man kann dabei zahlreiche Ausnahmen finden – dergestalt, daß die verschiedenen Formen der Ehe unter den verschiedensten wirtschaftlichen Umständen existiert haben und bei gleichen Umständen oft auch Monogamie vorherrschend war. Monogamie ist die weitverbreitetste Form der Ehe, und wir haben sie von unseren Vorfahren geerbt, die alle ihr Leben mehr oder weniger ausschließlich mit einer Frau verbracht haben. Es scheint, als hätte der Mensch sich diese Sitte aus weiter Vergangenheit, seit Tausenden von Jahren vor Entstehung des Nomadentums und der Stammeskultur, erhalten, denn seine genetische Konstitution hat die Monogamie von Anfang an in ihm angelegt.

Wenn man die verschiedenen Formen der Ehe und die Gründe für ihre Verbreitung miteinander vergleicht, werden zwei unbestreitbare Tatsachen deutlich: zum einen, daß Monogamie immer das grundsätzliche Prinzip der Ehe zwischen Menschen war, und zum zweiten, daß man auch in polygamen Gesellschaftsordnungen immer den Hang zur Einehe feststellen kann.

Die Krise der Ehe, die man heutzutage für existent hält, ist in Wahrheit nur das Ergebnis einer viel allgemeineren Krise, die sich aus der Entwertung des Begriffs Menschlichkeit, der Verirrung der Volksseele zum Materialismus und der Zerstörung geistiger Werte zusammensetzt.

*Consortium omnis vitae* – das bedeutet zusammenzusein und sich das ganze Leben zu teilen, gute wie schlechte Tage, was auch immer geschieht. Dies ist eine zentrale Erfahrung des Ehelebens. Nichts verbindet Ehepartner mehr, als zusammen den Schwierigkeiten des Lebens gegenüberzustehen und die täglichen Probleme gemeinsam zu bewältigen. Die Heirat zwischen zwei Menschen bekräftigt, daß zwei Liebende die stille Harmonie und die beständige Melodie des Lebens zu fühlen vermögen. Aus Zuneigung entsteht Vertrautheit, und Vertrautheit wird zur Grundlage, sich gegenseitig vollständig an Körper und Seele kennenzulernen: die Linien des Gesichts, die, je besser sie einem vertraut sind, um so liebenswerter werden; die Frisur, die immer etwas zerzaust aussieht; das Hochziehen der Augenbrauen, eine Bewegung der Hand, die sich im erwarteten Moment beobachten läßt – all dies vollzieht sich immer auf die gleiche Weise und erscheint doch jedesmal neu. Es ist wie bei einem Amateur im Bergsteigen, der immer nach neuen Erfahrungen strebt, weil er die Schönheit der Berge liebtund für den jede Besteigung eine neue Anstrengung, einen neuen Sieg oder eine Niederlage bedeutet. Ein wahrer Bergliebhaber dagegen erfreut sich an der unveränderlichen Einförmigkeit des Ausblicks, den er so gut kennt, an der ihm so vertrauten Kette der Felswände, die sich im Himmel widerspiegeln. Weil er sich in die Ruhe und den Frieden dieses Abbilds der Unendlichkeit versenkt, scheint für ihn die Zeit still zu stehen, und dieses Gefühl der Vertrautheit mit der Natur schenkt ihm Freude und Ruhe.

Nur die Sexualität kann in ihrer Bedeutung das alltägliche Zusammenleben noch übertreffen. Sex ist die innigste Verkörperung und das hellste Strahlen der Verbindung zwischen Mann und Frau: In der Stille der Nacht und in der Selbstvergessenheit der körperlichen Vereinigung versinken beide in der tiefsten und reinsten Quelle des Lebens und werden eins. Ein Mann und eine Frau, die keinen Geschlechtsverkehr miteinander haben, sind vielleicht alles mögliche, aber sie sind nicht wahrhaft verheiratet. Sexualität erzeugt die größtmögliche Art von Nähe.

Bei einer anderen Form der Ehe wiederherum lassen sich Mann und Frau gegenseitig völlige Freiheit, darunter auch die Freiheit, sexuelle Beziehungen mit anderen Partnern einzugehen. Es ist höchst verwunderlich, daß diese Art von Beziehung dem naiven Betrachter meist als besonders glückverheißende Ehe erscheint. In solchen Fällen kommen dem Paar häufig Freundlichkeit, Achtung und gegenseitige Rücksichtnahme zur Hilfe und ersetzen die sexuelle Beziehung. So erhält sich auch ohne Sex eine in vieler Hinsicht ausreichende, nahezu vollständige Harmonie – aber natürlich nur solange sich beide Seiten an ihre Abmachung halten und ihre sexuelle Befriedigung anderswo suchen. Solche Ehen sind aber eher vertragliche Verbindungen zwischen Freunden und können so natürlich auch keine richtigen Ehen im wahrsten Sinne des Wortes sein.

Meiner Meinung nach ist die Ehe die einzige Verbindung, in der pflichtgemäße und persönliche Beziehungen so miteinander verflochten sind, daß die einen ohne die anderen bedeutungslos werden.

Die meisten Leute glauben, daß die Institution der Ehe wie viele andere Sitten und gesellschaftliche Regelungen heute von einer Krise bedroht ist. Tatsache ist aber, daß die Krise der Ehe nur eine Reaktion auf viel grundlegendere Probleme ist: eine Reaktion auf die Krise des gesamten heutigen Lebens der Menschen.

Alle Philosophen, Historiker und Psychologen, die sich mit diesem Problem beschäftigen, stimmen darin überein, daß der heutige Mensch verloren und heimatlos ist in einer Welt, in der zwar sein Leben erweitert und verlängert ist, er selbst aber, nach den Worten von Pascal, nicht mehr als ein »Denker« ist. Der Glaube ist einem leeren Rationalismus gewichen, religiöse Werte sind durch Habsucht ersetzt worden, der Stolz auf die eigene Arbeit durch Profitgier. Die alten Traditionen haben aufgrund der historischen Kritik keinen Wert mehr, und die gesellschaftlichen Übereinkünfte sind nach Meinung der meisten Menschen nichts als lächerlich. Da all diese Werte, die heute ihre Bedeutung verlieren, die Basis der Ehe bilden, ist es nur natürlich, daß auch das Heiraten vom Aussterben bedroht ist. Welchen Sinn haben also die Bemühungen, etwas zu erhalten, das zweifellos nicht mehr mit unserem Leben in Übereinstimmung steht? Die Antwort liegt in der persönlichen Lebensphilosophie, die jeder für sich selbst findet. Wenn jemand davon überzeugt ist, daß sich die westliche Welt im Zerfall befindet, hat natürlich auch die Erhaltung ihrer geheiligten Wertmaßstäbe keinen Sinn. Da man den Lauf der Geschichte aber nicht sicher voraussehen kann, kann die Erhaltung dessen, was in der Vergangenheit die Natur des Menschen entscheidend geprägt hat, vielleicht doch von Wert sein. Das folgende Ergebnis drängt sich untrüglich auf: Solange das Leben nicht neu gestaltet ist und ihm andere Wertmaßstäbe gegeben wurden, dürfen wir keine Neuordnung der Ehe zu einer anderen Form des Zusammenlebens erwarten. Dies wird wohl seine Zeit brauchen.

Ein großes Erwachen hat auf der ganzen Welt begonnen, und wir können sagen, daß wir in einer zweiten Periode der Aufklärung leben. Dieses Erwachen des einzelnen hat sowohl in guter als auch in schlechter Hinsicht viele gesellschaftliche Werte und Institutionen umgestürzt; die Frauen haben ihre gitterlosen Gefängnisse niedergetrampelt und deren Tore geöffnet. Die Werteordnung und die Institutionen, die der Stolz ihrer Zeit gewesen sind, sind zerstört, und auch die Ehe steht in der Gefahr, den Ereignissen geopfert zu werden. Tatsächlich muß dies aber nicht zwingend eintreten, denn das, was wirklich nötig gebraucht wird, ist nichts anderes als eine Reform innerhalb der Institution der Ehe und ein größerer Spielraum für die Frauen, damit sie die neue Rolle, die sie in der Gesellschaft gefunden haben, ausleben können. Keine jener Neuregelungen muß in das Fundament der Institution Ehe eingreifen. Diese geschichtliche und gesellschaftliche Grundlage wird in den Männern ein neues Denken hervorbringen, das mit den Veränderungen im Einklang steht. Nach Forschungsergebnissen der Psychologie ist einer der Hauptgründe für die Krise der Ehe folgender: unzureichende moralische Stärke bei der Übernahme von Verantwortung, die sich bei Eintritt in das Eheleben zeigt.

Glücklicherweise lösen sich die Hauptprobleme des Lebens meist von selbst, wenn sich die Zustände, die diese Probleme hervorgebracht haben, im Laufe der Geschichte verändern. Was wir leisten können und auch müssen, ist, das Leben in dieser Phase des Umbruchs erträglich zu gestalten. Und genauso, wie das Recht, sich ihren Partner auszusuchen, den Frauen gegeben wurde, müssen wir ihnen auch unter bestimmten Bedingungen das Recht auf Scheidung zugestehen.

Scheidung ist keine Entdeckung der Neuzeit – sie war bei vielen archaischen Völkern bekannt. Bei vielen anderen Völkern wurde die Ehe nicht zwangsläufig bis zum Ende des Lebens geschlossen und wird es auch heute nicht. Die Politiker setzen sich mit aller Kraft dafür ein, die Scheidung mehr und mehr zum Schutz der Kinder zu kontrollieren. Die Gründe aber, warum Staaten die Scheidung unter Kontrolle haben wollen, sind doch in erster Linie wirtschaftlicher Natur, und erst auf der höchsten Stufe der Zivilisation sind es Gründe, die dem täglich wachsenden ethischen Bewußtsein entspringen. Es soll nicht verborgen bleiben, daß in allen Ländern die Gesetzgebung zur Scheidungsfrage die bei weitem schlechteste ist und vollständig dem Naturrecht zuwider läuft. Keine der beiden Institutionen Staat und Kirche beschäftigt sich je mit dem Gedanken, überhaupt festzustellen, wer da wen heiraten will. Sie heiligen eine Verbindung, obwohl beide Partner vielleicht in jeder Hinsicht dafür ungeeignet sind. Selbst wenn jemand in ein fremdes Land auswandern will, wird ihm nur dann ein Visum erteilt, wenn über den körperlichen und geistigen Zustand sowie über die Moral des Bewerbers genaue Erkundigungen eingezogen wurden. Demgegenüber stehen die Türen der Kirchen und Standesämter jedem offen. Aber sobald zwei Menschen geheiratet haben und ihren Irrtum erkennen, sehen sie, daß sich die Tür hinter ihnen geschlossen hat und sie auf ewig gefangen sind.

Die gesetzliche Lösung hat in Wirklichkeit nicht nur die Aufgabe, eine moralische Fassade für die Gesellschaft aufzubauen, sondern sie versucht auch, die Gesellschaft um jeden Preis in der Art, wie sie war, zu erhalten. Und das, obwohl die Ehepaare, die nur unter Zwang in den Fesseln ihrer Ehe bleiben, und die ungewollten Kinder, die in eine feindselige Umgebung hineingeboren werden, die geistige Gesundheit der Gesellschaft aufs Höchste in Gefahr bringen. So werden schließlich die

Steuereinnahmen einer Gesellschaft dafür eingesetzt, weil die Jugend auf die falsche Bahn gerät.

Hier eine Geschichte, die ich selbst aus der Nähe erlebt habe: Vor einigen Jahren trennte sich eine deutsche Frau von ihrem iranischen Ehemann, und das Gericht sprach ihr den achtjährigen Sohn zu. Nach zwei Wochen aber ging der Junge zurück zu seinem Vater. Die Mutter holte ihr Kind mit Hilfe der Polizei wieder zu sich. Bevor er das nächste Mal wieder zu seinem Vater lief, ging der Junge diesmal zur Polizei und sagte: »Ich will zu meinem Vater, und wenn ihr mich noch einmal zu meiner Mutter zurückschicken wollt, stürze ich mich aus dem 4. Stock seines Hauses aus dem Fenster.« Die Polizei legte den Sachverhalt dem Gericht vor und bat um Weisung. Das Gericht betraute einen Sozialarbeiter mit der Angelegenheit. Dieser fragte die Mutter: »Was haben Sie getan, daß das Kind vor Ihnen wegläuft?« Sie antwortete: »Ich liebe meinen Sohn, aber er liebt mich nicht, er flieht vor mir.«

Der Sozialarbeiter befragte dann den Vater: »Was haben Sie getan, daß der Junge nicht bei seiner Mutter bleibt, sondern immer zu Ihnen läuft?« Der Vater beharrte darauf, daß sein Verhalten ganz normal sei und auch er sich das Weglaufen des Jungen von seiner Mutter nicht erklären könnte. Schließlich gab man den Jungen dem Vater.

Ist es nicht verwunderlich, daß weder das Gericht noch die Polizei den Grund für das Weglaufen des Jungen begriffen haben? Da der Junge seiner Mutter so sehr ähnlich war, konnte er sie nicht lieben, dagegen war er in seinen Vater geradezu vernarrt. Könnte es daran liegen, daß niemand einen Menschen lieben kann, der ihm zu sehr ähnelt?

Wenn wir uns jetzt den noch unbekannten, aber sehr bedeutenden Gründen für das Scheitern einer Ehe zuwenden, müssen wir zu allererst als wichtigsten die Unreife nennen – was bedeutet, daß einer der Partner oder auch beide noch nicht zu einer Ehe fähig sind. Wir möchten hier zeigen, daß die Ehe eine Art Vollkommenheit darstellt, die nur dann erreicht werden kann, wenn der Mensch auf einer Entwicklungsstufe angelangt ist, die ihn befähigt, sich ein dauerhaftes Ziel zu geben. Dies erfordert aber umfassende geistige Reife.

Heirat in jugendlichem Alter sollte rigoros verboten werden, denn sie birgt immer den Keim des Irrtums und des Scheiterns in sich. Frühe Heiraten müssen nicht deshalb verhindert werden, weil sich unsere wirtschaftliche Lage verkompliziert hat, sondern deshalb, weil wir selbst komplizierter geworden sind. Die Gesellschaftsordnung, in der wir leben, hat in psychologischer wie auch in soziologischer Hinsicht auf uns Einfluß genommen, weshalb wir geistige Reife viel später als körperliche erreichen. Darin liegt das ganze Geheimnis.

Die größere Gefahr geht demnach von Eheschließungen in zu jungem Alter aus. Junge Leute befinden sich in einem Verpuppungsstadium, wo selbst ein Insektenkundler nicht wissen kann, welche Art Schmetterling dabei herauskommt. Oft schon habe ich Frauen seufzen hören und sagen: »Das ist nicht mehr der Mann, den ich geheiratet habe.«

Dies kann ein derart großes Problem werden, daß sich daraus jeder Ehezwist leicht erklären läßt: Eine Frau kann sich in einen Mann verlieben; es kann sein, daß sie all seine Eigenschaften wunderbar findet, sie aber trotzdem nicht mit ihm als Ehemann zusammenleben kann, denn sein nervöser, sprich nicht gefestigter, Charakter macht den Mann mehr oder weniger ungeeignet für eine Ehe. Die Erfahrung bestätigt, daß die Nähe in einer Ehe dazu führt, alle Wutausbrüche einfach so herauszulassen, und es an Nachsicht gegenüber dem Partner fehlt, wobei die Scheidung oft auf wundersame Weise die alte Leidenschaft in Mann und Frau wiederaufleben läßt und sie so wieder gute Freunde werden, manchmal sogar eine neue intime Beziehung beginnen. Meiner Meinung nach kann so etwas nur dann geschehen, wenn die Heirat niemals eine wirkliche Heirat war. Denn der Schmerz und die Verzweiflung, die eine solch fundamentale Niederlage, nämlich eine geschiedene Ehe, bedeutet, würde zwangsläufig jeden weiteren Kontakt unmöglich machen. Darüber hinaus ist dieser Wunsch und diese Fähigkeit, sich auf einer niedrigeren Ebene wieder zu binden, nachdem man auf höherer Ebene gescheitert ist, nur ein Beweis dafür, daß die Beteiligten noch nicht zur Vollkommenheit gelangt sind und so auch ihre Beziehung unvollkommen ist. Wenn eine Ehe geschieden wurde, kann man nicht mit dem Menschen, mit dem man eine Zeit lang sein Leben geteilt hat, wieder eine intime Beziehung beginnen; wenn eine intime Beziehung zu Ende gegangen ist, kann man sie nicht durch eine »einfache Freundschaft« ersetzen; und jemand, mit dem man einmal befreundet war, kann nicht zu einem bloßen Bekannten werden. Was hat eine Frau einmal zu mir gesagt: »Sichbegnügen ist nichts weiter als Hinterlist und Betrug.« Das ist absolut richtig, wenn man einmal der Teil eines Ganzen gewesen ist ...

Was ist das also, das die Ehe eines nervösen Menschen zum Scheitern verurteilt? Wir erinnern uns an die grundsätzlichen Mängel eines solchen Menschen: Er erreicht nie vollständige Reife; er fürchtet sich vor dauerhaften Beziehungen und sucht sie zu vermeiden; er begreift nie die ganze Bedeutung von Sexualität und er kann keine Verantwortung übernehmen. Da wir sicher wissen, daß diese vier Dinge das Fundament für eine Ehe bilden, müssen wir grundsätzlich auch zugeben, daß nervöse Menschen nicht zu einer Heirat fähig sind. Ein allgemeines Kennzeichen für diese vier Mängel ist fehlendes Selbstvertrauen. Ein Mensch muß über große Selbstsicherheit verfügen, um ruhigen Sinns den größten Herausforderungen des Lebens gegenüberzutreten – sich selbst für einen anderen aufgeben zu können, ohne eine vollkommene Partnerschaft mit Sklaverei zu verwechseln. Es liegt in seiner falschen Selbsteinschätzung begründet, daß ein nervöser Mensch immer nur auf seinen eigenen Ruf bedacht ist und versucht, sich besser darzustellen, indem er andere schlecht macht.

Es gibt für viele Männer noch ein weiteres Problem bei der Ehe, nämlich wenn ihre Frauen berufstätig sind. Sofern diese gehobene Berufe wie Ärztin, Journalistin, Künstlerin, Juristin oder ähnliches ausüben, ist es wahrscheinlich, daß sie einen Teil ihrer Persönlichkeit mit in diese Tätigkeit einbringen, was nach Ansicht der Ehemänner bedeutet, daß die Frauen ihre Liebe zwischen ihrem Beruf und ihrem Ehepartner aufteilen. Es ist mir bis jetzt noch nicht ganz klar geworden, ob dies wirklich ein unvermeidliches Problem in einer Ehe sein muß. Selbst bei einer kurzen Stichprobe wird deutlich, daß die Beschwerden der Männer in dieser Angelegenheit meist dadurch entstehen, daß sie ihre überkommenen Vorstellungen vom Mann als Brötchenverdiener und der treusorgenden Hausfrau nicht neu überdenken wollen. Der Mann hält es für selbstverständlich, daß seine Frau immer geduldig warten muß, bis er nach Hause kommt. Er erwartet, daß, wenn er betrübt ist, seine Frau völlig mit ihm fühlt und gehorsam seine Müdigkeit und Erschöpftheit respektiert. Er selbst ist aber nicht dazu bereit, für seine Frau das gleiche zu tun. Und schlimmer noch, er kann nicht begreifen, daß es nur die äußerlichen Seiten des Charakters seiner Frau sind, die der Arbeitswelt gehören. Da er darunter leidet, daß er in dieser Situation seine Frau nicht mehr völlig »besitzen« kann, ist er nicht fähig, die viel wichtigere Tatsache zu erkennen, daß das innerste Wesen seiner Frau nur ihr gehört und keinem anderen. Statt stolz darauf zu sein, solch eine tüchtige Frau zu haben, leidet er unter ihrem Erfolg und ihrer Berühmtheit.

Die Erfahrung zeigt, daß die meisten der besonders erfolgreich berufstätigen Frauen in ihrer Ehe und als Mutter genauso erfolgreich sind. Gleichwohl ist es eine der schwierigsten Aufgaben im Leben, der Ehemann einer erfolgreichen Frau zu sein.

Die veränderte gesellschaftliche Stellung der Frau kann nicht an sich der Grund für die Krise der Ehe sein, sondern sie entlarvt nur die konservativen Vorstellungen und das künstliche Glück von Ehen, die auf Grund von äußerlichen Leidenschaften geschlossen wurden und auf keiner wirklichen Verbundenheit beruhen.

## Aspekte zur Sittlichkeit

Die Rolle von Tugend und Keuschheit im Verlauf der Geschichte ist beachtenswert. Seit längst vergangenen Epochen wurde alles, was mit Sexualität zusammenhing, geächtet und unterstand größten Beschränkungen. Durch alle Zeiten hatten Keuschheit und Tugend einen besonderen Wert, und »verbotene Liebe« war die gesamte Geschichte hindurch etwas Tadelnswertes. Dies ist eins der kleineren, aber doch grundsätzlichen Probleme, auf das, soweit wir wissen, bis heute noch keine befriedigende Antwort gefunden wurde. In erster Linie ist aber die Tatsache bemerkenswert, daß die Ehe immer und überall selbstverständlich für eine Stufe gehalten wurde, die jeder junge Mensch einmal erreichen mußte – aber natürlich erst dann, wenn es sein körperlicher Entwicklungszustand erlaubte. Ein hebräisches Sprichwort sagt: »Wer keine Frau hat, ist kein Mann.« Diese richtige Empfindung eint die gesamte Menschheit. Aber auf der ganzen Welt und durch alle Zeiten war auch der Gedanke verbreitet, daß jemand, der sein Leben Gott widmen will – gleichgültig, ob ein Mann oder eine Frau – ledig bleiben muß. Es gibt keine dümmere Annahme, als daß Liebe und Ehe den Menschen davon abhalten würden, zu Höherem zu gelangen. Im Gegenteil, körperliche und geistige Ausgeglichenheit, Spiritualität, gefühlsmäßige Erleuchtung und innere Aufmerksamkeit, die eine glückliche Liebe zu schaffen vermag, gehören zu den Grundbedürfnissen des Menschen. Daß es hier, wie bei anderen Sachverhalten auch, Ausnahmen von der Regel gibt, braucht uns nicht zu erstaunen.

Eine weitere sittliche Vorstellung besteht bis heute: Niemand hat das Recht, und man darf ihm auch nicht die Erlaubnis dazu geben, sich an der Erziehung der Menschheit zu beteiligen, wenn er selbst kein normales Sexualleben hat. Man muß das, was man anderen abverlangt, selbst erprobt haben; und jemand, der in seinem ganzen Leben keine Trauben gekostet hat, kann auch nicht ihre Süße beurteilen. Unwissenheit, Schmerz, Zorn, Unfähigkeit oder Frömmigkeit sind schlechte Berater.

Die größte sittliche Beschränkung erfährt der Mensch zu den Zeiten, in denen die absolute Herrschaft bei der Kirche liegt. Die Renaissance und die Reformen nach den ersten Aufständen richteten sich gegen diese Einschränkungen. Im 17. Jahrhundert, also im Zeitalter des Absolutismus, entstand eine andere Bewegung. Die Französische Revolution zerbrach die Ketten in politischer Hinsicht, während die Fesseln im Bereich der sittlichen Beschränkungen durch die persönliche oder die gesellschaftliche Moral (Institutionalismus) und das Beharren auf Konventionen (Konventionalismus) bis zur zweiten Hälfte des letzten Jahrhunderts Fortbestand hatten. Erst die beiden letzten Weltkriege zerrissen auch diese und vernichteten sie. Sollte man dies nun »Fortschritt« und »Sieg der Freiheit« nennen, oder doch besser »Verfall der Lebensordnung«? Die Moral, der persönliche Geschmack und die Geschichtsphilosophie, die jeder einzelne für sich selbst definiert, können die Antwort auf diese Frage liefern. Heute aber steht der Mensch allein und erfährt keine Unterstützung mehr durch seinen Glauben und seine Wertvorstellungen. Er trägt die gesamte Verantwortung für all seine Handlungen. So kann man sich die Frage stellen, ob er dieser Verantwortung überhaupt gewachsen ist.

Auf sexuellem Gebiet hat der Mensch aber zweifellos wahre Freiheit erlangt. Augenscheinlich ist dagegen der offenkundigen Tatsache noch nicht genug Rechnung getragen worden, daß sich im 17. und 18. Jahrhundert, in der Epoche der Etablierung der bürgerlichen Moral, die sexuelle Moral auf niedrigstem Niveau befand – als hätten die Menschen die Sexualität als Ventil benötigt, um sich von der starken gefühlsmäßigen Spannung zu befreien, die aus dem Druck in anderen Lebensbereichen entstand. In unserer Zeit ist dieser Druck im großen und ganzen verschwunden – ebenso wie die Romantik und die künstliche Empfindsamkeit zusammen mit den Korsetts und den Liebesbriefen verschwunden sind. Männer und Frauen sind verständiger geworden und kennen einander besser. Diese neugewonnene Freiheit wird natürlich in grausamer Weise mißbraucht, aber deshalb kann die Tatsache nicht geleugnet werden, daß es wahre Freiheit ist und nicht Unzucht und Lasterhaftigkeit. Die verschwundenen Fesseln von Stammestabus, von religiösen und traditionellen Verboten aus grauer Vorzeit sind heute durch etwas ersetzt, was wir grundsätzliche Moral nennen können – etwas, was von Vernunft und Anstand gestützt wird und sich im stabilen und unvergleichlichen Mauerwerk einer Ehe manifestiert.

Es zeugt von einem völlig falschen Verständnis von Geschichte, wenn man sagt, die Überbetonung des Verstandes in den letzten drei Jahrhunderten hätte zu einer Schwächung des Glaubens geführt. Beide Kräfte können in Harmonie nebeneinander existieren, und die Wissenschaftler und Gelehrten des 16. und 17. Jahrhunderts haben in angemessener Weise bewiesen, daß »Glauben Berge versetzt«, während der reine Verstand dies niemals vermag, der Verstand aber auf der anderen Seite in der Lage ist, Einzelheiten und Gesetzmäßigkeiten zu enthüllen, die dem Glauben unverständlich sind. Bewiesene Tatsachen und wissenschaftliche Enthüllungen lassen den Glauben nicht seine Autorität verlieren, bestätigen diese aber auch nicht. Für einen Geschichtsstudenten mag es große Bedeutung haben, die Historizität einer Person oder eines Schriftstücks absichern zu können, während sich ein Gläubiger überhaupt nicht für dererlei interessiert, denn er weiß selbst, daß etwas nicht der objektiven Wahrheit entsprechen, aber trotzdem eine abstrakte Wahrheit enthalten kann.

## Die Kindheit

Simone de Beauvoir schreibt in ihrem Buch *Das zweite Geschlecht* über die Zeit der Kindheit: »Man wird nicht als Frau geboren, sondern zu einer Frau gemacht. Keine biologische, psychologische oder wirtschaftliche Vorherbestimmung bekräftigt die Physiognomie, die die Frau im Herzen der Gesellschaft annimmt. Das Kind kann, für sich selbst genommen, keinen Geschlechtsunterschied zwischen sich und anderen wahrnehmen. Der Körper ist in erster Linie ein Aufblitzen des Geistes, ein Mittel, um die Welt zu erfahren: Sie erfahren die Welt durch die Augen und Hände, nicht durch die Geschlechtsorgane. Das schmerzvolle Erlebnis der Geburt, das schmerzvolle Erlebnis, abgestillt zu werden, ereignet sich für Säuglinge beiderlei Geschlechts auf die gleiche Weise; sie haben die gleichen Bedürfnisse und Freuden. Am Anfang ist Saugen für sie die Quelle lustvollster Gefühle; danach durchleben sie die Analphase, in der die größte Befriedigung, die ihnen allen gemeinsam ist, darin besteht, Stuhlgang zu haben. Ihre geschlechtliche Entwicklung verläuft ebenfalls ähnlich: Sie untersuchen ihren Körper mit der gleichen Neugier und der gleichen Unachtsamkeit; sie erfahren von Penis und Klitoris den gleichen unbestimmten Genuß. Wenn ihre Gefühle sich ein äußeres Objekt suchen, dann richten sie sie auf die Mutter – das Mädchen genauso wie der Junge umarmt die Mutter heftig, berührt und streichelt sie. Bis zum zwölften Lebensjahr ist ein Mädchen genauso stark wie sein Bruder und zeigt auch die gleichen geistigen Fähigkeiten. Es gibt keine Einschränkungen, die ihr eine Konkurrenz mit ihnen verbieten würden. Wenn das Mädchen aber, viel früher als in der Pubertät, manchmal sogar in ganz kindlichem Alter, für uns schon geschlechtlich differenziert erscheint, liegt es nicht daran, daß rätselhafte Triebe ihr sofort Bescheidenheit, Charme und Mütterlichkeit zuweisen. Vielmehr sind fast von Anbeginn an Einmischungen von außen in das Leben des Kindes zu beobachten, und schon in seinen ersten Lebensjahren werden bestimmte Begabungen zwangsläufig in ihm entfacht.

In den ersten drei bis vier Lebensjahren gibt es keinen Unterschied im Verhalten von Mädchen und Jungen; sie bemühen sich beide nur darum, den glücklichen Zustand, bevor sie abgestillt wurden, möglichst ungetrübt fortzusetzen. Sowohl bei den einen als auch bei den anderen kann man in gleichem Maße Ziererei und kokette Verhaltensweisen erleben: Jungen möchten im gleichen Maße wie ihre Schwestern gelobt werden, ein Lächeln erringen und Anerkennung finden.

Aber besonders den Jungen werden langsam und allmählich Küsse und Zärtlichkeiten entzogen, während man den Mädchen weiterhin schmeichelt. Ihnen ist es erlaubt, am Rockzipfel ihrer Mutter zu hängen. Der Vater setzt sie auf seine Knie und streicht ihnen übers Haar. Man zieht ihnen Kleider an, so weich wie Streicheleinheiten, und duldet ihre Tränen und Launen. Körperliche Berührungen und zärtliche Blicke beschützen sie vor der Angst des Alleinseins. Im Gegensatz dazu werden den Jungen Koketterie und Schmeichelei verboten, von ihren Späßen fühlen sich die Erwachsenen belästigt. Man sagt zu dem Jungen: 'Ein Mann verlangt nicht, daß man ihn küßt – ein Mann schaut sich nicht im Spiegel an – ein Mann weint nicht.' Man fordert ihn auf, sich wie ein 'Erwachsener' zu benehmen. Dadurch, daß er zu den Erwachsenen Abstand hält, wird er von ihnen anerkannt. Wenn er sich bemüht, nicht zu gefallen, dann wird er gelobt.

Viele kleine Jungen wünschen sich aus Angst vor der Unabhängigkeit, zu der man sie verdammt, sehnlichst ein Mädchen zu sein. In den Zeiten, als man sie anfänglich noch wie Mädchen anzog, haben sie oft nur unter Tränen das lange Kleid gegen die Hose eingetauscht, wie sie auch heulten, wenn man ihre langen Locken abschnitt.«

Manche Jungen wählten beharrlich die Weiblichkeit, und dies ist eine Art Hinneigung zur Homosexualität. *Morris Sasch* erzählt: »Ich habe mir so sehr gewünscht, ein Mädchen zu sein, und die mir unbewußte Würde der Männlichkeit soweit von mir ferngehalten, daß ich darauf beharrte, im Sitzen zu urinieren.« Wenn es aber auch dem Jungen so scheint, daß er weniger Zuwendung als seine Schwester erfährt, so doch nur deshalb, weil man Großes mit ihm vorhat. Die Erwartungen, die schwer auf dem Jungen lasten, bedeuten auch eine plötzliche Aufwertung für ihn. Es scheint ihm, als ob die Form der Kinderkleider für die Psychologie der

Frau im allgemeinen größere Bedeutung hätte.

Für Mädchen, die auf natürliche Art erzogen wurden, ist das Privileg der Jungen, im Stehen urinieren zu können, ein viel zu abseitiges Problem, als daß es unmittelbar ein Gefühl der Minderwertigkeit hervorrufen könnte. *Adler* hat recht, wenn er auf der Tatsache beharrt, daß es nur die Aufwertung durch die Eltern und das übrige Umfeld ist, die dem Jungen diese Autorität gibt, die sich dann für das Mädchen im männlichen Geschlechtsteil und seiner Symbolik manifestiert. Ihr kleiner Bruder wird als der Überlegenere angesehen. Der Junge selbst wird aufgrund seines Mannseins zu Stolz und Überheblichkeit gezwungen. Das Mädchen blickt dann zu seinem Bruder auf und fühlt sich selbst abgewertet.

Es singt für seine Puppe Schlaflieder, wie sie sich wünscht, daß man für sie Schlaflieder singt, und zieht sie so an, wie sie in ihren Träumen selbst angezogen sein möchte.

Wenn das männliche Geschlechtsorgan für einen Jungen, der über acht bis neun Jahre alt ist, seinen Wert behält, dann liegt der Grund darin, daß es zu einem Symbol für die Männlichkeit geworden ist, das aus gesellschaftlicher Sicht Wert erhalten hat. Tatsächlich ist der Einfluß von Erziehung und Umfeld in diesem Bereich sehr groß.

So wird die Passivität, die die Frau überhaupt erst als Frau erkennbar macht, schon in den ersten Jahren ihres Lebens angelegt. Aber es ist falsch, darauf zu beharren, daß dies ein biologisches Grundprinzip ist. In Wirklichkeit ist es eine Prägung, die der Frau durch die Gesellschaft und ihre Erzieher aufgezwungenen worden ist. Das große Glück des kleinen Jungen liegt darin, daß die Art, wie er in den Augen anderer erscheint, ihn dazu anregt, sich selbst ebenso zu sehen. Er empfindet die Lehrjahre in seinem Leben als eine Art freie Entfaltung in Richtung auf die Welt. Er erprobt seine Grobheit und Unabhängigkeit im Wettstreit mit den anderen Jungen und verachtet und erniedrigt die kleinen Mädchen. Ob er auf einen Baum klettert, sich mit seinen Freunden streitet, sich in wilden Spielen mit ihnen mißt, immer empfindet er seinen Körper als ein Mittel, die Natur zu beherrschen und zu kämpfen. Seine Muskeln erfüllen ihn genauso mit Stolz, wie es auch sein männliches Geschlechtsorgan tut. Im Sport, bei Wettkämpfen, im Streit, in der Erprobung lernt er, seine Kräfte ausgewogen einzusetzen. Dabei lernt er auch die schwierige Lektion der Grausamkeit; er erfährt, wie es ist, verprügelt zu werden, den Schmerz hinunterzuschlucken und die Tränen seiner ersten Kindheitsjahre zu verleugnen. Er ergreift die Initiative und bekommt Mut. Er fühlt sich endlich auch noch als ein »anderer«, er hinterfragt seine eigene Männlichkeit, und dadurch entstehen in seiner Beziehung zu den Erwachsenen und zu seinen Kameraden einige Schwierigkeiten.

Er begreift, daß er, um Gefallen zu finden, auch selbst versuchen muß zu gefallen; er muß sich zu einer Sache machen, das heißt also auf einen Teil seiner Unabhängigkeit verzichten. Man behandelt ihn wie eine lebendige Puppe, und seine Freiheit wird eingeschränkt. So entsteht ein Kreislauf, denn je weniger er seine Freiheit dazu nutzt, die Welt, die ihn umgibt, zu verstehen und zu entdecken, desto weniger wird er auch in ihr Halt finden und den Mut haben, selbst aktiv einzugreifen. Wenn man ihn aber an dieser Stelle ermuntert, wird er eben jene lebhafte Ausdauer, jene Neugier, jene Eigeninitiative und besondere Kühnheit zeigen, die Jungen zueigen sind. Manchmal, wenn er gelernt hat, was es bedeutet, ein Mann zu sein, wird es sich so entwickeln, und damit werden viele seiner Probleme gelöst.

Es ist interessant zu beobachten, daß Väter dies meist ebenfalls ihren Töchtern lehren. Frauen, die unter Männern aufgewachsen sind, sind oft frei von vielen typisch weiblichen Fehlern. Die Sitten und Traditionen stehen aber dem entgegen, das Mädchen und Jungen völlig gleich behandelt werden. In einem kleinen Dorf habe ich drei- bis vierjährige Mädchen beobachtet, deren Väter ihnen kurze Hosen angezogen hatten. Die anderen Kinder haben sie gehänselt: »Seid ihr Mädchen oder Jungen?« und bestanden darauf, den Unterschied mit eigenen Augen zu begutachten. Es war so schlimm, daß die Mädchen darauf beharrten, lange Kleider anzuziehen. Wenn die Eltern ihren Töchtern erlauben, sich wie Jungen zu benehmen, wird ihre Umgebung, werden ihre Freunde und Lehrer Schaden davon tragen – es sei denn, das Leben dieser Mädchen soll völlig abgeschieden verlaufen. Es werden aber immer Tanten, Cousinen und Großmütter um sie herum sein, die den väterlichen Einfluß ausgleichen. Unter normalen Umständen ist die Rolle, die dem Vater bei der Erziehung seiner Tochter zugedacht ist, nur die zweitwichtigste. Ein Fluch, der die Frau ein Leben lang verfolgen kann, ist – wie *Maschile* zurecht bemerkt -, daß sie in ihrer Kindheit den Frauen ausgeliefert war. Auch ein Junge wird zunächst von seiner Mutter erzogen; aber die Mutter achtet seine Männlichkeit, und der Junge selbst macht sich sehr früh von ihr frei, während sie bei einem Mädchen danach strebt, sie zu einem Teil ihrer eigenen weiblichen Welt zu machen.

Wir werden später sehen, wie kompliziert das Verhältnis zwischen Mutter und Tochter ist: Die Tochter ist für die Mutter gleichzeitig ein Teil ihrer selbst und doch ein anderer Mensch; sie liebt sie auf eine gebieterische Art und ist doch zugleich ihre Gegnerin. Sie zwingt ihr ihr eigenes Schicksal auf. Dieser hochmütige Wunsch entspringt ihrem eigenen Frausein und doch auch dem Verlangen nach Rache.

Ein ähnliches Verhalten läßt sich auch bei Homosexuellen, Spielsüchtigen, Drogenabhängigen, überhaupt bei allen Menschen feststellen, die auf der einen Seite stolz sind, einer Außenseitergruppe anzugehören, sich aber auf der anderen Seite auch deswegen schämen: Sie versuchen mit aller Macht, Verbündete zu finden. So versuchen auch Frauen, wenn ihnen ein kleines Mädchen anvertraut wurde, mit all der Kraft, die sich aus Anmaßung und Rachegelüsten zusammensetzt, dieses Kind zu einer Frau zu machen, wie sie selbst eine sind. Die Mutter glaubt in ihren ehrlichen Bemühungen um das Wohl ihrer Tochter normalerweise sogar, es sei eine Vorsichtsmaßnahme, aus ihr eine »richtige Frau« zu machen, da die Gesellschaft sie so am leichtesten akzeptieren wird. Deshalb bietet sie ihr andere Mädchen als Freundinnen an und schickt sie zu weiblichen Lehrerinnen. Das Mädchen verbringt seine Tage wie zu Zeiten des Harems unter lauter älteren Frauen. Bücher und Spiele werden so für sie ausgewählt, daß sie sie in ihr Schicksal einführen. Man flüstert ihr den Schatz weiblicher Weisheit ein und stellt ihr das ganze Wissen einer Frau zur Verfügung: Sie lernt kochen, nähen und einen Haushalt zu führen, zusammen mit den Fähigkeiten, sich zu schminken, anziehend und dabei gleichzeitig bescheiden zu sein. Man zieht ihr teure und unbequeme Kleidung an, auf die sie gut aufpassen muß; man frisiert ihr die Haare auf umständliche Weise und zwingt ihr bestimmte Regeln auf, wie sie sich zu verhalten und auszusehen hat: »Halte dich gerade! Watschle nicht wie eine Ente!« Um anmutig auszusehen, muß sie ihre natürlichen Bewegungen unterdrücken. Man fordert sie auf, nicht das rüpelhafte Verhalten von Jungen anzunehmen. Starke sportliche Betätigung ist für sie verboten, ebenso auch sich zu streiten oder zu prügeln. Im großen und ganzen zwingt man sie also dazu, so zu werden wie die erwachsenen Frauen: eine Dienstbotin und eine Götterstatue.

Heutzutage wird es im Zuge der Siege, die auf dem Wege der Gleichberechtigung von Mann und Frau errungen wurden, immer mehr zum Normalfall, Mädchen dazu zu ermuntern, zu studieren und sich im Sport zu engagieren. Trotzdem wird ihr Versagen dabei eher entschuldigt als bei einem Jungen. Erfolg wird ihr schwer gemacht, denn man wünscht sich von ihr eine andere Art von Vollkommenheit: Sie soll stets eine Frau sein und nicht ihre Weiblichkeit verlieren.

Viele kleine Mädchen verstecken ein Kissen unter ihrer Schürze, um

Schwangersein zu spielen, oder sie legen eine Puppe in ihren Rock, tragen sie herum, wiegen sie und stecken ihr einen Schnuller in den Mund. Über die Hoffnung hinaus, daß das Spiel mit der Puppe sie der Unwirklichkeit entreißt, kann ihnen auch das Familienleben die Möglichkeit geben, sich zu entfalten. Ein großer Teil der Hausarbeit kann schon von einem relativ kleinen Mädchen erledigt werden. Normalerweise sind Jungen von diesen Aufgaben befreit, aber ihre Schwestern haben schon früh die Erlaubnis oder werden sogar dazu angehalten, zu fegen, Staub zu wischen, die Betten zu machen, das Baby zu baden oder auf das Essen aufzupassen. Besonders die älteste Tochter ist oft an den Mutterpflichten beteiligt. Sei es aus Bequemlichkeit oder sei es aus Feindschaft und Sadismus, oft überträgt die Mutter ein großes Stück ihrer Arbeit auf das Mädchen. Diese wird so viel zu früh ein Teil der harten Realität der Erwachsenenwelt. Das Gefühl, wichtig zu sein, hilft ihr, ihr Frausein zu akzeptieren. Untersuchungen zeigen, daß die meisten Eltern sich mehr einen Sohn wünschen als eine Tochter. Zu kleinen Jungen wird mit mehr Achtung gesprochen, und sie haben mehr Rechte. Die Jungen selbst behandeln dann die Mädchen auch in erniedrigender Weise. Sie spielen nur untereinander zusammen und lassen Mädchen nicht mitspielen. Sie hänseln sie und nennen sie beispielsweise »Hosennässer«. Mit solchen Schimpfnamen verstärken sie noch die kindliche Schmach der Mädchen. Häufig quälen und unterdrücken die Jungen in den gemischten Schulen absichtlich die Mädchen, die in der Minderzahl sind. Wenn die Mädchen es ihnen gleichtun wollen, beginnen sie mit ihnen zu streiten und beschimpfen sie. Die Mädchen leiden sehr unter dem, was sie von den Jungen trennt: Sie haben ein natürliches Bedürfnis danach, ihre Kraft gegenüber der Welt zu beweisen und sich gegen die minderwertige Stellung, zu der sie verurteilt sind, zu wehren. Sie leiden unter anderem auch darunter, daß es ihnen verboten ist, auf Bäume, Leitern oder Dächer zu klettern. Adler äußert dazu, daß die Begriffe »oben« und »unten« sehr große Bedeutung haben, denn die Vorstellung, in den Weltraum aufzusteigen – eine Vorstellung, die in vielen Heldensagen zu finden ist – enthält die Idee einer geistigen Überlegenheit. Das Erreichen der Spitze, eines Gipfels bedeutet die Überwindung der gegenständlichen Welt unter einem – in dem Sinne, daß man etwas beherrscht.

Bei jedem kleinen Mädchen, dessen Erziehung gerade erst begonnen hat, äußert sich ein Aufbegehren gegen ihr Schicksal: Ihre innere Größe verurteilt die Sinnlosigkeit. Sie wird zornig darüber, daß die Regeln des Anstands sie quälen und ihre Kleider ihr Unbequemlichkeiten bereiten.

Die häuslichen Pflichten machen sie zu einer Sklavin, all ihre Versuche auszubrechen werden verhindert. Zu diesem Thema gibt es einige Studien, die zu 95 % das gleiche Ergebnis zeigen: Sämtliche Jungen – genauso wie schon der alte Platon – gaben an, sie hätten Angst davor, ein Mädchen zu sein; fast alle Mädchen hatten dagegen die Sehnsucht, ein Junge zu sein. Gemäß einer Statistik, die *Hallock Ellis* zitiert, wollte von 100 Jungen nur einer ein Mädchen sein, während es 85 % der Mädchen bevorzugt hätten, ihr Geschlecht zu wechseln. Laut einer Studie, die 1997 von *Karl Pipal* durchgeführt wurde (und die *Buduin* in seinem Werk über *Die Seele des Kindes* zitiert), äußerten von zwanzig Jungen zwischen zwölf und vierzehn Jahren, achtzehn, daß sie alles auf der Welt lieber wären als ein Mädchen. Von zweiundzwanzig Mädchen wünschten sich dagegen zehn, ein Junge zu sein, und gaben dafür folgende Gründe an: »Jungs sind besser dran – sie müssen nicht so schwer schuften wie die Frauen (...). Meine Mutter würde mich dann lieber haben (...). Jungs machen interessantere Sachen (...). Jungs können besser lernen (...). Ich würde mir einen Spaß daraus machen, Mädchen zu erschrecken, und würde mich dann nicht mehr vor Jungs fürchten (...). Jungs sind freier (...). Das, was Jungs spielen, macht mehr Spaß (...). Ihre Kleidung ist bequemer (...).« Diese letzte Bemerkung wurde oft wiederholt: »Fast alle Mädchen klagten darüber, daß ihre Kleider sie behindern würden, daß sie sich nicht frei bewegen könnten und daß sie dauernd auf ihre Röcke und helle Kleidung aufpassen müßten, da diese so leicht schmutzig würden.«

Im Alter von zehn bis zwölf Jahren sind die meisten Mädchen eigentlich »unvollständige Jungen«, also Jungen, die aber nicht die Freiheit haben, sich wie Jungen zu verhalten. Sie leiden nicht nur unter der Eingeschränktheit und Ungerechtigkeit, sondern das ganze System, das sie dazu verurteilt, ist dekadent. Für sie ist der ganze Reichtum des Lebens hinter Mauern verborgen, ihre ungenützten Kräfte verwandeln sich in nervliche Störungen; ihre normalen Tätigkeiten verbrauchen nicht ihre ganze Energie, sie werden depressiv. Aufgrund ihrer Depressionen und um das Minderwertigkeitsgefühl, unter dem sie leiden, auszugleichen, vertrauen sie sich traurigen und romantischen Phantasien an. Sie ergeben sich dieser bequemen Flucht aus dem Leben und verlieren dabei das Gefühl für die Realität. Mit wirren Verherrlichungen versetzen sie sich in süße Erregung. Sie tun nichts, sondern reden nur und vermischen dabei gewöhnlich die Realität mit der Phantasie. Sie finden, alleingelassen und »unterschätzt« wie sie sind, in diesen narzistischen Gedanken Befriedigung. Weil sie sich selbst in ihren Romanhelden wiederfinden, sie verherrlichen und sich von ihnen anrühren lassen, ist es nur natürlich, daß sie sich wie kokette Schauspielerinnen aufführen. In der Pubertät finden sich solche Phänomäne verstärkt. Sie äußern sich dann durch Ungeduld, Wutausbrüche und Tränen. Die Mädchen haben dann den Wunsch zu weinen – ein Wunsch, den viele Frauen auch später nicht verlieren.

Ein Junge strebt, unabhängig davon, ob er ehrgeizig, dumm oder schüchtern ist, danach, sich die Zukunft zu eröffnen. Er wird Seemann oder Ingenieur; er bleibt auf dem Lande, oder er geht in die Stadt; er sieht die Welt, wird reich. Gegenüber der Zukunft, die unerwartetes Glück für ihn bereithält, fühlt er sich frei und unabhängig. Das Mädchen dagegen wird Ehefrau, Mutter und Großmutter werden. Sie wird ihr eigenes Haus genauso in Ordnung halten, wie ihre Mutter das ihre in Ordnung gehalten hat. Sie wird ihre Kinder auf die gleiche Art beaufsichtigen und umsorgen, wie sie selbst früher umsorgt und beaufsichtigt wurde.

Sie ist nicht älter als zwölf Jahre, aber schon heute ist ihr Schicksal festgeschrieben. Sie wird es von Tag zu Tag langsam enthüllen, ohne daß sie selbst jemals irgendeinen Einfluß darauf gehabt hätte. Sie ist neugierig auf die Zukunft, aber wenn sie sich dieses Leben vergegenwärtigt, dessen gesamte Entwicklung vorherbestimmt ist und dem sie unweigerlich jeden Tag einen Schritt näher kommt, ergreift sie Angst.

## Die Erziehung von Mädchen und Jungen

Die patriarchalische Gesellschaftsordnung legt das Schicksal eines Mädchens, schon bevor es überhaupt zur Welt kommt, derartig fest, daß es von größerer geistiger Reife ausgenommen ist und als gehorsames Wesen aufwächst, das die gesellschaftlichen Regeln und Wertvorstellungen ohne Wenn und Aber akzeptiert und genauso auch die Überlegenheit des Mannes als eine natürliche Gegebenheit anerkennt. Aufgrund dieser Wertvorstellungen des Patriarchats ist die Freude der Eltern über eine neugeborene Tochter meist auch weniger groß als über einen neugeborenen Sohn. Töchter und Söhne sind für die Mutter nicht gleich viel wert. Die Erwartungen, die die Eltern an ihre Tochter stellen, sind nicht die gleichen, die sie mit ihrem Sohn verbinden. Töchter und Söhne werden zu Hause verschieden erzogen. Das Spielzeug für ein Mädchen beschränkt sich auf die verschiedensten Puppen und kleine Nachbildungen von Haushaltsgegenständen. Sie lernt so unbewußt, direkt oder indirekt die Tätigkeiten, deren Verrichtung das Patriarchat von den Frauen fordert. Spielzeug für Jungen dagegen besteht aus Baukästen, Autos, Gewehren und anderen Dingen, mit denen sich Männer so beschäftigen.

Auch in der Erziehung, die die Kinder in der Schule erfahren, ist gemäß der Traditionen des Patriarchats die Arbeit in zwei Bereiche aufgeteilt: den männlichen (für das starke Geschlecht) und den weiblichen (für das schwache Geschlecht). Die Mädchen lernen beispielsweise, einen Haushalt zu führen, Kinder zu versorgen, zu kochen, zu sticken, zu waschen, zu nähen und ähnliches, während die Jungen in handwerklichen Fähigkeiten wie Schreinern, Bauen und Metallurgie unterrichtet werden. Prinzipiell sind die Lehrbücher immer von Männern für Männer geschrieben. In den Geschichtsbüchern wird selten von tapferen Frauen, von Frauen überhaupt, berichtet. Wenn es den Frauen manchmal gelang, über das Patriarchat hinauszuwachsen und eine politische oder gesellschaftliche Rolle zu spielen, so begründet die männliche Geschichtsschreibung dies mit der Schwäche der jeweiligen Herrscher und bezeichnet diese Ereignisse als den wichtigsten Auslöser für den Untergang von Dynastien.

Auch in den Schulbüchern zu Literatur kann man nur wenige Werke von weiblichen Dichtern oder Schriftstellern finden. Sogar die Abbildungen in den Büchern, die verschiedene Arbeitsabläufe in der Gesellschaft darstellen sollen, lehren das Kind indirekt, daß die Arbeiten, die ein Junge verrichtet, und die, die ein Mädchen verrichtet, verschieden sind. So sieht man beispielsweise auf dem einen Bild einen Mann, der Weizen erntet oder zu Mehl mahlt, während eine Frau ihr Baby versorgt. An anderer Stelle ist ein Mann als Verkäufer zu sehen, während die Frau die Wohnung fegt. Auf der nächsten Seite baut ein Mann ein Haus, und die Frau wäscht Wäsche. Ein Junge fährt Fahrrad und, ein Mädchen spielt gerade mit seiner Puppe. Der Sohn ist immer mit seinem Vater zusammen und hilft ihm, während die Tochter die Mutter bei der Arbeit im Haus unterstützt. So fühlt sich ein Junge langsam zum männlichen Geschlecht zugehörig und ein Mädchen zum weiblichen. So nimmt sich die Tochter die Mutter zum Vorbild, und der Sohn bemüht sich, dem Verhalten des Vaters nachzueifern. Das Mädchen fühlt sich schwächer als der Junge und ihm unterlegen, und der Junge lernt seine gesellschaftlich höhere Stellung kennen und die Privilegien, die er hat. Auf diese Weise werden die Konflikte und Schranken, die zwischen Vater und Mutter existieren, als beständiges und einleuchtendes Prinzip auf die Kinder übertragen. Dabei ist klar, daß »wenn die Eltern sich etwas ähnlicher wären, die gleichen gesellschaftlichen Pflichten, das gleiche Bildungsniveau und die gleichen geistigen Entwicklungsmöglichkeiten hätten, die gleiche Autorität und das gleiche Ansehen genießen würden und auch in der gleichen wirtschaftlichen Situation wären, ein Ähnlichwerden der Kinder wie Vater und Mutter keine solchen tiefen Konflikte bei ihnen hervorrufen würde, und auch die Grenze zwischen weiblichen und männlichen Pflichten wäre verschwunden. *Elena Giannini Baluti* formuliert, Jungen kämen aus der Ersten und Mädchen aus der Dritten Welt.

Alles in allem haben die Pflichten von Männern und Frauen, noch bevor sie mit biologischen Faktoren zusammenhängen, einen gesellschaftlichen und kulturellen Hintergrund.

*Margaret Mead*, die berühmte amerikanische Ethnologin, die unter verschiedenen Gruppierungen der Einwohner Neu-Guineas eine Untersuchung durchgeführt hat, schreibt in Bestätigung dieser Ausführungen: »Wir haben herausgefunden, daß beim Stamm der *Arapsch* sowohl die Männer als auch die Frauen ein gemeinsamer Charakterzug verbindet, den wir, wenn wir ihn aus familienorientierter Sicht betrachten, Mutterinstinkt nennen müssen, vom Gesichtspunkt des Geschlechts her müssen wir ihn aber wohl als weiblich erachten. Wir haben ebenfalls beobachtet, daß die Männer und Frauen diese Stammes die Gewohnheit haben, miteinander zusammenzuarbeiten, sich jeder Aggression und Gewalt gegeneinander enthalten und die Wünsche und Bedürfnisse des jeweils anderen beachten. Davon, daß der Geschlechtstrieb ein großer Unruhestifter zwischen Männern und Frauen sein kann, haben wir bei diesen zwei Gruppen nichts bemerkt.« Um zu zeigen, daß eine Frau nicht nur die Arbeiten, die ihr zugewiesen sind, ausführen kann, sondern auch solche, die normalerweise dem Mann zugeschrieben werden, können viele Beispiele angeführt werden. Das, was offensichtlich am meisten dazu beigetragen hat, daß man zwischen Frauen- und Männerarbeit unterscheidet, ist die Erziehung oder der Mangel an Erziehung, was auf eine ganz spezielle Weise vonstatten geht.

Die Art der Erziehung hat einen bemerkenswerten Einfluß auf das Leben von Frauen. Wenn Mädchen von klein auf richtig erzogen werden und in ihrem Geist die richtigen Wertvorstellungen entstehen, werden diejenigen, die davon überzeugt sind, daß die biologischen Besonderheiten der Frau auf ihre geistige Entwicklung Einfluß nehmen, einen schweren Schlag erleiden. So sind einige polnische Soziologen aufgrund der Ergebnisse ihrer Forschungsprojekte zu dem Schluß gelangt, daß »die psychischen Kennzeichen der Frau in den Grenzen, wie sie heute zu beobachten sind, zuvorderst von kulturellen Faktoren abhängen, bevor man sie biologischen Komponenten zuordnen kann«. Die psychischen Besonderheiten der Frau setzten sich in erster Linie aus solchen Mustern zusammen, wie sie in der Erziehung der Mädchen Anwendung finden und die in großem Maße von den Vorstellungen abhängen, die sich die Allgemeinheit von fraulichen Pflichten macht.

Ein wichtiger Punkt, den wir hier unbedingt aufzeigen müssen, ist folgender: Die in der Gesellschaft vorherrschende Kultur ist die des Patriarchats, und alle Individuen werden in dem Kontext dieser Kultur erzogen. Von Anfang an ist der Sohn in der Familie der, der mehr geliebt wird, und das Mädchen erfährt Ablehnung. Aber nicht nur die Gefühle, auch die finanziellen und wirtschaftlichen Möglichkeiten werden nicht in gleicher Weise unter Tochter und Sohn aufgeteilt. Das Mädchen muß, sobald es laufen gelernt hat, für die »Hausangestellte« (die Mutter) Hilfsdienste übernehmen, während der Junge zum Hausherrn wird – aus dem Haus zu gehen, sich in den Gassen herumzutreiben und so von der Umgebung zu lernen, ist ausschließlich das Recht der Jungen. Die Jungen gehen aus dem Haus, um zu spielen und die Mädchen, um einzukaufen. Mann und Frau sind nur vor Gott gleich, überall sonst (auf der ganzen Erdkugel) untersteht die Frau der Herrschaft des Mannes, denn die Frau ist angeblich der Teufel, eine Lügnerin und Betrügerin, und ihr Geist wie auch ihr Körper sind verkrüppelt. Bis zur Pubertät haben alle Jungen ihre Rechte kennengelernt, und viele minderjährige Brüder prügeln ihre Schwestern.

Die Trennung von ihrem Elternhaus bedeutet für einen Jungen, einen Beruf zu finden und seine Ausbildung fortzusetzen, und für ein Mädchen, die Fesseln eines anderen Mannes zu akzeptieren. Mit den Auswüchsen dieser diskriminierenden Kultur könnte man Hunderte von Seiten füllen, wir wollen aber nur abschließend sagen, daß die meisten Männer und Frauen, wie auch alle übrigen Mitglieder der Gesellschaft, diese männliche Überlegenheit und weibliche Unterwürfigkeit anerkennen. Diese Überzeugung wird täglich und stündlich auf tausenderelei Art neu bestätigt und hält die Vernunft kränklich und verkrüppelt. Aber viele gebildete Frauen werden durch Anschauung und eigene Erfahrung davon überzeugt, daß eine Menge von dem, was sie von der Gesellschaft über die Unterlegenheit der Frau und die unantastbaren Moralvorstellungen gelernt und dann auch geglaubt haben, nichts als Unsinn ist. Doch nur solche Frauen können sich selbst vollständig aus den Klauen dieser aufgezwungenen Wahngebilde befreien, die sich tieferen Einblick in das Warum und Wofür verschaffen und grundlegende Kritik an den Fundamenten und dem Überbau der Gesellschaft üben – und solche Frauen sind selten. Wir müssen unbedingt akzeptieren, daß, wenn das familiäre Umfeld verläßlich und glücklich ist, die Kinder auch meist zu zuverlässigen, nützlichen und freundschaftlichen Menschen aufwachsen, wenn aber die Familiensituation durch Feindseligkeit, Nörgelei und Unzufriedenheit zwischen den Eltern belastet ist, werden natürlicherweise auch die Kinder aus dieser Ehe unzufrieden, rachsüchtig und verantwortungslos. Schließlich weiß heute alle Welt, daß die wichtigste Schule und der wichtigste Lehrer für das Kind die vier Wände des eigenen Zuhauses sind, und der Stempel, der dort seinem Gewissen eingeprägt wird, kann bis zum Ende seines Lebens nicht so leicht wieder ausgelöscht werden.

Ich habe mir immer mit aller Kraft gewünscht, daß Frauen die Macht übernehmen, und es ist für mich bedauerlich, daß alle Mütter in der Erziehung ihrer Töchter mit solch verbrecherischem Leichtsinn vorgehen und damit die Diskriminierung unterstützen, indem sie ihre Töchter weiblich und ihre Söhne männlich erziehen. Sie geben den Jungen Spielzeugpistolen und den Mädchen Puppen in die Hände. Sie halten ihre Töchter in größerer Unwissenheit als ihre Söhne, machen sie nicht mit Wissenschaft und Literatur vertraut, sondern bemühen sich statt dessen nur, sie dahingehend zu erziehen, daß sie einen reichen Ehemann ergattern können.

Selbstverständlich wird ein so erzogenes Mädchen keine Gefahr für die Männer sein. Sie ist eine Milchkuh, ein gehorsames Lamm, ein ruhiger Mensch, der sich nur für ihre Phantasien interessiert und nicht für Wirtschaft, Industrie und Politik. Also ist die Wahrung solcher Reglements für Mädchen ein Grundpfeiler männlicher Machtstrategien.

Diese falsche und deformierende Erziehung, die in ihnen das Gefühl der Weiblichkeit verstärkt, ist ein Grund dafür, daß Frauen zartere Empfindungen haben als Männer. Im Ergebnis ist das, was die Frau zu ihren wichtigsten Entscheidungen anleitet, meist die Gefühlsregung ihres Herzens, nicht ein verstandesmäßiger Prozeß. Und genau diese Empfindungen sind es auch, die die gedanklichen und rationalen Planungsabläufe bei der Frau in Unordnung bringen.

Ein Mädchen, das heutzutage wie seine Mutter und seine Großmutter erzogen wird, ist blind und taub und begreift nicht, daß das Leben wie ein Fluß ist, dessen Wasser, wenn es still steht, zu faulen beginnt. So sind Ehrgeiz und Streben nach Höherem das Leben selbst. Dieser Erziehungsstil bringt die Mädchen jedoch zum Stillstand. Solange die Mütter ihre Töchter nach veralteten Methoden erziehen, werden die Mädchen von heute, die die Frauen von morgen darstellen, in Sklaverei und Abhängigkeit von den Männern verharren.

Deshalb müssen wir heute, und gerade heute, die kommende Generation, unsere Töchter schützen. Morgen ist es schon viel zu spät.

Obwohl wir in den letzten Jahren des 20. Jahrhunderts leben, erziehen wir unsere Kinder noch wie vor Tausenden von Jahren. Wir halten in der Erziehung von Mädchen und Jungen an der Diskriminierung fest. Wir geben den Frauen von Kindheit an Puppen in die Hand, und indem wir ihre mütterlichen Instinkte wecken, bereiten wir sie darauf vor, dem Mann zum Glück zu gereichen.

Das Mädchen wird aufgrund dieser Erziehung grundsätzlich ängstlicher als ein Junge – so sehr, daß sogar eine kleine, unschuldige Maus eine derartige Angst in ihr erzeugen kann, daß sie auf der Flucht vor dieser Maus keine andere Möglichkeit sieht, als Schutz beim Vater oder den Brüdern zu suchen. Schließlich weiß sie genau, daß auch ihre Mutter sich vor Mäusen fürchtet! Die Kinderspiele von Jungen und Mädchen sind völlig voneinander verschieden, was dazu führt, daß das Mädchen sich abseits von seinem Bruder hält. Sie können keine Spielgefährten sein. Während die Jungen mit aufziehbaren und batteriebetriebenen Elektroautos und ähnlichem bekannt werden – welche ja alle Abbilder fortschrittlicher Technologie und Energieerzeugung darstellen – werden die Mädchen durch Puppen spielerisch mit dem Kochen und dem Bewirten von Gästen vertraut. Das bedeutet nichts weiter als den anderen zur Verfügung zu stehen, zu dienen und sie zu bedienen.

Wir wollen hier keineswegs behaupten, daß Mädchen die wirkliche Freiheit erreichen könnten, wenn sie in ihrer Kindheit die Spiele der Jungen spielen, Fußball und Ringkampf lernen und sich später mit Karate, Boxen und Gewichtheben beschäftigen würden.

Auch diese Frauen würden in der Gesellschaft mit dem gleichen Beziehungsgeflecht, den gleichen Beschränkungen, Belastungen und diskriminierenden Vorstellungen zusammenstoßen, die sie auf die gleiche Stufe wie alle anderen Frauen stellen. Das Kinderspielzeug kann nicht als der einzig entscheidende Faktor für den Charakter und die Stellung der Frau aufgefaßt werden.

Wenn die Tochter vorwiegend fraulich erzogen wird, wird sie in der Pubertät ein besonderes Gefühl der Einsamkeit empfinden und das Bedürfnis haben, daß ihr ein Mann, der für sie die Verkörperung von Kraft ist, zur Seite steht, um sie im Notfall zu verteidigen. Das einzige, womit sie ihn für diese Bemühungen belohnen kann, ist ihr eigener Körper, den sie dem Mann überläßt. So lernt sie die Kunst der

Verführung, um ihre Schönheit und ihre Koketterie besser einsetzen zu können.

Sie verfolgt diese Methode solange, bis sie sich selbst in ihre eigene Schönheit verliebt und sie als einzige Waffe einsetzt, um das Herz eines Mannes zu gewinnen. Unter solchen Umständen wird die Frau keine Ehe führen können, denn nach der Heirat stellt der Mann größere Erwartungen an sie, und im Eheleben wird die Stellung der Frau diejenige sein, die wir beobachten, und wir sehen, daß es nicht genügt, wenn die Frau für ihren Mann nur Lebenspartnerin ist. Weil sie eine Frau ist wird auch von ihr erwartet, daß sie die ganze Hausarbeit erledigt.

Haben Sie zum Beispiel in einer Familie schon einmal einen Mann gesehen, der alle Verpflichtungen im Haus übernommen hat, kocht, wäscht und saubermacht? Sicherlich haben Sie so etwas noch nicht beobachtet, obwohl der Ehemann einer jeden Frau natürlich von einer Frau zur Welt gebracht und erzogen worden ist – eine Frau hat ihn geformt. Aber heute müssen wir beobachten, daß in allen Familien der Haushalt auf den Frauen lastet und nicht auf den Männern. Warum?

Habt Ihr Frauen noch nie darüber nachgedacht, warum die Gesellschaft jetzt auf dem Kopf steht?

Warum Ihr unter der Herrschaft derer stehen müßt, die Ihr doch selbst erzogen habt?

Tatsache ist, daß alle Männer, die die Welt zum Erzittern gebracht haben, doch nur Eure Zöglinge waren. An dieser Stelle möchten wir noch einmal daran erinnern, daß den Frauen bewußt sein muß, daß sie allein durch die richtige Erziehung ihrer Töchter und Söhne die Sklaverei der Frauen auf der ganzen Welt beenden können.

## Weibliches Denken

Die Ausführungen meines Vaters zu den Aspekten der Erziehung zeigen, daß auch die jetzigen Frauengenerationen von den »traditionellen« Erziehungsmethoden und den damit verbundenen Folgen und vergebenen Chancen geprägt sind. Ich habe die Fachliteratur zu den Themen Erziehung, weibliche und männliche Denkmodelle und deren Auswirkungen ausgewertet und möchte hier einige Ergebnisse vorstellen, die meinen Ansichten und Erfahrungen entsprechen. Zu nennen sind hier insbesondere der *Popcorn Report* von Faith Popcorn (1996) und *Frauen an die Macht* von Nancy Kline (1993) sowie *Frauen zwischen Macht und Mann* von Sonja Bischoff (1990).

### Eigene Stärken erkennen

Es ist für Frauen wichtig, die eigenen Stärken zu erkennen und zu fördern. Die Gesellschaftsstrukturen haben sich verändert und ebenso die Lebensmodelle. Frauen wollen nicht mehr nur an der Seite eines starken Partners stehen und zusehen. Sie haben eigene Ideen und sind zunehmend erfolgreich.

Das Prinzip lautet »weiblich denken«. In einer mehr und mehr vernetzten Welt, in der mit einer Aktion eine ganze Kette an Folgeaktionen verbunden ist, darf nicht mehr nur geradeaus gesehen werden, sondern es läßt sich nicht umgehen, auch nach rechts und links zu schauen. Um sich allerdings von den alten Denkstrukturen zu lösen, ist es wichtig, diese zu durchschauen. Wir sollten nicht nur unsere eigenen weiblichen Stärken erkennen und mobilisieren, sondern uns auch die Schwächen der männlichen Erziehung bewußt machen.

*Nancy Kline* versucht zu verdeutlichen, daß wir, wenn wir die Männer unabhängig von ihrer männlichen Erziehung beurteilen, feststellen müssen, daß sie sich im wesentlichen gar nicht von den Frauen unterscheiden: Männer sind auch aufmerksam, lebendig, entspannt, entschlossen, von schneller Auffassungsgabe, kreativ, großzügig und mutig. »Männliche Erziehung aber ist im Gegensatz dazu starr, auf Beute fixiert, kontrollierend und zusammenhangslos. Die männliche Erziehung ist das Bündel an Botschaften, die Männer ertragen, glauben und durchleben müssen, um als 'richtige' Männer Anerkennung zu finden.«

Obwohl viele Frauen inzwischen erkannt haben, daß männliche Erziehung weder ihnen selbst noch ihren Kindern guttut, stehen zu viele immer noch da, schauen zu und stellen ihre eigenen Qualitäten zurück. Frauen, die nach den Prinzipen männlicher Erziehung erzogen wurden, leiden ebenso wie Männer darunter, das heißt, sie lassen keine Gefühle zu, sie trauen niemandem, sie benutzen Sex, um einem Menschen, den sie mögen, nahe zu sein, sie können keine Fehler zugeben, sie trinken, um sich gehenlassen zu können etc. Nancy Kline verdeutlicht die Unsinnigkeit einer derartigen Erziehung auf eindrucksvolle Weise. Die folgenden Passagen aus ihrem Buch *Frauen an die Macht* beruhen auf tatsächlichen Erzählungen von Männern.

> Versuchen Sie, sich Ihre Kindheit so vorzustellen, als ob Frauen und nicht Männer mit der männlichen Erziehung groß geworden wären.
>
> Sie wurden geboren. Alle waren hochentzückt, daß Sie ein Mädchen waren. Sie wurden gefeiert, einfach, weil sie ein Mädchen waren. Tatsächlich wurde Ihnen schon sehr früh bewußt, daß es das beste ist, ein Mädchen zu sein, und das schlechteste, ein Junge zu sein. Wenn Sie sich wie ein Junge verhielten oder anhörten, wurden alle sehr unruhig.
>
> Am stärksten verwirrte es sie jedoch, wenn Sie weinten. Manchmal schlugen sie Sie sogar, was zur Folge hatte, daß Sie noch mehr weinten. Deshalb mußten Sie so schnell wie möglich lernen, wie man diesen pochenden Kloß im Hals am besten herunterschlucken konnte. Oftmals sagten sie Dinge wie: »Hör sofort auf zu weinen. Mädchen weinen nicht, und Du willst doch nicht, daß jemand glauben könnte, Du seist ein Junge, oder?« Ihre Augen brannten und Ihre Lippen zitterten. Doch am Ende lernten Sie doch noch, gar nichts mehr zu empfinden, und das machte alles einfacher. (...)
>
> Zu dieser Zeit, Sie waren noch recht jung, bekamen Sie einen kleinen Bruder. Ihre Eltern sprachen anders mit ihm. Sie sprachen sanft und mit mehr Zuneigung. Sie nannten Sie nun »junge Dame« (obgleich Sie erst sechs Jahre alt waren), während sie ihn »Liebling« nannten und ihm »ich liebe dich« sagten. Sie nahmen Sie nicht so oft in den Arm wie ihn. Sie tätschelten Ihnen den Kopf, doch sie schmusten immer weniger mit Ihnen.
>
> (...)
>
> Als Sie älter wurden, fragte man Sie kaum noch, wie Sie sich fühlten. Sie mochten es am liebsten, wenn Sie nicht darüber redeten. Ihr

Bruder jedoch sprach sehr häufig über seine Gefühle. Im darauffolgenden Jahr begannen ihre Freundinnen, einander auf den Rücken oder auf die Schulter zu hauen, wenn sie sich begrüßten. Keiner gab sich mehr die Hand oder schlenderte Arm in Arm herum. Statt dessen standen sie nun mit den Händen in den Hosentaschen herum und kippelten auf den Fersen hin und her, wenn sie miteinander redeten. Sie machten es genauso. Wenn Sie es nicht getan hätten, das wußten Sie, hätte man über Sie Dinge gesagt, etwa Sie seien ein »Junge«, und man hätte Sie höhnisch lachend stehengelassen. Sie hatten schon beobachtet, wie sie dies bei anderen Mädchen getan hatten.

Die anderen Mädchen erklärten Ihnen, daß Sex ein stärkerer Trieb in Ihnen sei als in den Jungen. Sie könnten nichts gegen diesen Trieb tun, und wenn Ihre Vagina zu kribbeln beginnen würde, wenn ein Mann vorbeikäme oder Sie ansähe, so wäre das seine Schuld. Es läge wahrscheinlich an seiner aufreizenden Kleidung, und Sie könnten ihm die Schuld geben und erwarten, daß er alles tun würde, was Sie von ihm verlangten.

Und wenn Sie nun Männer oder Jungen, sogar in Vorlesungen oder Sitzungen, beobachteten, stellten Sie sie sich nackt mit Ihnen im Bett vor. Das war ganz in Ordnung so, denn das, was sie im Hörsaal oder in der Versammlung zu sagen hatten, war sowieso nicht so wichtig.

Als Sie dann älter wurden, hörten Sie, auch wenn es niemand wortwörtlich sagte, immer wieder heraus, daß man erwartete, Sie hätten alles unter Kontrolle, Sie wären in allem die Beste, Sie würden keine Fehler machen und Sie wüßten, daß Sie andere Frauen übertreffen würden.

(...)

Sie begriffen allmählich, daß am Ende alles an Ihnen hängen würde. Sie würden wahrscheinlich das Geld für die Familie verdienen müssen, wenn Sie einmal erwachsen wären, alle wichtigen Entscheidungen treffen und, ohne nach dem Grund zu fragen, Ihr Leben für das Vaterland hingeben, wenn die anderen Frauen, die es beherrschten, sich zum Krieg entschlossen. (...)

Sie hörten auf, mit Frauen über Ihre Probleme zu sprechen, außer vielleicht beim Trinken, und als Sie 25 Jahre alt waren, wurde Ihnen klar, daß Sie schon jahrelang nicht mehr geweint hatten. Und doch war es ein schwacher Trost für Sie, daß Sie nie jemand einen Mann genannt hatte.

> Es war klar, daß Sie sich vor nichts fürchten würden, auch nicht im Krieg, und daß Sie, wenn es doch so wäre, es niemals zugeben würden. Am meisten fürchteten Sie die Angst selber.
>
> Sie mußten bereit sein, gegen andere Frauen zu kämpfen. (...) Mädchen hatten Sie schon mehrmals so verprügelt, daß Ihnen Gesicht, Augen und Hände bluteten und schmerzten. Sie hatten gelernt, daß richtige Frauen die meisten Probleme auf diese Art lösen.
>
> Und ohne viele Worte wußten Sie, daß das Ruhmvollste, Weiblichste, was Sie je in ihrem Leben vollbringen könnten, war, andere Frauen im Namen der Ehre umzubringen.

Dieses Umkehrbeispiel sollte uns zu denken geben. Wie würden wir uns fühlen, wie würden wir Konflikte und Probleme lösen und leitende Funktionen ausüben, wenn wir auf diese Art und Weise erzogen worden wären? Die männliche Konflikt- oder Problemlösung verläuft meist gewalttätig anstatt lösungsorientiert. Männer denken immer noch auf althergebrachte und traditionelle Weise und wenden dies in Wirtschaft und Politik an. Viele Probleme, die momentan auf der Welt herrschen, sind auf das starre, unflexible und dem alten Weltbild zugrundeliegende Denken zurückzuführen. Und so kann es nicht verwundern, daß sämtliche soziale Strukturen bis zu komplexen ökonomischen Systemen immer öfter versagen oder weitreichender Schaden entsteht.

Wir müssen erkennen, daß die bisherige Erziehung der Jungen oft unmenschlich ist. Der Vater, der mit der Angst lebt, daß sein kleiner Sohn verweichlicht, wenn er weint, und als »Schlappschwanz« und schwul bezeichnet wird, existiert immer noch in unserer Gesellschaft. Diese sexistische Erziehung erhalten glücklicherweise nicht alle Männer oder nicht in vollem Maße. Es gibt auch Männer, die sich einer solchen Beeinflussung ihrer Persönlichkeit widersetzen und ihre Intelligenz, Menschlichkeit und Kreativität unserer Welt zur Verfügung stellen. Es besteht noch Hoffnung auf Besserung der Situation, und es zeigt uns, daß das starre männliche Verhalten nicht genetisch, sondern erziehungsbedingt ist. Für uns Frauen sollte dies eine starke Motivation sein, unsere Macht zurückzufordern, während Männer aufgefordert sind, ihre Menschlichkeit zurückzufordern.

Erst wenn wir Frauen die Hintergründe der männlichen Erziehung verstehen und uns von der eigenen anerzogenen Machtlosigkeit lösen können, werden wir in der Lage sein, unser neuentdecktes, weibliches, komplexeres Denken durchzusetzen – auch bei unseren Kindern. Unterstützt man das neue »weibliche Denken«, besteht eine Chance für die Welt, die bestehenden Probleme besser zu lösen.

## Was ist weibliches Denken?

Frauen sind anders als Männer: weder überlegen noch unterlegen, einfach anders. Frauen denken anders als Männer, sie kommunizieren auf andere Weise. Frauen nehmen überall Kontakt auf, sie knüpfen überall Verbindungen mit anderen Menschen. Frauen machen sich alles zur persönlichen Erfahrung und können diese dann in neues Denken umsetzen (vgl. Faith Popcorn, 1996).

Die folgende Gegenüberstellung soll Denkunterschiede zwischen Männern und Frauen verdeutlichen:

| ALTES (MÄNNLICHES) DENKEN | NEUES (WEIBLICHES) DENKEN |
|---|---|
| konventionelle politische Teilnahme | unkonventionelle politische Teilnahme |
| (beispielsweise Parteien) * | (beispielsweise Bürgerinitiativen)* |
| hierarchisch | Teamwork, familiärer Ausgleich |
| braucht Antworten | will die richtigen Fragen stellen |
| Identifizierung mit der jeweiligen Rolle | Identität verteilt sich auf mehrere Rollen |
| eindimensional | berücksichtigt viele Aspekte |
| widersetzt sich dem Wandel | sucht den Wandel |
| zielgerichtet | prozeßorientiert |
| nur die Erreichung des Ziels zählt | der Weg ist die Lösung |
| transaktionsorientiert:<br>will auf direktem Weg von A über B nach C | beziehungsorientiert:<br>sieht, was A mit C verbindet, wie B mit F zusammenhängt, was B und D gemeinsam haben |
| Quelle: Faith Popcorn | *Anmerkung der Autorin |

Seit Jahren bemühen sich Frauen, sich das »männliche Denken« anzueignen, um ebenso »erfolgreich« zu sein wie diese. Immer mehr Frauen merken aber auch, daß dies der falsche Weg ist.

Es ist wissenschaftlich erwiesen, daß Männer und Frauen unterschiedlich denken. Tatsächlich benutzen die Männer von ihrer linken Hirnhälfte nur einen geringen Teil, während Frauen beide Hälften voll nutzen. Da zudem verschiedene Teile ihres Gehirns anders entwickelt sind, verfügen Frauen über eine bessere sinnliche Unterscheidungsfähigkeit. Frauen können einen traurigen Gesichtsausdruck nicht nur besser beurteilen als Männer, sie müssen sich dabei auch weniger anstrengen.

Mit anderen Worten, die Forschung hat etwas bewiesen, was wir schon lange wußten: Frauen sind emotionaler, aufmerksamer und einfühlsamer. *Deborah Tannen*, die amerikanische Sprachwissenschaftlerin und Autorin des Bestsellers *Du kannst mich einfach nicht verstehen: Frauen und Männer im Gespräch*, formulierte es in der Zeitschrift *People* wie folgt: »Männer benutzen die Sprache, um ihre Unabhängigkeit und ihre Stellung innerhalb der Gruppe zu bewahren. Frauen benutzen die Sprache, um Verbindungen zu schaffen, um ein enges Verhältnis herzustellen.«

Die weibliche Intuition wurde bislang gerade von den Männern belächelt und als irrational abgetan. In der Tat erkennen Frauen Zusammenhänge oft intuitiv, weil sie besser zwischen den Zeilen lesen, zwischen den Worten hören und ganzheitlich denken können. »Die Standard-Intelligenztests werden künftig gegenüber Tests der emotionalen Intelligenz an Boden verlieren: EQ statt IQ. Und damit sind emotional stabile Qualitäten gemeint, wie Kooperationsbereitschaft, die Fähigkeit, Ärger unter Kontrolle zu halten, persönlicher Charme und Entschlossenheit. »Wer Erfolg im Leben haben will, muß klug mit seinen Gefühlen umgehen können und das 'emotionale Alphabet' beherrschen. (...) Was nützt ein hoher IQ, wenn man ein emotionaler Trottel ist?« (Daniel Goleman, 1997)

Auch eine Politik, die von weiblichem Denken geprägt ist, sieht gänzlich anders aus als die derzeitige männliche Politik mit ihrem ständigen Gerangel um mehr Macht. Ebenso würde eine Gesetzgebung, die vom weiblichem Denken beeinflußt ist, den Juristen ermöglichen, ihr erlerntes Wissen praxisorientierter anzuwenden, wie die neue Hamburger Justizsenatorin Lore Maria Peschel-Gutzeit in einem Interview (Hamburger Abendblatt, 19.11.1997) bestätigt: »Die Juristenausbildung ist vor allem inhaltlich ausgerichtet. (...) Was zunächst niemand lernt, ist, gesamtpolitisch, gesamtgesellschaftlich und wirtschaftlich zu denken. Es existiert ein Umdenk-Reformprojekt 'Justiz 2000', das dazu führen soll, daß die Mitarbeiter die Justiz als ihren Betrieb begreifen.« Es ist wichtig, die Ursachen von Gewalt und Kriminalität zu bekämpfen, anstatt nur zu richten. Peschel-Gutzeit: »Ich halte weder etwas von der Verschärfung von Strafen – der Strafrahmen reicht fast immer aus –, noch halte ich etwas von der Senkung der Strafmündigkeit. Statt dessen muß man sich mit den Ursachen der (Jugend-) Gewalt beschäftigen.«

Die Devise lautet: Je mehr Frauen in der Politik und in der Justiz etwas zu sagen haben, desto stärker wird der Akzent unter anderem auf Ursachenbekämpfung während der Kindererziehung, dem Bildungswesen, sensibler gestalteten Wohlfahrtsreformen, Wirtschaftlichkeit, einer saubereren Umwelt und einem besseren Gesundheitswesen liegen.

## Führungsqualität durch Mutterschaft

Sie werden sich vielleicht fragen, was denn das eine mit dem anderen zu tun hat. Tatsächlich erfordern beide Bereiche eine Menge von Projekten gleichzeitig zu bearbeiten und in der Entwicklung zu betreuen. Trotzdem werden Frauen, die sich ganz der Mutterschaft widmen, in ihrer Arbeit belächelt. Allerdings fehlt den meisten (männlichen) Managern heute gerade eine wichtige Eigenschaft der Führungskraft Mutter, nämlich die Fähigkeit, Aufgaben mit menschlichen Werten wie Ermutigung, Wertschätzung, Anerkennung etc. zu verbinden.

Das besondere Können, welches sich die Mütter zum großen Teil aneignen, liegt nach Nancy Kline in den Fähigkeiten des interaktiven, des strukturierten und des fördernden Denkens. Jungen erhalten, anders als Mädchen, in der Erziehung meist nicht die Möglichkeit, interaktives Denken zu erlernen. Denn von den späteren Männern wird dies auch nicht erwartet. Sie werden meistens lediglich ermutigt, fördernd und strukturiert zu denken. Mädchen dagegen lernen häufig sehr früh, wohl auch in Hinsicht auf die traditionelle Rolle als Mutter, neben strukturiertem und förderndem Denken vor allem interaktiv zu denken. Um ihre Arbeit sinnvoll auszuführen, muß eine Mutter ständig interaktiv denken:

- Sie muß sich um die Gedanken, Gefühle und Reaktionen ihrer Kinder (in einem Unternehmen z. B.: Mitarbeiter/Kunden/Lieferanten/Banken) kümmern und gleichzeitig ihr Leben und Wohlergehen als Gesamtes (Unternehmen) bei jeder Entscheidung im Auge behalten.
- Sie muß sich in jedem Moment um ihre Kinder kümmern und zugleich langfristige Entscheidungen für deren zukünftiges, allgemei-

nes Wohlbefinden treffen (im Unternehmen z. B.: langfristige Planung, Investitionen, Rücklagenbildung, Kostenminimierung, Zielformulierung).
- Sie muß grundverschiedene Elemente in Zusammenhang bringen und sich auf Einzelheiten konzentrieren, ohne das Gesamtbild zu vergessen (Unternehmen: operative Tätigkeiten des Tagesgeschäftes unter Berücksichtigung der strategischen Planung des Unternehmens).
- Sie muß Probleme aus unterschiedlichen Blickwinkeln betrachten (z. B. Mitarbeiterkonflikte lösen).
- Sie muß im Geiste ihres Kindes immer wieder Barrieren abbauen und in jeder Situation neue Lösungen finden (Personalmotivation, Personalführung).
- Objektive Konfliktlösung steht bei ihr vor persönlichem Interesse (Neutralität und Objektivität).
- Sie muß in der Lage sein, hinter kleinen Problemen mögliche große Probleme zu entdecken, ohne dabei das Vertrauen des Kindes zu verlieren (Controlling, Revision, Mitarbeiterkritikgespräch).

Alle diese Eigenschaften sind für die Arbeit in einer Führungposition außerordentlich wichtig.

Wenn Mutterschaft als Führungsaufgabe anerkannt wird, so glaubt Nancy Kline, werden wir Frauen in der Lage sein, Führungspositionen insgesamt besser zu bewältigen, indem wir sie mit den menschlichen Werten, die für die Mutterschaft erforderlich sind, in Einklang bringen. Dann werden Frauen für ihre Führungsqualitäten, die sie als Mutter gewonnen haben, anerkannt werden und in weitaus größerer Anzahl auf dieser Welt Einfluß gewinnen. Wenn wir die Arbeit der Mütter als Führungserfahrung betrachten, werden Frauen in der ganzen Welt Führungsaufgaben mit mehr Selbstvertrauen übernehmen.

## Mütter in Top-Positionen

Es gibt inzwischen Firmen mit einem Anteil von 60 % an weiblichen Top-Managern. Diese Firmen, die Frauen in Spitzenpositionen fördern, sind offener, wandlungsfähiger und kreativer. Tatsache ist, daß diese quantitative Besetzung mit Top-Managerinnen nichts mit Nächstenliebe zu tun hat, sondern Frauen aufgrund ihrer Qualifikationen und

Vorgehensweisen – Teamorientierung, Transparenz und Kommunikationsfähigkeit – ökonomische Vorteile bringen. Immer mehr Unternehmen erkennen dies und nutzen die Fähigkeiten der Frauen. Diese machen Abläufe reibungsloser und legen die Karten auf den Tisch. Die Beschäftigten wissen, warum und wie sie bestimmte Dinge machen müssen und gehen motivierter an die Sache heran. Die Zufriedenheit der Mitarbeiter in diesen Firmen ist höher als in anderen Unternehmen. Der Erfolg der weiblichen Führungsstrategie läßt sich auch am höheren Profit messen.

Die »Hypo-Bank« in München hat diese Zusammenhänge bereits erkannt und fördert Frauen, die nach einer Babypause ihre Karriere wieder aufnehmen möchten. 80 % ihrer beurlaubten Frauen seien 1996 wieder an ihre Arbeitsplätze in die Führungsetagen zurückgekehrt. »Wir wollen unsere hochqualifizierten Mitarbeiterinnen nicht einfach gehen lassen. Das wäre ein großer Verlust für uns«, erklärt die Führungskräfte-Trainerin und Personalberaterin Stephanie Körwers. Jede fünfte Führungskraft in der »Hypo-Bank« ist eine Frau. Die Beteiligungen des Unternehmens am Münchener Kinderbüro sowie an Elterninitiativen leisten einen Beitrag dazu, Familie und Beruf sinnvoll miteinander zu verbinden und ermöglichen den Frauen, die durch die Mutterschaft zusätzlich angeeigneten Fähigkeiten in ihren Führungspositionen einzusetzen.

In einer forsa-Umfrage zu Müttern in Top-Positionen (*Stern* Nr. 23, 1997) verneinten 71 % der Frauen die Frage: Sollen Frauen mit Kinderwunsch auf eine Karriere verzichten? 67 % der Männer antworteten mit nein, und nur 25 % sprachen sich dafür aus. 22 % der Frauen antworteten, sie sollten in diesem Fall auf eine Karriere verzichten (An 100 % fehlende Angaben: »Weiß nicht«).

Prof. Peter Schmidt formuliert sehr treffend in seinem Begleitwort zu *Frauen zwischen Macht und Mann* von der Wirtschaftswissenschaftlerin Sonja Bischoff: »Wir setzen für das nächste Jahrtausend die Segel für den kosmischen Raum und können uns dabei nicht leisten, die Hälfte der Menschheit zu vergessen oder sie in ihrem Potential nicht voll auszunutzen; und dazu gehört das Führungspotential der Frau.«

Tatsächlich sind Frauen in Deutschland derzeit lediglich mit etwa 3,6 bis 5 % in den Spitzenpositionen der Wirtschaft vertreten (*Süddeutsche Zeitung* vom 05.07.97), weltweit sogar nur mit 0,8 % im Top-Management. Frauen leisten zwei Drittel der Arbeit, verdienen insgesamt ein Zehntel des globalen Einkommens und besitzen lediglich ein Prozent von Grund und Boden. (*Der Spiegel*, 23.03.98).

In einem Interview (*Frankfurter Rundschau,* 13.9.97) sagte Sonja Bischoff: »Wenn ich etwas verändern will in einem Unternehmen, muß ich in der Führungsposition sein. Also muß ich die Männer an der Spitze für Veränderungen gewinnen.« Mit einem fördernden Mann an der Seite legitimiert sich die Frau zudem und bringt sich in den Führungsebenen ins Gespräch. Warum sollten Männer das mitmachen? »Ganz einfach aus der Erkenntnis heraus, daß Frauen ein enormes Qualifikationspotential mitbringen, und darauf kann keine Gesellschaft verzichten. Frauen sind einfach gut in Sachen Teamorientierung. Und nur darüber kann das Wissen in den Köpfen der Mitarbeiter aktiviert werden. Und das ist nicht nur das wichtigste Kapital in einer Gesellschaft, die rohstoffarm ist und in der industrielle Arbeitsplätze immer weniger werden. Sondern das ist auch eine Riesenchance für die Frauen.«

## Weibliches Denken in der Praxis

Zunehmende Selbständigkeit von Frauen ist ein Produkt weiblichen Denkens. Frauen sind mehr und mehr zum Handeln bereit. »Ich werde die Dinge selbst in die Hand nehmen«, heißt es nun. Denn die Frau ist sich dessen bewußt geworden, daß sie ihre Talente und Energien besser und sinnvoller einsetzen kann als in den von Männern geführten Unternehmen.

Es gibt inzwischen in Amerika doppelt so viele weibliche wie männliche Firmengründer. Stellen Sie sich das bloß einmal vor: doppelt so viele Frauen wie Männer, die eine neue Firma aufmachen! In der Bundesrepublik Deutschland mangelt es noch an aussagekräftigen Statistiken, es steht allerdings fest, daß sich auch hier bereits jede fünfte berufstätige Frau selbständig macht (Quelle: Handelskammer Hamburg, 1997).

Die Hamburger Wissenschaftlerin Christiane Färber schreibt in einer Broschüre über psychosoziale Belastungen am Arbeitplatz: »Zwar gibt es in der bisherigen Forschung keine Belege dafür, daß Frauen aufgrund überhöhter Anforderungen besonders burnout-gefährdet seien«. Aber: »Ein höherer Erwartungsdruck, diskriminierendes Verhalten von Männern, Doppelbelastung – diese Faktoren können Frauen mürbe machen.« So manche Frau fühlt sich deshalb zerrieben.

Sonja Bischoff ergänzt: »Ich kenne genug Frauen aus Spitzenpositionen, die deshalb in eine Selbständigkeit gewechselt sind«, was sie für eine erfolgversprechende Alternative hält. »Die höchsten Einkommen im Durchschnitt haben die Selbständigen. Da möchte ich die Frauen hinbekommen. Als Chefinnen, als Anteilseignerinnen mit Entscheidungskompetenz.« Denn, so die Betriebswirtschaftlerin mit eigener unternehmerischer Erfahrung: »Gleichberechtigung läuft nicht nur über Machtpolitik, sondern es geht viel einfacher über Geld.«

Weil viele von uns Frauen es aufgrund unserer Doppel- und Mehrfachbelastungen in der Gesellschaft gewohnt sind, lange und ohne feste Arbeitszeiten zu arbeiten, haben wir gute Erfolgschancen bei der Gründung einer Firma. Und wohin geht eine Frau, wenn sie mit ihrem Arbeitsplatz unzufrieden ist? Sie gründet zu Hause ihre eigene Firma. 18 Prozent aller berufstätigen Frauen in Nord-Amerika sind ihre eigenen Chefinnen in den eigenen vier Wänden – und diese Zahl steigt steil in die Höhe.

Ich könnte viele Beispiele von Frauen nennen, die eine Geschäftsidee hatten und ihr neues Unternehmen am Küchentisch begannen. Hier zwei ausgewählte Beispiele:

Eine Freundin und Studienkollegin mußte nach ihrer Heirat mit einem Top-Manager aufgrund seines beruflichen Aufstieges Hamburg verlassen. Sie bekam zwei Töchter. Anfänglich konnte sie sich beruflich in fremden Unternehmen nicht voll engagieren, da sie, bedingt durch den Beruf ihres Mannes öfter umziehen mußte und ihre Töchter noch sehr klein waren. Daher überlegte sie sich, wie sie ihren Arbeitsplatz zu Hause einrichten könnte. Sie machte eine Ausbildung als Kosmetikerin. Nach vielfältigen Erfahrungen gründete sie ihr eigenes Kosmetikstudio zu Hause und begann Kundinnen zu werben. Dabei stellte sie fest, daß auch Männer ein großes Kundenpotential darstellen. Sie versuchte, ihr Vorhaben auf unkonventionelle Weise zu realisieren, indem sie Behandlungstermine für Berufstätige auch früh morgens oder sehr spät abends anbot. Am Wochenende besuchte sie zusätzlich diverse Schulungen für Farbberatung und andere Weiterbildungsmaßnahmen, um ihre Kundinnen und Kunden optimal beraten zu können. Inzwischen fährt sie zu ihrer Kundschaft, die hauptsächlich gute bis sehr gute Einkommen und angesehende Berufe, wie Manager, Anwalt, Ärztin usw., haben, nach Hause und geht mit ihnen ihre Kleiderschränke durch. Sie berät sie darin, welche Farben ihrer Bekleidung zueinander und zu ihrem Teint passen. Sie gestaltet die Arbeit sehr »weiblich«, nämlich familiär, indem sie sich die Freuden und Sorgen ihrer Kunden anhört, darauf eingeht und eine freundschaftliche Atmosphäre vermittelt. Ihre Arbeit war von vorneherein nicht auf »Beutemachen« ausgerichtet, daher konnte sie die menschliche Begegnung in den Vordergrund stellen. Inzwischen hat sie ein Frauennetzwerk errichtet, in dem sich Frauen aus allen Gesellschafts- und Berufsschichten treffen, um gemeinsam zu diskutieren, zu feiern, Informationen und Ideen auszutauschen. Ihr Unternehmen ist sehr erfolgreich, und sie vertreibt Natur-Kosmetikprodukte direkt unter eigenem Namen. Die Verpackung besteht aus schlichten weißen Plastikdosen, getreu ihrem Motto: »Auf den Inhalt kommt es an«. Mein Team, meine Freunde und ich sind begeisterte Anwender/innen, und sogar mein jüngerer Bruder liebt ihre Gesichtsmasken. Sie plant zusätzlich, die Naturprodukte über einen eigenen Katalog anzubieten. Das Erfreuliche ist dabei, daß ihre 11jährige und ihre 15jährige Tochter die Arbeit ihrer Mutter schätzen und ihr tatkräftig zur Seite stehen. Auch ihr Mann findet ihr Engagement gut, weil seine Frau sich durch ihren Erfolg im Beruf glücklich, ausgeglichen, zufrieden, bestätigt, verwirklicht und ausgefüllt fühlt.

An einem Wochenende lernte ich im Frauennetzwerk in der Handelskammer Hamburg eine Frau kennen, die »Vitalogie« betreibt und sich mit Rückenproblemen aufgrund von Fehlstellungen des Atlaswirbels und den dadurch bedingten Rückenschmerzen befaßt. Mit ihrer Methode konnte sie bereits vielen Patienten helfen, an denen Orthopäden verzweifelten. Als ich nach ihrer Arbeitszeit fragte, sagte sie »Also vor 10 Uhr bitte nicht, aber ab 10 Uhr bis 22 Uhr und wenn nötig auch später«, da sie ihre Praxis zu Hause hat. Sie selbst hatte vor vielen Jahren starke Rückenprobleme und kein Arzt konnte ihre Schmerzen erfolgreich behandeln. Ein Schweizer Heilpraktiker behandelte sie mit dem »Vitalogie«-Verfahren, einer natürlichen Heilmethode alten Ursprungs, von einem Kanadier 1885 wiederentdeckt. Mittels dieser Methode soll der Körper in die Lage versetzt werden, wieder voll zu funktionieren und die Selbstheilungskräfte zu mobilisieren. Als ihr Leiden damit erfolgreich therapiert wurde, entschloß sie sich, ebenfalls eine »Vitalogie«-Ausbildung zu absolvieren, um auch anderen Menschen helfen zu können. Sie ist heute selbständig und beschreibt, daß sie von 10 Patienten, die mit starken Schmerzen zu ihr kommen, 8 Patienten heilt. Die restlichen Patienten brauchen etwas länger. Eine Altersgrenze für diese Heilmethode gibt es nicht.

Resümee: Während das Unternehmensziel der Männer mehr am wirtschaftlichen Erfolg ausgerichtet ist, gehört zum allgemeinen Lebensverständnis der Frauen die Einbeziehung des sozialen Umfeldes – sie bedenken bei ihren Entscheidungen auch die weitergehenden Auswirkungen auf die Familien und damit auf die gesamte Gesellschaft.

Wir Frauen haben die Verantwortung, uns gegenseitig zu helfen und unsere Erfahrungen, Fehler und Ideen auszutauschen. Wenn wir es im Geschäftsleben, im öffentlichen Dienst oder in der Öffentlichkeit zu etwas gebracht haben, sollten wir von unseren Erfahrungen berichten. Eine Hilfe ist es auch, Ideen und hilfreiche Strategien weiterzugeben, um die Effektivität der einzelnen »Karrieren« zu unterstützen.

Ein praktischer Tip: Weil ich generell viele Projekte gleichzeitig bearbeite, habe ich mir ein Notizbuch nach Stichworten angelegt, in dem ich alle wichtigen Vorkommnisse und die Gründe, weshalb diese zu einem Erfolg oder Mißerfolg geführt haben, notiere, damit ich diese Informationen später nutzen und weitergeben kann.

## Frauennetzwerke

Ein altes persisches Sprichwort sagt: »Wenn die Ameisen sich zusammenschließen, so können sie einem Löwen den Garaus machen«.

Seit den achtziger Jahren gibt es in Europa diverse Netzwerke für Frauen. Seit Jahrhunderten schon funktionierten derartige Verbindungen bei den Männern sehr gut. Nun treffen sich auch berufstätige Frauen, um berufliche Erfahrungen und Ideen auszutauschen. Das Netzwerkprinzip stammt aus den USA, wo *networking* bereits 10 bis 15 Jahre älter ist als in Europa. Ziel der Frauennetzwerke ist es, Kontakte zu knüpfen, Ideen und Erfahrungen auszutauschen, Kontaktpflege mit Wirtschaft, Industrie und Handel zu betreiben und im Austausch mit den Verbänden die Aufgaben und Ziele der Netzwerk-Vereinigungen zu vertreten sowie eine aktive Frauenförderung in allen Berufszweigen und -ebenen zu betreiben.

Neben diversen Frauennetzwerken in Form von Vereinigungen und Verbänden werden immer häufiger Frauenmessen veranstaltet. So fand die alle zwei Jahre in Düsseldorf veranstaltete Frauenmesse »top« 1997 bereits zum vierten Mal statt. Hier finden sich Netzwerkerinnen, Partei- und Gewerkschaftsfrauen sowie Gleichstellungsbeauftragte und jedes Jahr mehr Besucherinnen zum Informationsaustausch zusammen. Das Treffen bot erstmalig allen Teilnehmerinnen ein Forum für Frauenverbände und -netzwerke. Die Idee einer derartigen Messe stammt aus dem in Frauenfragen fortschrittlichen Schweden, wo eine solche Messe bereits seit 1984 ebenfalls alle 2 Jahre stattfindet.

Als Beispiel möchte ich Ihnen ein sehr erfolgreiches Frauennetzwerk vorstellen, bei dem ich selbst Mitglied bin: Die *FIM-Vereinigung für Frauen im Management e. V.* fördert und bringt Frauen in Führungspositionen zusammen. Die Gründerin, Frau Dr. Helga Stödter, versteht darunter jede Berufstätige, die Verantwortung übernimmt. Das kann sowohl eine Ärztin als auch eine Chefsekretärin sein. Die Themen sind generell sehr informativ, und die Teilnehmerinnen bekommen die Möglichkeit, auch in Großunternehmen einen Blick »hinter die Kulissen« zu werfen. Bei einer Veranstaltung aus Anlaß des 10jährigen Bestehens von FIM im November 1997 fand eine Podiumsdiskussion zu dem Thema »Faktor Mensch – Garant für die Zukunft« statt. Schirmherrin der Veranstaltung war Frau Prof. Dr. Rita Süssmuth, die betont, »wie wichtig es ist, daß wir Frauen uns in Deutschland und Europa zu Netzwerken unterschiedlichster Art und Ausprägung zusammenschließen. FIM ist eines der ältesten nationalen Frauennetzwerke. Seine Erfolge überzeugen und zeigen, daß es uns möglich ist, den 'Old-Boys-Networks' der Männer etwas Wirkungsvolles entgegenzusetzen. Frauen müssen noch mehr füreinander tun, damit Frauen in Führungspositionen keine Visionen bleiben, sondern Realität werden. Es geht um mehr Solidarität von Frauen für Frauen. Wir haben selbst viel in der Hand: Nutzen wir diese Chance! Es können mehr Frauen in Führungspositionen gelangen, wenn mehr Frauen in Führungspositionen sind. Frauen brauchen weibliche Vorbilder, damit sie erkennen, daß es geht und wie es geht. Wir brauchen Maßnahmen in Unternehmen und Betrieben, die verschiedene Aspekte miteinander kombinieren: die Förderung von Frauen in den Führungspositionen, die Verbesserung der Vereinbarkeit von Familie und Beruf sowie den Abbau von Vorurteilen und Rollenklischees.«

Die FIM-Vorsitzende Helga Richter führt weiter dazu aus: »Tiefgreifende Veränderungen kennzeichnen Wirtschaft und Gesellschaft, wie die derzeitige verschärfte Arbeitsmarktlage, die anstehende Währungsunion in Europa, die Globalisierung von Geschäftstätigkeiten. Übergangszeiten schaffen zwar Situationen gestalterischer Freiheit, verlangen aber neue Denkweisen und Lösungsansätze. (...) Besonders Führungskräfte sind in wirtschaftlich schwierigen Zeiten gefordert. (...) Teamgeist, Einfühlungsvermögen, Integrationskraft, hohe Kommunikationsbereitschaft und Sinn für pragmatisches Handeln – diese Eigenschaften galten bisher als typisch weiblich, da sie in der bisherigen Sozialisation von Frauen eine große Rolle spielten. Jetzt erleben sie einen Wertewandel und gehören zum Anforderungsprofil des Managements.«

Es existieren ebenfalls Vereinigungen, die sich mit berufstätigen Frauen aller Berufssparten befassen und nicht allein das gehobene Management ansprechen. Adressen aller Frauennetzwerke sowie Beschreibungen der Vereinigungen finden Sie in dem Taschenbuch *Netzwerke und Berufsverbände* von Ulla Dick (Rowohlt 1994).

## Frauenuniversitäten – die alte und neue Idee

Dieser Abschnitt stützt sich auf ein Dossier der Zeitschrift *Emma* zu dem Thema »Die Reform der Frauen« (Jan./Feb. 1998): »Was zur Zeit deutsche Bildungsreformer als 'ganz neue Ideen' propagieren, praktizieren feministische Frauenforscherinnen in aller Welt schon seit 30 Jahren.« »Wir lehnen die sterile Aufspaltung in akademisches Wissen und Laienwissen ab, genauso wie die Fragmentation in Kopfweisheit und Körperempfinden, Intellekt und Leidenschaft, Individuum und Gesellschaft«, heißt es 1970 in einer Grundsatzerklärung der *US National Women's Studies Association*, und sieben Jahre später verlangt die amerikanische Vereinigung für Frauenstudien eine Reform von Forschung und Lehre, geleitet von einer »Vision«, nämlich »die von einer freien Welt«: »frei von Sexismus, Rassismus und Klassengegensätzen«.

Diese Vision hat auch Sigrid Metz-Göckel. Gemeinsam mit anderen Wissenschaftlerinnen plant die Dortmunder Soziologie-Professorin eine »Internationale Frauenuniversität« in Deutschland für das Jahr 2001. Sie soll zu einer »Weltkonferenz der Frauen« werden, eine »intellektuelle Herausforderung zur Verständigung über die Probleme der Welt«, an der die besten 2500 Studentinnen teilnehmen, die von 100 Professoren und Professorinnen unterrichtet werden.

In den USA wurde bereits 1830 das erste Frauencollege gegründet, da nach mehreren Protesten der Studenten deutlich wurde, daß sie nicht gewillt waren, Frauen an ihre Universitäten zu lassen. Die Motivation für die Gründung der Colleges war nicht die spezielle Förderung von Frauen, sondern eher ein Zugeständnis an diese. Die Frauencolleges waren nicht vergleichbar gut ausgestattet wie die der männlichen Studenten. Die Ausnahme mag das *Smith-College* bilden, das von einer

Frau (Sophia Smith) gegründet wurde, nachdem ihr in ihrem Leben Bildung verweigert wurde.

Frankreich öffnete 1863 seine Hochschulen für Frauen und eröffnete 30 Jahre später die *École Normale Supérieure de Fontenay – St. Cloud,* eine Elite-Universität für Frauen; die skandinavischen Länder ließen die Frauen 1870 zum Studium zu. Erst 29 Jahre später – 1899 – wurden Frauen in Deutschland als Gasthörerinnen in Vorlesungssälen geduldet.

Eine praktische Vorübung für die Frauenuni soll der Modellversuch »Internationale Frauenuniversität« auf der EXPO 2000 in Hannover sein, unter dem Motto: »100 Tage für 100 Jahre«.

Die Expo steht unter dem zukunftsweisenden Motto: »Mensch – Natur – Technik«. Die Expo-Frauenuni wird daran anknüpfen. Prof. Dr. Ayla Neusel, Studienreformerin aus Kassel und Vorsitzende des Gründungsvereins der Expo-Frauenuni will mit diesem Projekt die traditionellen Grenzen zwischen wissenschaftlichen Fachdisziplinen sprengen. Statt auf Spezialistentum in universitären Elfenbeintürmen setzt es auf »Interdisziplinarität« und »Internationalität« und auf Zusammenarbeit mit Praktikerinnen. Es soll ein Dialog geführt werden, in dessen Mittelpunkt »Umwälzungen und Krisen« und ihre »Auswirkungen auf das Geschlechterverhältnis« stehen.

An der geplanten Frauenuni könnte es so ähnlich aussehen wie in dem Beispiel der in Witten-Herdecke 1981 gegründeten ersten deutschen Privatuniversität: Dort studiert ein exklusiver Kreis von 700 Studentinnen aus dem In- und Ausland Ökonomie, Zahn- und Humanmedizin, Musiktherapie und Naturwissenschaften: »praxisrelevant, eigenverantwortlich, interdisziplinär und international«. Voraussetzung zum Studium ist nicht nur das Abitur, sondern auch eine abgeschlossenen Berufsausbildung. Die Studentinnen werden sehr praxisnah und fächerübergreifend von Professoren und Professorinnen unterrichtet, die selbst praktische Erfahrung haben. Hier wie dort soll die »Selbstreflexion des eigenen Tuns« ein dauerhafter Prozeß sein.

Die Studentinnen werden von der Uni ausgesucht, denn es geht nicht darum, »ein warmes Plätzchen für Frauen zu schaffen«, sondern die Besten der Besten in Europa herauszufinden, um in der Gesellschaft Veränderungen voranzutreiben. Ein differenziertes Stipendiensystem und Auswahlverfahren sollen dafür sorgen, daß auch Töchter aus Arbeiterfamilien und ausländischen Familien eine Chance haben, hier zu studieren.

## Der Erfolg der Frauencolleges in den USA

Ich spreche hier von dem bereits erwähnten Smith-College für Frauen in Massachusetts: Viele der Absolventinnen besetzen heute Spitzenpositionen in Wirtschaft, Gesellschaft und Politik.

Jedes Jahr veröffentlicht die Zeitschrift *US News and World Report* eine Hitliste mit den 25 besten Hochschulen aus den Vereinigten Staaten. Unter diesen »Top 25« rangierten die Frauencolleges Wellesley, Smith and Bryn Mawr immer auf den ersten Plätzen.

Nur jede fünfundzwanzigste amerikanische Studentin kommt von einem Frauencollege; aber jede dritte Führungsfrau im Vorstand der 1 000 größten US-Unternehmen und jede vierte weibliche Kongreßabgeordnete hat ein Frauencollege besucht. Unter den promovierten US-Mathematikerinnen und -Ingenieurinnen ist jede zweite Absolventin eines dieser Colleges: Barnard, Bryn Mawr, Mount Holyoke, Smith College oder Wellesley.

Da sich ab 1960 in den USA das koedukative Schulsystem durchsetzte, bestehen von den ursprünglichen 298 Frauencolleges heute noch 84. Mit dem Beschluß des Mills-College (bei San Francisco) von 1989, aufgrund stark zurückgehender Studentinnenzahlen auch Studenten aufzunehmen, und dem darauf folgenden harten Protest der Studentinnen (Motto: *Better dead than coed*) wurde im ganzen Land eine Diskussion über die Nachteile des koedukativen Schulsystems für die Mädchen und Frauen ausgelöst.

Danach erlebten die verbliebenen Frauencolleges einen starken Zulauf. Zwischen 1991 und 1994 stieg die Zahl der Bewerbungen an den Fraueninstituten um 14 %. Das Barnard College zählt heute 55 % mehr Bewerbungen als noch Ende der 80er Jahre. Smith College und Wellesley verzeichnen jeweils ein Plus von mehr als 30 %.

Hier einige berühmt gewordene Absolventinnen von Frauencolleges:

Jackie Kennedy, First Lady (Vassar)
Madeleine Albright, Außenministerin (Wellesley)
Kathrine Hepburn, Schauspielerin, (Bryn Mawr)
Hillary Clinton, Anwältin und First Lady (Wellesley)
Mary McCarthy, Schriftstellerin, (Vassar)
Benazir Bhutto, Ex-Premierministerin Pakistans, (Radcliffe).

Schon Madeleine Albright bereitete sich in Wellesley auf eine Zukunft als Spitzenpolitikerin vor. Auch Alicia Munnel, eine Beraterin des US-Präsidenten, Shirley Young, die Vizepräsidentin von General Motors, und Lois Juliber, Marketing-Chefin von Colgate Palmolive sind Absolventinnen von Wellesley, das den Leitspruch: »Nicht regieren lassen, sondern selbst regieren!« in seinem Wappen führt.

In Wellesley kostet die Ausbildung pro Jahr ungefähr 42 000 DM. Die vielen großzügigen Stipendien ermöglichen es auch einer begrenzten Anzahl von mittellosen Studentinnen, hier zu studieren. Ein verschulteres Studiensystem als in Deutschland und viele Leistungskontrollen, auch indirekter Art (Ehemaligen-Clubs, denen regelmäßig die eigenen Fortschritte berichtet werden müssen), führen zu kurzen, aber intensiven Studienzeiten.

Aufgrund der sehr guten Ausstattung der Frauencolleges und der engen Betreuung der Studentinnen werden diese nicht nur zu Expertinnen in ihren Fächern, sondern darüber hinaus – und das ist vielleicht der wichtigere Aspekt für die Besetzung von Spitzenpositionen – in ihrem Selbstbewußtsein erheblich gestärkt.

»Die Absolventinnen der *Womens Colleges* präsentieren sich als überdurchschnittlich erfolgreich im Beruf, sie schneiden im Vergleich zu den Absolventinnen der gemischten Hochschulen besser ab«, beispielsweise beim Gehalt. So faßt die Sozialwissenschaftlerin und Frauenforscherin Ulrike Treubner an der Fachhochschule Darmstadt ihre Studien zur Monoedukation im Hochschulbereich zusammen. Jede vierte Kongreßabgeordnete und jede dritte Managerin der 1 000 Top-Firmen der USA haben ein Frauencollege absolviert. 30% der von *Business Week* in die Liste der Top-Managerinnen aufgenommenen Frauen waren Studentinnen eines Frauencolleges, obwohl sie nur 4 % aller Studentinnen in den USA ausmachen.

Die Ergebnisse aus den Vereinigten Staaten scheinen für sich zu sprechen und sind sicher auch für Deutschland weiterhin diskussionswürdig. Einige Beispiele für Frauenförderung in Deutschland: In Deutschland konzentriert sich die universitäre Förderung vorwiegend auf den Bereich der Postgraduierten, bisher gibt es erst wenige Förderprogramme für Studentinnen.

Die spezielle Förderung von Frauen, beispielsweise in technisch-naturwissenschaftlichen Fachbereichen, wird hier verschiedentlich noch als Modellversuch erprobt, wie 1997/1998 an der Fachhochschule

Wilhelmshaven, in der Studentinnen im »Frauenstudium zur Dipl.-Wirtschaftsingenieurin« unter sich bleiben. Daneben werden in einigen Hochschulen verschiedener Bundesländer derzeit spezielle Studiengänge für Frauen errichtet.

*Die Welt* schrieb im Februar 1998 über die ersten Erfahrungen mit den Projekten: »Die jungen Frauen hier sind hochmotiviert – es soll ihnen ermöglicht werden, typisch männliche Studiengänge ohne Konkurrenzdruck zu absolvieren. Frauen unterstehen auch dem Druck des Vorurteils, daß sie für technische und mathematische Dinge keine Begabung hätten, was die Entscheidung, ein bislang von Männern dominiertes Studium zu belegen, beeinträchtigen kann.« Eine Studentin beschreibt die Vorzüge des separaten Studierens: »Wir sind weniger gehemmt, als wenn Männer in der gleichen Vorlesung sitzen.« Helga Urban von der Zentralen Studienberatung hält fest: »Die Frauen lassen den Männern zu oft den Vortritt.« Der Fachbereichsleiter an der Fachhoschule Wilhelmshaven, Manfred Siegel betont die höhere »Alltagskompetenz« von Studentinnen, und diese Tugend ist auch in der Wirtschaft gefragt.

An der Universität Koblenz wurde Anfang August 1997 das »Ada-Lovelace-Projekt zur Initiierung eines Netzwerkes für technisch-naturwissenschaftliche Studiengänge« gestartet. Ingenieurinnen aus der freien Wirtschaft und Professorinnen an den Hochschulen werden als Mentorinnen gewonnen, die gezielt Studentinnen betreuen. Diese sollen wiederum ihrerseits Schülerinnen zu einem derartigen Studium motivieren. Das Lise-Meitner-Stipendiaten-Programm aus Nordrhein-Westfalen ermöglicht es Frauen, zu habilitieren. Aber auch in Deutschland unterstützen die Ergebnisse der Programme die These, daß es gewinnbringend ist, Frauen zu fördern, bzw. monoedukativ zu unterrichten.

Das alte Vorurteil, daß Frauen und Technik nicht zusammenpassen, kann in diesem Zusammenhang endlich revidiert werden.

## Weibliches Denken im Gegenwind

Häufiger wird in der Presse über berufstätige Frauen berichtet, daß sie aufhören wollen zu arbeiten, daß sie wieder wie früher Kinder kriegen und sich wieder um ein gemütliches Heim kümmern wollen. Die Medien sagten in Schlagzeilen wie »Die Superfrau hat genug«, »Junge Frauen würden gern Berufstätigkeit gegen Ehe eintauschen« eine

»Rückkehr zu den fünfziger Jahren« voraus.

Tatsache ist, daß hierfür keine belegenden Fakten existieren. Die Statistiken können nicht nachweisen, daß Frauen in nennenswerter Zahl ihren Beruf aufgeben würden, um als Hausfrau nach Hause zurückzukehren. Selbstverständlich gibt es auch Frauen, die ihre Arbeit aufgeben müssen, doch ein Grund dafür sind oft zu hohe Kosten für eine angemessene emotionale und intellektuelle Betreuung ihrer Kinder.

Im Gegenteil: In den USA zeigen bereits viele Firmen Bestrebungen, für ihre Angestellten Kindergartenplätze auf Firmenkosten zu reservieren. Ähnliche Projekte werden inzwischen in Deutschland realisiert, es gibt bereits private Initiativen von Industrie, Banken und Werbeagenturen. In Frankfurt wird derzeit das Modell eines Betriebskindergartens konzipiert, der teilweise mit öffentlichen Mitteln, teilweise mit Unternehmensmitteln finanziert werden soll. Es ist vorgesehen, daß sowohl Kinder von Firmenangehörigen als auch Kinder von angestellten Eltern der umliegenden Firmen in dem Kindergarten betreut werden sollen. Das Alter der Kinder soll hauptsächlich zwischen 6 Monaten bis 3 Jahren liegen. Ist das Modell erfolgreich, soll es in ganz Deutschland umgesetzt werden. Vorteil: Die Eltern sind in der Nähe ihrer Kinder, und die Auslastung und Finanzierung wird durch den Einbezug »betriebsfremder« Kinder gewährleistet. Das Modell ist zudem insofern interessant, als daß das Kind/die Kinder auch einen Platz in der Nähe der Firma des Vaters finden könnten, sofern die Betriebe im Umfeld der Mutter einen derartigen Kindergarten nicht anbieten. Da diese Maßnahme insbesondere die Frauen betrifft, geben die Firmen hierdurch zum Ausdruck, daß die Frau im Unternehmen gebraucht wird. Ziel ist es, Frauen wieder früher in den Betrieb zurückzuholen, weil diese nach 3jähriger Kinderpause aufgrund der rasanten Neuerungen oft den Anschluß ins Berufsleben nicht mehr finden.

Der Antifeminismus, der sich gegen die Freiheits- und Gleichheitsbestrebungen der Frauen richtet, ist heute in unterschiedlichen Formen wiedererstarkt. Es existiert beispielsweise ein neuer Hollywood-Trend zur Diffamierung von starken, sexuell emanzipierten Frauen, wie die Figur der lesbischen, mit dem Eispickel mordenden Psychopatin in dem Film »Basic Instinct« (1992) zeigt.

Wie sehr die starren männlichen Denkweisen in unserer heutigen Gesellschaft noch präsent sind, wird durch das folgende Beispiel noch deutlicher. Eine Bekannte von mir hatte vor einigen Wochen eine Gerichtsverhandlung, bei der sie und ihre Mitarbeiterin zu einem

Unfallhergang befragt wurden. Auffällig war hierbei das patriarchale Verhalten des Richters. Auf die Frage nach dem Abhängigkeitsgrad entgegnete meine Bekannte, wie er darauf käme, zu fragen, ob sie mit ihrer Mitarbeiterin »liiert« sei. Er antwortete: »Tja, zwei so hübsche Mädchen in heiratsfähigem Alter und noch nicht verheiratet.« Es blieb meiner Bekannten unverständlich, wie ein neutraler und objektiver Richter eine derart diffamierende, unangebracht subjektive Aussage machen konnte.

Die Erkenntnis einer geschiedenen Freundin macht deutlich, daß der Grund der verbalen Diskriminierung der Frauen auf klassische Vorurteile der Männer zurückzuführen ist: »In unserer Männergesellschaft ist es besser, geschieden als unverheiratet zu sein, um als eine 'richtige' Frau annerkannt zu werden.«

Frauen haben durch die Emanzipation bisher viel erreicht, wir leben aber immer noch in einer von Männern dominierten Welt. Manche Frauen sind sehr frustriert über die beharrlichen Vorurteile, vor allem in der Arbeitswelt. Immer mehr von ihnen klagen vor Gericht wegen sexueller Belästigung am Arbeitsplatz. Als Faustregel für eine erste Reaktion der Frauen gilt die Entgegnung: »Würden Sie das auch zu einem männlichen Mitarbeiter sagen?«

Es herrscht nach wie vor das Vorurteil, daß Frauen, die in solche Situationen geraten, selbst schuld daran sind, wenn sie von Männern belästigt werden, indem sie angeblich zu aufreizend gekleidet oder einfach zu gepflegt sind.

Ich habe mich gefragt, wie angeklagte Männer von einem Richter verurteilt werden können, der selbst in dem männlichen Schema steckt und wie seine Geschlechtsgenossen denkt. Auf meine diesbezügliche Frage meinte ein Rechtsanwalt: »Das ist wie Pokern, man kann Glück oder Pech haben mit dem Richter«. Für uns Frauen bedeutet es, daß meist nicht nach Fakten, sondern nach persönlichen Ansichten geurteilt wird. Einerseits ist dies ein Armutszeugnis für die Richter, andererseits ist es beängstigend für uns Frauen.

In den westlichen Ländern sind wir immer wieder den oben genannten Diffamierungen ausgesetzt, viel schlimmer aber ist es noch in den islamischen Ländern. Die Fundamentalisten dort verweisen Frauen auf ihren »natürlichen« von »Gott gebotenen« zweiten Platz, und damit geben sie den Frauen keinerlei Möglichkeit, ihre Unabhängigkeit zu erreichen. Die Folgen dieses Fundamentalismus reichen von der Unterstützung der Ideologie männlicher Überlegenheit über Feindseligkeit gegen Frauen bis hin zu Gewalttätigkeiten.

## Ist Macht mit Einsamkeit verbunden?

Macht ist für Frauen immer noch ein Tabuthema, obwohl jeder weiß, daß Macht existiert. Macht hat immer den negativen Beigeschmack des unrechtmäßigen, eigennützigen Machtmißbrauchs und wird selten als ein Beziehungsphänomen verstanden. Häufig wird Macht mit Herrschaft, Gewalt und Zwang verwechselt. Es gilt aber, daß keine menschliche Beziehung ohne Macht existiert, weil jeder in der Beziehung zu anderen seinen Autonomiebereich sichern will. Macht ist also ein unverzichtbarer Bestandteil sozialer Systeme und ein wesentlicher Faktor in Organisationen.

Die Gesellschaft redet uns ein, daß Unabhängigkeit, Erfolg und Macht zwangsläufig einsam machen. Das geschieht aber nur, wenn wir uns die männlichen Wege, die oft von Machtrangeleien begleitet werden und mit Verzicht auf das soziale Zusammenleben verbunden sind, zum Vorbild nehmen. Statt dessen sollten wir endlich beginnen, weibliches Denken zu praktizieren!

Macht hat nichts mit Kontrolle oder Einschüchterung zu tun, sondern damit, zu lernen, was in uns steckt. Dies ist der Schlüssel zur Macht der Frau. Wir sollten die Macht selbstbewußt in uns tragen und nicht, wie die Männer, ein Lebensziel daraus machen. Sie werden andere nicht kontrollieren, sondern in einer Situation, in die Sie sich versetzt finden, nur sich selbst lenken können.

So verstanden ist Macht das Gegenteil von Befehlen und Kontrolle, sie befiehlt nicht, und sie kontrolliert nicht. Macht führt uns in den Streit und läßt uns offen und unbewaffnet dem gegenübertreteten, was immer auf uns zukommen wird: Unsere Verletzlichkeit ist unsere Stärke. Macht ist nicht das, was wir *benutzen.* Es ist das, was wir *besitzen.* Das ist das Geheimnis: der Hebel der in sich ruhenden Macht.

*Ute Erhardt* meint zu der Angst der Frauen, daß Macht einsam machen würde: »Im Gegenteil, erst Unabhängigkeit ermöglicht kreatives, entspanntes und offenes Miteinander. Nur wer nicht auf andere angewiesen ist, kann frei entscheiden, mit wem und in welcher Weise er etwas zu tun haben will.« Aber: Erfolg und Macht haben nichts mit Einsamkeit zu tun, auch wenn viele mächtige Männer das Gegenteil zu beweisen scheinen.

Frauen, die mit Engagement den Beruf ausüben, der ihnen Freude bringt, entwickeln zusätzliche Energien, die ihnen ermöglichen, andere zu unterstützen. Dadurch sind sie auch in ihrer Freizeit aktiv, lernen viele Menschen kennen und haben das Selbstbewußtsein, auch bei Bekannten, Freunden oder Mitarbeitern um Rat zu bitten. Sie sind in der Lage, zu geben und zu nehmen, genießen Freizeit und Urlaub noch intensiver und haben Spaß mit ihren Freunden. Frauen sind kontaktfreudig, kommunikativ und ständig bemüht, Verbindungen zu anderen Menschen zu knüpfen.

Unsere Devise ist einfach: Macht macht müde Frauen munter!

## Nicht Frauen gegen Männer, sondern gemeinsam zum Erfolg!

Die bestehende Geschlechtertrennung von Männern und Frauen löst sich unter weiblichem Denken auf. Männer und Frauen müssen gemeinsam einen Weg finden, die Lebensqualität für alle zu erhöhen, indem sie die zwischenmenschlichen Beziehungen im privaten, im beruflichen und im öffentlichen Leben für alle erträglicher gestalten und Vorurteile abschaffen. Es geht nicht darum, die Männer zu unterdrücken, sondern die Frauen zu fördern, um gemeinsam Besseres zu erreichen.

Das scheinbar unveränderliche Bild des weiblichen Dummchens müssen wir ebenso aus unserem Leben verbannen wie das männliche Macho-Gehabe. Die männliche Besessenheit, immer gewinnen zu müssen, muß ersetzt werden durch eine wärmere, freundlichere Betonung gemeinsamer Werte. Wir Frauen und Männer müssen einen neuen Denkkontext schaffen. Das weibliche Denken geht weit über den Kampf um Gleichberechtigung hinaus. Die Forderung lautet vielmehr, die Unterschiede zwischen Mann und Frau als naturgegeben anzuerkennen, ohne daraus falsche, für die Menschheit schwerwiegende Schlußfolgerungen zu ziehen.

Im Leben geht es nicht nur um oberflächliche, profitorientierte Aktionen, sondern um tiefergehende zwischenmenschliche Beziehungen in Familie und Beruf. Letzteres können wir nur durch weibliches Denken erreichen. Weibliches Denken hat Zukunft: Die Zukunft ist weiblich, und wir müssen keine Frau sein, um das zu erkennen. Denn diese Denkweise ist geschlechtsneutral, sie fällt nur den meisten Frauen von Natur aus wesentlich leichter als den Männern.

## Mehr Frauenpolitik und Frauenförderung

Die Appelle meines Vaters, daß Frauen in die Politik gehen sollen, um die Führung in den Regierungen zu übernehmen, haben mich dazu angeregt, mich näher mit dieser Frage zu befassen. Wir Frauen müssen uns unserer gegenwärtigen passiven Stellung in der Politik bewußt werden, um unsere zukünftige Stellung in Politik und Gesellschaft neugestalten zu können.

Zunächst müssen wir herausfinden, welche Möglichkeiten Frauen haben, Einfluß in der Politik zu nehmen. Es ist kaum zu übersehen, daß die Strukturen in der Politik männlich sind und Frauen zuwenig einbezogen werden. Daraus folgt, daß wir intensivere Frauenförderung und ein stärkeres weibliches Engagement in der Frauenpolitik brauchen, um die Interessen der Frauen verwirklichen zu können. Politik ist leider nach Ansicht der meisten Frauen immer noch »Männersache«.

Viele Frauen, die sich in der Politik für uns engagiert haben, werden als »Feministinnen« und »Emanzen« beschimpft oder belächelt, obwohl sie sich seit Jahrzehnten energisch und erfolgreich für die Rechte der Frauen eingesetzt haben. Hier sehen Sie, wie unsere Gesellschaftsstruktur männlich geprägt ist, wie wir gelernt haben, daran zu glauben, so daß wir sogar unser eigenes Geschlecht bekämpfen, angreifen und uns ein negatives Bild von Frauen machen. Der Begriff »Feministin« ist in der öffentlichen Diskussion negativer bewertet als die sogenannte »Frauenrechtlerin«. In der westlichen Welt hatte »Feminismus« sehr früh eine negative Bedeutung, diente Gegnern zur Diffamierung der Frauenbewegung und innerhalb der Bewegung zur Abgrenzung der »Gemäßigten« von den »Radikalen«.

»Feminismus« wird vom lateinischen *femina* (Weib, Frau) abgeleitet, was sämtliche Aspekte, die das Leben der Frau betreffen, beinhaltet (Mutter-, Schwangerschaft, Berufstätigkeit und Alter). »Emanze« stammt ebenfalls aus dem Lateinischen und bedeutet »frei, freilassen, ungebunden, unabhängig«. Deshalb sollten wir uns nicht angegriffen fühlen, wenn wir als Feministinnen oder Emanzen bezeichnet werden.

Hierzu möchte ich Frau Renate Schmidt (Vorsitzende der SPD in Bayern) zitieren: »Noch im Jahr 1968 hätte ich auf die Frage 'Bist Du Feministin?' mit Unverständnis, Abwehr reagiert. Heute bin ich sauer, wenn ich von Feministinnen ausgegrenzt werde. 1968 war bei mir noch das Bedürfnis vorherrschend, Männern zu gefallen; heute dominiert der Wunsch, als Frau gut zu bestehen.« (Oltmanns, 1990)

Aus der vielfältigen Literatur zu den Themen Frauenpolitik und Frauenförderung, möchte ich zwei aktuelle Werke besonders herausheben, weil diese meiner Ansicht nach ausgewogen sind: *Frauenpolitik* von Mechthild Cordes (1996) und *Auf dem Weg zum Ziel* von Carmen Leicht-Scholten (1997).

## Soziale Ungleichheit

»Männer und Frauen sind gleichberechtigt« – so bestimmt es das Grundgesetz der Bundesrepublik Deutschland in Art. 3 Abs. 2. In seiner neuen Formulierung vom November 1994 erfährt dieser Gleichberechtigungsgrundsatz noch eine Erweiterung: »Der Staat fördert die tatsächliche Durchsetzung der Gleichberechtigung von Frauen und Männern und wirkt auf die Beseitigung bestehender Nachteile hin.« Diese Ergänzung zeigt, daß die soziale Realität mit der Verfassungsnorm offensichtlich nicht übereinstimmt: Trotz der im Grundgesetz festgeschriebenen Gleichberechtigung und trotz des Verbotes einer Diskriminierung aufgrund des Geschlechts ist unsere Gesellschaft dadurch gekennzeichnet, daß die Machtverteilung in ökonomischer, politischer und kultureller Hinsicht zugunsten der Männer ausfällt. Frauen sind – trotz aller Fortschritte und Veränderungen in den letzten Jahren – im Vergleich zu Männern immer noch erheblich benachteiligt. Diese Ungerechtigkeiten werden besonders in den folgenden Bereichen deutlich: in Bildung und beruflichen Aufstiegschancen, beim Einkommen, in der Verteilung von Entscheidungsmacht und in der Familie. Ein Beispiel: Daß Frauen für die gleiche Arbeit weniger Lohn erhalten, ist allgemein bekannt. Mechthild Cordes betont, daß dies weniger mit einer direkten Lohndiskriminierung zusammenhängt, sondern daß es vielmehr an der Art der Frauenarbeitsplätze liegt. In frauentypischen Berufen (Krankenschwester, Lehrerin, Kassiererin, Kindergärtnerin, Reinigungskraft, Fabrikarbeiterin usw.) besteht generell ein niedriges Lohnniveau, und Frauen bekleiden seltener die höher bezahlten Positionen. Hinzu kommt häufig ihre Doppelbelastung, die ihnen weniger Zeit und Energie zur Verfügung stellt. Die meisten Männer hingegen können sich ganz einem lohnsteigernden beruflichen Engagement widmen.

Die Ungleichheit in der Familie zeigt sich besonders in der geschlechtsspezifischen Arbeitsteilung. Familienarbeit und Haushaltsführung gehören nach wie vor in den Zuständigkeitsbereich von

Frauen. Männer beteiligen sich kaum an der Hausarbeit, wenn überhaupt engagieren sie sich am ehesten in der Kinderbetreuung. Entsprechend ist die wöchentliche Arbeitsbelastung für Frauen bei eigener Berufstätigkeit erheblich höher als die der Männer.

Es ist eine Tatsache, daß die im Gesetz festgeschriebene Gleichstellung von Frauen und Männern weder im beruflichen noch im privaten Bereich existiert.

Durch die Frauenbewegung wurden erstmals Themen wie »Gewalt in der Ehe«, »Infragestellung des tradierten Rollenverständnisses« oder »Sexualität der Frau« öffentlich erörtert und damit ein großes allgemeines Bewußtsein für die vielfältigen Formen der Ungleichbehandlung zwischen Mann und Frau geschaffen. Wir sollten uns nicht mehr damit zufrieden geben, rechtlich gleichberechtigt zu sein, sondern wir sollten diese Gleichstellung überall einfordern. Frauenpolitische Themen werden inzwischen auf allen Ebenen des politischen Entscheidungsprozesses verhandelt, und durch den immer stärker werdenden Druck von Seiten der Frauen wird Gleichstellungspolitik auch zunehmend als politische Notwendigkeit erkannt und diskutiert.

## Die Quote als Mittel zur Förderung von Frauenkarrieren

»Frauenpolitik« ist das Politikfeld der 90er Jahre und eng verbunden mit »Frauenförderung«. Es gibt inzwischen verschiedene Konzepte zur Förderung von Frauen, angefangen von Frauenförderplänen über Antidiskriminierungsgesetze bis hin zu Quotenregelungen.

Die Quote als Mittel der Frauenförderung ist ein zentrales Thema. Quotierung ist das Zugeständnis eines festgelegten Prozentsatzes bei der Besetzung von Positionen in verschiedenen Bereichen des öffentlichen Lebens für einen bestimmten Personenkreis. Ist die Quote eine geeignete Maßnahme zur Durchsetzung von Gleichheit?

Es gibt die These, daß Quotierung keine Maßnahme zur Frauenförderung ist, sondern daß sie dazu dient, den Frauen eine gleiche Teilhabe in allen Machtbereichen zu sichern. Das bedeutet, daß die Männer von ihrer Macht per Gesetz einen Teil an Frauen abtreten müssen. Als Beleg mag das Ergebnis einer repräsentativen forsa-Umfrage unter 1200 18- bis 65jährigen (*Stern* Nr. 23, 1997) gelten: Auf die Frage, ob Quoten das geeignete Mittel zur Förderung von Frauenkarrieren sind, antworteten unter den Frauen 59 % mit nein, unter den Männern 70 %. Dafür sprachen sich unter den Frauen 30 % und unter den

Männern 20 % aus (an 100 % fehlende Angaben: »Weiß nicht«).

Die bisherigen Versuche der Frauenförderung waren in der Umsetzung wenig erfolgreich, weil sie an den männlichen Machtstrukturen gescheitert sind. Daher wurde zu einer stärkeren Waffe gegriffen, nämlich zur Quote per Gesetz, die sowohl unter den Männern als auch unter den Frauen zu einer kontrovers diskutierten Maßnahme wurde.

Als die Grünen ihre Vorstände und Parteilisten mit einem bestimmten Protzentsatz an Frauen besetzten, beeinflußte das die öffentliche Diskussion kaum. Erst als eine der beiden großen Parteien, die SPD, sich 1988 für eine interne Quotenregelung zugunsten von Frauen entschloß und in Erwägung zog, in den von ihr regierten Bundesländern auch Quotierung bei den Stellenbesetzungen im öffentlichen Dienst einzuführen, wurde die Diskussion mit einem Mal von der Theorie in die Praxis verlagert. Einen ersten Vorstoß machte das Land Nordrhein-Westfalen 1986. Nach einer vierjährigen Laufzeit wurde 1989 ein Frauenförderungsgesetz verabschiedet, welches Quotierung im öffentlichen Dienst gesetzlich vorsieht.

Unterschiedliche Auslegungen der Begriffe Gleichberechtigung und Gleichheit sind heute noch Ursache für Schwierigkeiten bei der Forderung nach Gleichstellung von Mann und Frau. Für viele Männer und Frauen ist der Begriff »Quotenfrau« mit einer schlechteren Qualifizierung verbunden. Und es ist auch die Rede von der Angst vor der »Diskriminierung der Männer«, die gegenüber der »schlechter qualifizierten, aber quotierten Frau« das Nachsehen haben. Die Sorge, daß die Quote den Frauen mehr Schaden als Nutzen bringe, wird durchaus auch von einem Teil der Feministinnen geäußert. Dahinter steht die Vorstellung, daß Quotenregelungen von Männern ermöglicht werden und eben nicht die Gleichstellung der Frauen, sondern nur die Anpassung des »schwachen« an das »starke« Geschlecht vollzogen wird. Indem Frauen im voraus ihre Qualifikation abgesprochen wird, erleben sie eine neue Art der Diskriminierung. Es wird angenommen, daß die Frau mit Hilfe der Quote und nicht durch ihre Leistung ihre Position erworben hat. Im Gegensatz zu dieser weitverbreiteten Auffassung kommen in der Praxis bei der Bewerbung um einen Arbeitsplatz aber tatsächlich nur sehr gut qualifizierte Frauen in den Genuß der Quote, nämlich jene Frauen, die mindestens eine gleiche Qualifikation wie die Männer haben.

Einen einfachen Weg zur Lösung aller verfassungsrechtlichen Bedenken gegen Quoten führt Kristina Garbe-Emden in ihrem Buch *Gleichberechtigung durch Gesetz* (Hannover 1984) an.

Was die Quotierung von Ausbildungsplätzen betrifft, so sieht sie in der starren Quote keinen Eingriff in Artikel 3 des Grundgesetzes: »Im Gegenteil, sie würde der Vorschrift gerade dadurch Rechnung tragen, daß sie die vorhandenen Ausbildungsplätze gleichmäßig auf beide Geschlechter verteilt«. Auch das Argument der umgekehrten Diskriminierung läßt sich auf diese Art entkräften: Starre Quoten – wie sie zum Beispiel schon im Hochschulrahmengesetz festgelegt sind, um Ausländer/innen einen bestimmten Prozentsatz der Studienplätze zu garantieren – verhindern eine individuelle Konkurrenzsituation. Mit Hilfe dieser Quote konnten meine drei Geschwister und ich in Deutschland studieren.

Garbe-Emden: »Starre Quoten schaffen in diesem Sinne einen 'geteilten' Arbeitsmarkt, da jedes Geschlecht nur innerhalb des im Gesetz vorgesehenen Ausbildungsplatzanteils die Möglichkeit der Bewerbung offensteht, jedenfalls dann, wenn genügend Bewerber/innen vorhanden sind.«

Nach den bisherigen Erfahrungen scheint eine Quotierung ein geeignetes Hilfsmittel zu sein, um die Gleichberechtigung von Mann und Frau durchzusetzen.

Aufgrund der von Männern dominierten Gesellschaftsstruktur wird dem Mann der Weg ins Berufsleben aus vielerlei Gründen (Angst vor der Schwangerschaft einer Frau, Solidarität unter Männern, traditionelles Verhalten usw.) erleichtert und geebnet, sofern er die entsprechende Qualifikation hat, während Frauen mit gleichen Qualifikationen die Türen auf dem Weg »nach oben« oft verschlossen bleiben. Wie sollen Frauen dann aber die dringend benötigten beruflichen Erfahrungen sammeln, um qualitativ und quantitativ ihr Können in höheren Ebenen zu beweisen? Wie hätte ich mich jemals selbständig machen können ohne jegliche finanzielle und moralische Unterstützung? Mir wurde aufgrund meiner Qualifikation eine Chance in Form von Startkapital gegeben.

Ähnlich ist es bei der Quote: Mit der Durchsetzung der Quotenregelung im öffentlichen Dienst werden die Benachteiligungen von Frauen zurückgehen, bis eine vernünftige Machtverteilung und Gleichberechtigung erzielt wird. Dieses sollte der privaten Wirtschaft als Vorbild dienen.

## Europäischer Vergleich

Die Bundesrepublik bleibt hinsichtlich politischer und gesetzlicher Maßnahmen zur Gleichstellung der Geschlechter weit hinter vielen europäischen Nachbarn zurück. Die Vorreiterrolle in Sachen Frauenförderung nimmt dabei ohne Zweifel Schweden ein. Norwegen und die USA gehören neben Schweden zu den wenigen Ländern, die bei Stellenbesetzungen in der Wirtschaft eine Quotenregelung anwenden. In Italien und England gibt es beispielsweise passive Diskriminierungsverbote, die keine ausdrückliche Quotierung enthalten. Die Entwicklung hinsichtlich der politischen Quote in Norwegen und Schweden ist so positiv verlaufen, daß jetzt überlegt wird, die Quote wieder abzuschaffen.

Neben den frühen Bemühungen um Frauenförderung und der gesetzlichen Quotenregelung macht ein dritter Aspekt Schweden für die Diskussion um Frauenförderung besonders interessant, denn dort ist Frauenförderung eng verbunden mit Maßnahmen der Steuer-, Sozial-, Familien- und Arbeitsgesetzgebung. Bereits 1951 gründeten Arbeitgeber und Gewerkschaftsverbände eine beratende Versammlung mit der Aufgabe, die Chancengleichheit im Arbeitsleben zu fördern. Anfang der 60er Jahre startete hier das erste Förderungsprogramm für Frauen im Arbeitsleben. Durch Informationen und spezielle unterstützende Maßnahmen wurde versucht, Frauen den Einstieg ins Berufsleben zu erleichtern.

In dieser gesamten Diskussion wird deutlich, daß Frauenförderung im Erwerbsleben nur verbunden mit einer »Männerförderung« im Familienleben zu wirklicher Gleichberechtigung der Geschlechter führen kann. Denn es reicht nicht, die Gleichstellung der Geschlechter auf Frauenfragen zu beschränken. Es ist nur logisch, daß eine Politik, die auf die gesamte Struktur gesellschaftlichen Lebens ausgerichtet ist, sich auch mit der Veränderung der Männerrolle befassen sollte. Ein Fortschritt wurde bereits dahingehend erreicht, daß heute Väter wie Mütter Erziehungsurlaub beantragen können.

## Internationale Arbeitsorganisation für schwangere Frauen

Schwanger sein und trotzdem auf Dauer berufstätig bleiben können: In vielen Staaten, auch in Wirtschaftsgroßmächten, wird Frauen der Versuch, verschiedene Lebensbereiche zu koordinieren, schwergemacht.

Eine globale Konvention soll nunmehr im dritten Anlauf Abhilfe schaffen.

Als 1919 in Genf die Internationale Arbeitsorganisation (ILO) ins Leben gerufen wurde, war der Mutterschutz für arbeitende Frauen einer der ersten Tagesordnungspunkte. Die ILO-Gründer sahen darin eine grundlegende Voraussetzung für die erstrebte Gleichstellung am Arbeitsplatz. Der damals vereinbarten, später von 33 Ländern ratifizierten Konvention folgte 1952 eine weitere, der inzwischen 36 Länder zugestimmt haben. Bis heute ratifizierten jedoch nur 53 von 152 ILO-Mitgliedern eine der beiden Konventionen. Immerhin bestehen inzwischen in gut 120 Ländern mehr oder weniger zufriedenstellende Regelungen.

Die Genfer Behörde legt im Februar 1998 eine globale Bestandsaufnahme vor. Ihr Bericht soll als Grundlage für eine umfassende Diskussion des Themas auf der für 1999 geplanten großen Arbeitskonferenz dienen. »In allen Teilen der Welt droht arbeitenden Frauen, die schwanger werden, immer noch der Verlust von Arbeitsplatz und Einkommen«, betont die federführende ILO-Expertin Dy-Hammar. Das Problem gewinnt dadurch an Bedeutung, daß immer mehr Frauen berufstätig sind: 1950 lag die Frauenerwerbsquote weltweit bei 54 %; bis 2010 wird sie voraussichtlich auf 70 %, in den hochentwickelten Ländern sogar auf über 80 % steigen.

Nach der ILO-Konvention sollte es mindestens 12 und möglichst 14 Monate Urlaub mit mindestens zwei Dritteln des Einkommens und vollem Anspruch auf Gesundheitsdienst geben. In 32 Ländern aber sind es heute noch weniger als 12 Wochen. Vorn liegen die ehemals kommunistischen Länder: Tschechien mit 28, Ungarn mit 24 Wochen bezahltem Urlaub. Rußland gesteht 140 Tage zu, es folgen Dänemark, Norwegen, Kuba und Venezuela mit je 18 Wochen.

Deutschland liegt mit 14 Wochen bezahltem Mutterschaftsurlaub im europäischen Mittelfeld. In den Vereinigten Staaten von Amerika dagegen hat eine Mutter nur Anspruch auf 12 Wochen unbezahlten Urlaub, und auch das nur in Firmen mit 50 oder mehr Angestellten. In Großbritannien haben einer Untersuchung zufolge 85 % der befragten Unternehmen bessere Regelungen vereinbart, als das Gesetz sie vorschreibt.

Unterschiedlich werden auch die Kündigungsverbote gehandhabt. In Amerika ist die Diskriminierung schwangerer Frauen am Arbeitsplatz verboten – aber nur in Firmen mit mindestens 15 Angestellten, sonst gelten gleiche Regelungen wie bei zeitweiser

Arbeitsunfähigkeit. Wichtig ist, so die ILO, daß der Kündigungsschutz nach der Wiederaufnahme der Arbeit fortbesteht. In Belgien und Südkorea gilt dies nur für 30 Tage nach Urlaubsende, in der Schweiz 16 Wochen, in Deutschland und Österreich vier Monate, in Ungarn sechs Monate und in verschiedenen armen Ländern ein Jahr – bis zu 15 Monaten in Mali und Senegal.

Ein Problem bleibt außerhalb Europas oft das Krankengeld. Durch die in mehr als 100 Ländern bestehenden Sozialversicherungen hat sich die Lage zwar verbessert. Wo es sie aber nicht gibt, bleibt die Lage von Frauen, die bald nach ihrer Anstellung schwanger werden, oft schwierig: Um Ansprüche zu erwerben, müssen sie bereits drei bis zwölf Monate gearbeitet haben. Und immer noch sind, auch in Amerika, viele Frauen außerstande, ihren Urlaubsanspruch voll zu nutzen, weil Mutterschaftsgelder fehlen oder nicht ausreichen.

Der ILO-Bericht befaßt sich zudem mit dem Elternurlaub, der in einer Gesellschaft, in der beide Eltern arbeiten, wichtiger wird. Hier haben 36 Staaten, meist Industrieländer, gesetzliche Regelungen getroffen. Alles in allem, so das Fazit der ILO, kann von einer Gleichstellung arbeitender Mütter noch längst nicht die Rede sein. (*Die Welt*, 16.02.1998)

## Entwicklung eines Frauenförderungsgesetzes in Deutschland

Schon vor der Durchsetzung des Frauenförderungsgesetzes gab es langjährige Bemühungen der Leitstelle Frauenpolitik: Schon kleine Maßnahmen zur Frauenförderung waren schwer durchzusetzen, so stieß beispielsweise der Vorschlag von 1979, Stellenausschreibungen geschlechtsneutral zu formulieren, auf heftigen Widerstand. Die Einwände reichten von »überflüssig« über »lächerlich« oder »zu bürokratisch« bis hin zu »umständlich«. Es waren wiederholte Initiativen notwendig, bis alle Behörden diese notwendige aber freiwillige Regelung anwandten.

Proteste rief auch die Forderung nach Einstellung von Frauen in die Schutzpolizei hervor, die schließlich 1982 durchgesetzt werden konnte, sowie die Gewährung von Teilzeitarbeitsplätzen in Einzelfällen auch in Vorgesetzten- und Leitungsfunktionen. In beiden Bereichen wurden seitdem mit den dort arbeitenden Frauen positive Erfahrungen gemacht. Im Mai 1995 gelang der Leitstelle Frauenpolitik schließlich die Beschließung des Frauenförderungskonzeptes. Ziel ist es, mit Hilfe der geschaffenen Richtlinien »die Verbesserung der beruflichen Situation der weiblichen Beschäftigten im öffentlichen Dienst des Landes« zu erlangen. Die Richtlinien betreffen Neueinstellungen ebenso wie Beförderungen und Höhergruppierungen von Frauen, Stellenausschreibungen, Teilzeitbeschäftigung, Fortbildung, die Wiederaufnahme der Berufstätigkeit nach Beurlaubung aus familiären Gründen und schließlich die Berichtspflicht, anhand derer Erfolge und Mißerfolge der Richtlinien gemessen werden soll.

Der Europäische Gerichtshof (EuGH) entschied im Oktober 1995: »Frauen dürfen bei Bewerbungen und Beförderungen nicht allein aufgrund ihres Geschlechtes bevorzugt werden.« Damit hatte der EuGH gesetzliche Vorschriften, die zur Frauenquotierung in sieben Bundesländern der Bundesrepublik Deutschland bereits existierten, für unrechtmäßig erklärt. Vorausgegangen war das Bremer Gleichstellungsgesetz (vom Bundesgericht in Kassel 1993 für zulässig erklärt), das Frauen bei der Vergabe öffentlicher Arbeitsplätze bervorzugt, wenn diese gleiche Leistungen wie Männer erbringen. Anlaß für das Urteil des EuGH, eine Regelung zur Frauenförderung zu verbieten, war eine Stellenbesetzung im Bremer Gartenbauamt, bei der sich 1990 eine Frau gegen ihre männlichen Mitbewerber durchgesetzt hatte. Einer von ihnen ging vor Gericht, um die Stelle für sich einzuklagen. Nachdem er in allen Instanzen verloren hatte, ging er vor den EuGH, wo er schließlich recht bekam. Fünf Monate nach dem Urteil hat das Bundesarbeitsgericht im März 1996 die Bevorzugung von Frauen bei gleicher Qualifikation im Grundsatz dann doch für zulässig erklärt. Die entsprechenden Gesetze müssen aber eine Härtefallklausel enthalten, nach der es im Einzelfall möglich bleibt, einen Posten trotzdem mit einem gleichqualifizierten Mann zu besetzen. Dieses Urteil wurde am 11. November 1997 ebenfalls vom EuGH bestätigt. »Die bevorzugte Beförderung von Frauen im öffentlichen Dienst widerspricht nicht europäischem Recht«, sagt der EuGH. Sie ist erlaubt, »wenn die objektive Beurteilung jedes einzelnen männlichen oder weiblichen Bewerbers gewährleistet ist und die Beförderung des Mannes nicht von vornherein ausgeschlossen ist« (*Die Welt*, 12. 11. 1997).

Die Härtefallregelung war für die Richter bei ihrer Entscheidung ausschlaggebend. Bremen sieht die Klausel nicht vor, daher war 1995 das Gleichstellungsgesetz abgelehnt worden. Eine Reform hatte es in Bremen nicht gegeben – man wartete auf das Urteil aus Luxemburg. Nach dem Urteil sollte – in Anlehnung an die nordrhein-westfälische Regelung – eine Härtefallklausel eingebaut werden. Einige Bundesländer haben sich bei der Vergabe von Stellen an Frauen sogenannte

Zielquoten vorgenommen. Innerhalb eines festgelegten Zeitraumes soll ein bestimmter Prozentsatz der Stellen von weiblichen Bewerbern besetzt sein. Unterschiede gibt es aber in der Verbindlichkeit der Vorgaben und den Sanktionen, falls die Quote nicht erreicht wird. Beispielsweise wird in Hessen solange eine Stelle nicht besetzt, bis eine weibliche Bewerberin gefunden ist. Der EuGH wird sich demnächst mit dem Fall Hessen beschäftigen. In der Frage, was der Staat tun darf, um die im Artikel 3 geschützte Gleichberechtigung von Mann und Frau durchzusetzen, hat es immer wieder gerichtliche Auseinandersetzungen gegeben.

Ich vertrete die Meinung, daß die Quote notwendig ist, nicht nur bis eine Parität in der Vergabe der Arbeitsplätze erreicht ist, sondern bis wir Frauen das weibliche Denken in die Gesellschaft integriert haben. Die Quote kann für Männer einen Lernprozeß darstellen, indem sie mit Frauen zusammenarbeiten und sehen, daß ihre althergebrachten Vorurteile unbegründet sind. Für Frauen dagegen ist die Quote eine Chance, mit ihren Qualifikationen eine entsprechende Position zu erlangen und anderen Frauen als Vorbild zu dienen. Frauen aus allen Gesellschaftsschichten würden motiviert, sich beruflich zu engagieren und sich um höhere Qualifikationen zu bemühen, die ihnen bessere Positionen im Berufsleben ermöglichen.

## Politische Partizipation von Frauen

Laut Verfassung können Frauen genauso wie Männer politisch partizipieren, indem sie in einer Partei mitarbeiten und sich an den Wahlen beteiligen. Frühere Kriterien für politische Beteiligung waren unter anderem: politisches Interesse und politische Informiertheit, Häufigkeit der Teilnahme an politischen Diskussionen, Teilnahme an politischen Versammlungen, Wahlbeteiligung, Bereitschaft, einer Partei beizutreten, Mitgliedschaft in einer politischen Partei.

Die Ergebnisse der darauf basierenden Untersuchungen lauteten, daß die Frauen ein geringeres politisches Interesse aufwiesen, daß sie in geringerem Maße politisch partizipierten - kurz: daß Frauen eher unpolitisch seien. Eine Erklärung für die geringe politische Teilnahme von Frauen gibt Trude Dahlerup (1988), die vermutet, daß Frauen aufgrund ihrer Sozialisation nicht gewöhnt seien, objektive Interessen und Forderungen zu formulieren. Ich bin der Überzeugung, daß Frauen zu jeder Zeit indirekt partizipierten, sie nahmen und nehmen auch heute noch politisch auf andere Art teil als Männer.

In Europa begann mit den gesellschaftlichen Unruhen zu Ende der 60er Jahre (Studentenbewegung, Demonstrationen, Straßenaktionen, Unterschriftensammlungen und Sit-Ins) ein Umdenken der Frauen in Richtung aktiver politischer Teilnahme. Damit waren nicht nur neue politische Ziele und Interessenäußerungen verknüpft, sondern es entstand auch ein veränderter Partizipationsbegriff, der zwischen konventionellen Partizipationsformen wie Wahlen bzw. Parteiarbeit und unkonventionellen Formen wie Mitarbeit in Bürgerinitiativen, Teilnahme an Demonstrationen usw. unterscheidet.

Im Gegensatz zu Männern glauben Frauen seltener, über konventionelle Partizipationsformen wirklich politisch Einfluß nehmen zu können. Das bedeutet, daß Frauen eher parteien- und staatsverdrossen als politikverdrossen sind. Die Männerdomäne Politik verhindert, daß Frauen sich die geeigneten Voraussetzungen für ihr politisches Engagement aneignen können. Frauen hatten bislang wenig Chancen, die Formen der politischen Arbeit und die Definition politischer Probleme mitzubestimmen. Daher müssen sie, wenn sie sich in dem traditionellen Feld der Politik engagieren, dies nach Regeln tun, die sich eine männliche politische Elite selbst gegeben hat. Wenn Frauen sich von der traditionellen Politik fernhalten, so bedeutet das nicht, daß sie politisch desinteressiert oder unpolitisch sind.

Die Struktur unkonventioneller Organisation kommt den Bedürfnissen der Frauen entgegen: »Die politische Arbeit findet hier in überschaubaren Einheiten mit informellen Strukturen, geringerer Formalisierung und Hierarchisierung statt, wo über basisdemokratische Entscheidungsstrukturen die Chance zu unmittelbarer Einflußnahme besteht« (Sauer/Biester, 1994). Der Anteil der Frauen bei den Grünen ist deshalb relativ hoch, da die Partei als Ökologie- und Alternativbewegung begonnen hatte, also den weiblichen Bedürfnissen entgegen kam. Nicht nur die Themen in der Partei, unter denen Frauenpolitik einen wesentlichen Bereich darstellt, sondern auch die Parteistatuten, die in den Anfängen noch unmittelbare Mitbestimmung festschrieben, interessierten und interessieren Frauen.

»Zum anderen hat die kritische Diskussion innerhalb der Frauenbewegung gezeigt, daß das zugrundeliegende Politikkonzept männlich bestimmt ist und keinen Platz für ein anderes, weibliches Politikverständnis läßt. Demzufolge sei auch der gängige Begriff der politischen Partizipation, der den Frauen ein Defizit hinsichtlich ihres politischen Interesses und ihrer politischen Beteiligung bescheinigt, androzentrisch konzipiert (männlich/von Männern verfaßt, Anm. d. Autorin) und für das polititsche Verhalten von Frauen nicht angemessen.« (Mechthild Cordes, 1996)

## Repräsentation von Frauen im politischen System

Ein Vergleich des Frauenanteils bei den Bundestagsabgeordneten der Parteien unterstreicht die oben genannte These: CDU 14,3 %, FDP 17 %, SPD 33,7 %, PDS 43,3 % und Bündnis 90/DIE GRÜNEN 59,2 % (*Taz* 01.11.94).

Auch bei der Teilhabe an den Regierungsfunktionen sind Frauen immer noch benachteiligt und dies gleich in zweifacher Hinsicht: Der quantitative Anteil von Frauen in der Regierung ist gering, und meistens besetzen sie die machtferneren Positionen. Langsam aber ändert sich diese geschlechtsspezifische Ressortverteilung: von den typischen »Frauen-Ressorts« wie Senioren, Familie, Jugend, Frauen und Gesundheit bis hin zu reinen Männerdomänen wie Verteidigung oder Wirtschaft.

Frauen sind in erheblichem Maße unterepräsentiert, sowohl in Relation zu ihrer Mitgliederzahl in den Parteien als auch im Vergleich zu ihrem Anteil an der Bevölkerung.

Die geringe Repräsentation von Frauen im politisch-administrativen System ist immer noch das Ergebnis aktiver Verhinderungsstrategien. So werden beispielsweise Wahllisten in den Parteien undemoktratisch erstellt, und bei der Rekrutierung für politische Spitzenfunktionen werden Frauen erfolgreich ausgegrenzt. Im Zentrum dieser Strategie steht die Konkurrenz um Posten und Positionen, um Macht, Einfluß und Geld, und dabei sind Frauen als zusätzliche Konkurrentinnen nicht vorgesehen. »Die Knappheit der Positionen verschärft die Situation, da Positionen, die von Frauen besetzt werden, im Sinne eines Nullsummenspiels für Männer verloren sind« (Mechthild Cordes, 1996). Das bedeutet, daß Männer einen gewissen Anteil ihrer Macht (Positionen) an Frauen abgeben müssen.

Auch die Gewichtung im europäischen Raum fällt zugunsten der Männer aus. Obwohl Frauen in der Zahl der Wähler ein leichtes Übergewicht haben, stellen sie in 14 der 32 Länder des Europarates nicht einmal 10 % der Parlamentarier. (Die Angaben dieses Abschnittes enstammen einer Statistik des Europarates vom 24. Januar 1994.)

Schlußlichter der Aufstellung sind die Türkei (1,8 %), Malta (2,9 %) und Frankreich (3,1 %).

Abgesehen von Spanien (14,6 %) und Italien (12,8 %), die beide deutlich vor Großbritannien (6,3 %) und Frankreich (3,1 %) liegen, gibt es ein eindeutiges Nord-Süd-Gefälle.

Finnland, Norwegen und Schweden liegen nur knapp unter 40 %, und Dänemark weist noch 33 % auf. Dann folgen mit jeweils noch über 20 %: Island, Österreich und die Niederlande.

Deutschland, Luxemburg und die Schweiz liegen mit 13 bis 16 % in einer mittleren Position. Auch wenn diesen Zahlen unterschiedliche Wahlsysteme zugrunde liegen, die natürlich Auswirkungen auf die Ergebnisse haben, sind sie doch ein Spiegel der gesellschaftlichen Einstellungen. Auch der Europarat selbst setzt sich bis auf Ausnahmen (skandinavische Länder und Luxemburg) aus männlichen Delegierten zusammen.

Bemerkenswert ist weiterhin, daß die osteuropäischen Länder, die im Moment noch einen Gaststatus im Europarat haben, auch hauptsächlich von Männern vertreten werden (Ausnahmen: Kroatien und Rußland), obwohl zu sozialistischen Zeiten die Gleichheit von Mann und Frau zur Staatsdoktrin gehörte. Das markanteste Beispiel bildet wohl Albanien: Der Anteil der Frauen ist im Landesparlament von 28,8 % auf 3,6 % gesunken.

In den ehemaligen sozialistischen Ländern zeigt sich mit dem starken Rückgang der Frauen in den Landesparlamenten seit der Demokratisierung, daß diese Frauen nicht aus Überzeugung ihre Positionen besetzten, sondern weil es die Politik vorgab, daß die Hälfte der Abgeordneten Frauen sein sollten.

Weltweit läßt sich jedoch seit 1975, dem Jahr der ersten internationalen Weltfrauenkonferenz der Vereinten Nationen, eine bedeutende Zunahme politischer Vertretung durch Frauen feststellen. Zwischen 1975 und 1995 verdoppelte sich die Zahl der weiblichen Mitglieder von gesetzgebenden Versammlungen im entwickelten Westen; weltweit stieg ihr Anteil im Durchschnitt von 7,4 auf fast 11 %. Zwischen 1987 und 1995 verzeichnete die Repräsentation von Frauen in den entwickelten Ländern, Afrika und Lateinamerika eine drastische Steigerung. Von den 32 Frauen, die im 20. Jahrhundert die Position einer Präsidentin oder Premierministerin bekleideten, kamen 24 in den 90er Jahren an die Macht. 1987 hatten 5 % der Frauen das Amt einer Kongreßabgeordneten inne, inzwischen sind es 11,2 %; dies entspricht etwa einem Viertel ihres Anteils in den nordischen Staaten. 1987 gab es 93 Länder ohne weiblichen Minister auf der Erde, 1995 waren es nur noch 47 Länder, wobei in 10 Ländern der Frauenanteil an Ministerämtern 20 % überschritt – wenn auch hauptsächlich in typischen Frauenressorts.

Nationale gesetzgebende Körperschaften auf der ganzen Welt experimentieren inzwischen mit Quotenregelungen für Frauen. Nach dem letzten Wahlsieg der Labour Party im britischen Unterhaus verdoppelte sich aufgrund einer Quotenregelung die Anzahl der Frauen auf 18 %. In Argentinien betrug der Frauenanteil 1991 nur 4 %, während dieser 1993 auf über 16 % und 1995 auf 20 % stieg. In Brasilien, wo 1997 bei den Kongreßwahlen Quoten galten, erhöhte sich die Zahl der weiblichen Mitglieder der Legislative seit den letzten Wahlen um nahezu 40 %.

Quotenregelungen finden in Taiwan und bei einigen der politischen Parteien in Chile Anwendung; in Costa Rica, Ecuador, Paraguay, Südkorea und mehreren anderen Ländern wird ihre Einführung intensiv diskutiert. Nach der indischen Verfassung ist heute ein Drittel der Sitze in Kommunalverwaltungsgremien für Frauen zu reservieren; in Pakistan ist eine ähnliche Maßnahme im Gespräch.

Trotz der kontroversen Diskussionen der Quotenregelungen wurden diese populär, und zwar nicht nur, weil Frauen sich für sie stark machten, sondern weil – und das ist wichtig – immer mehr Männer zu der Überzeugung gelangten, daß Quoten in einem demokratischen Umfeld sinnvollen politischen Zielen dienen.

Wenn sich der Trend weltweit weiter fortsetzt, werden Quoten bald dazu führen, daß die politische Macht von Frauen einen entscheidenden Schritt nach vorn kommt. Schließlich geht es auch darum, Frauen als Wählerinnen zu gewinnen. Als Politikerinnen und Wählerinnen bietet sich den Frauen zukünftig damit die Gelegenheit, der Politik ihren Stempel aufzudrücken und die Bandbreite der politischen Alternativen zu erweitern.

## Weibliche Politik innerhalb männlicher Machtstrukturen

Die heutigen Strukturen sind unverändert männlich: Einerseits entspricht die Gestaltung der Politik nicht der Denkweise der Frauen, andererseits wurden den Frauen die Möglichkeiten zur Teilhabe lange Zeit verweigert.

Frauen in der Politik müssen sich zunächst mit den männlichen Strukturen auseinandersetzen. Männer empfinden auch heute noch

Frauen als störend bzw. nicht »passend« in der Politik, da die meisten von ihnen Frauen immer noch als geschlechtliche Wesen, als Objekte betrachten. »Ihr Aussehen, ihr Körper und ihre 'weiblichen Qualitäten' bleiben bewußt, müssen von ihnen selbst in ihrem Verhalten mitreflektiert werden und lassen sich von Männern in sexistischer Absicht betonen oder in Zweifel ziehen.« (Mechthild Cordes, 1996)

Die männlichen Machstrukturen wirken sich sehr hinderlich auf die Integration von Frauen aus. Weder der zeitliche Ablauf, noch das Verhalten der Politiker untereinander, noch der Politik-Stil mit seiner Abstraktheit und Emotionslosigkeit kommt den Frauen zugute. Die Männer zeigen jedoch dafür kein Interesse. Sie werden ihre Strukturen nicht zugunsten von Frauen ändern.

Wie sähe jedoch eine weiblichere Politik aus? Während Politiker eher am Ziel und an der Sache interessiert sind, so arbeiten Frauen eher prozeß- und personenorientiert. Frauen würden im Gegensatz zu Männern zugunsten eines zufriedenstellenden Ergebnisses auch einen längeren Prozeßablauf in Kauf nehmen. Hierarchische Strukturen und Ressortgrenzen interessieren Frauen nur wenig, während ein männlicher Politiker kaum die Grenzen seines Ressorts übertreten würde. Cordes: »Männern geht es in der Politik um Karriere, Frauen um Kompetenz und politische Veränderung.«

Petra Roth, die Frankfurter Oberbürgermeisterin, berichtet von ihren Erfahrungen mit Frauen in der Politik: »Wenn wir im Landtag mit den Grünen-, SPD-, CDU-, und FDP-Frauen zusammensitzen, sind die Erfahrungen mit den Männern in den Parteien oft die gleichen: Sie tun sich schwer, mit uns umzugehen, weil wir anders auftreten, und es geht ihnen oft weniger um die Sache als um die Taktik«. (*Stern* Nr. 23, 1997)

Aus Untersuchungen geht hervor, daß einer der beständigsten Unterschiede zwischen den Geschlechtern die Einstellung zu Krieg und Frieden betrifft: Frauen sind pazifistischer als Männer, weniger geneigt, Geld für Verteidigung auszugeben oder Aggressionspolitik im Ausland zu unterstützen. Vor kurzem mit weiblichen Staatsoberhäuptern geführte Interviews zeigen, daß diese glauben, mehr dem Frieden verpflichtet zu sein als ihre männlichen Kollegen.

Eine Entwicklung unter den weiblichen Spitzenpolitikerinnen ist zu beobachten: Hatten eine Golda Meir oder Margaret Thatcher nicht vor Gewalt gescheut, um ihre Ziele durchzusetzen, so mögen Politikerinnen der 90er Jahre, wie die frühere norwegische Ministerpräsidentin Gro Harlem Brundtland oder die bisherige irische Präsidentin Mary Robinson, die »weichen« Strategien unterstützen.

Diese Ausführungen zeigen, daß wir Frauen klare Vorstellungen unserer Interessen und Bedürfnisse entwickeln, formulieren und entsprechende Maßnahmen ergreifen müssen, um den Anstoß für Veränderungen der bestehenden politischen Strukturen zu geben und damit einen »weiblichen« Einfluß auf die Gesellschaft zu nehmen.

## Sinn oder Unsinn einer Frauenpartei

Warum haben wir Frauen angesichts des Bedarfs nicht längst eine Partei gegründet, um unsere Interessen politisch zu vertreten?

Zu Beginn der Weimarer Republik wurde anläßlich der Wahlen von 1919 und 1923 die Idee einer Frauenpartei diskutiert, die über alle Interessensunterschiede der zu der Zeit bestehenden einzelnen Frauenvereine hinaus das gemeinsame Interesse aller Frauen vertreten sollte. Das Engagement war groß, aber über die inhaltlichen Aspekte konnten sich die Frauen nicht einigen.

Trotzdem wurde das Experiment einer Frauenpartei in späterer Zeit immer wieder unternommen, leider nur mit geringem Erfolg. Seit Anfang 1980 existiert in Deutschland eine Frauenpartei, die ihr Programm vor allem auf die Themen Frauenpolitik, Umweltschutz und Pazifismus ausgerichtet hat. Sie trat erstmals 1982 in Niedersachsen zur Landtagswahl an, konnte aber nur 589 Stimmen erreichen.

Im Juni 1995 wurde die bundesweite Frauenpartei »Feministische Partei. Die Frauen« gegründet. Es wird eine Teilnahme an der nächsten Bundestagswahl 1998 erwogen. Die Parteisatzung sieht vor, auch Männer aufzunehmen, da nach dem deutschen Parteiengesetz eine Partei niemanden von der Mitgliedschaft ausschließen darf. Die Forderungen der Partei: politische Macht für Frauen entsprechend ihres Bevölkerungsanteils, Abschaffung des §218 StGB, alleiniges Sorgerecht der Mütter für ihre Kinder, autonome Frauenhäuser in ganz Deutschland und rechtliche Gleichstellung außerehelicher und gleichgeschlechtlicher Lebensgemeinschaften. Die Partei vertritt die Auffassung, daß alle bestehenden Parteien von Männern dominiert werden und Frauen dort nur dann Chancen haben, wenn sie sich den Interessen von Männern unterordnen. Die Frauen dieser Partei wollen mehr politische Macht für Frauen. Nicht nur, weil das ein Gebot von Demokratie und Gerechtigkeit ist – schließlich sind Frauen die Mehrheit – sondern auch, weil sie der festen Überzeugung sind, daß die bestehende Gesellschaftsordnung, das heißt Staat, Produktion, Reproduktion und die Verteilung aller Güter, aus der Sicht der Frauen neugestaltet werden muß.

Die »Feministische Partei« ist eine sogenannte »Ein-Punkt-Partei« mit ausschließlich frauenpolitischen Forderungen als Parteiprogramm. Eine solche Partei wird neben den herkömmlichen Parteien wenig Aussicht auf Erfolg haben, da das Thema »Gleichberechtigung« als Zentrum von Frauenpolitik schon von den etablierten Parteien, insbesondere von den Grünen, vertreten wird.

Auch wenn diese Fakten derzeit gegen die Etablierung einer reinen Frauenpartei sprechen, und es scheint, daß diese sich neben den anderen Parteien nicht durchsetzen könnte, denke ich, daß die Motivation von Frauen, die allein durch eine Diskussion zu diesem Thema geschaffen wird, nicht unbeachtet bleiben darf. Denn erst wenn Frauen ihre Forderungen bzw. ihre Unzufriedenheit äußern, wird eine Öffentlichkeit geschaffen, die die Grundlage für Veränderungen sein könnte. Gerade das Beispiel der Gründung der Grünen zeigt uns, daß es möglich ist. Heute ist die Partei bereits in mehreren Bundesländern Koalitionen eingegangen, und sie ist bestrebt, die Bundestagswahlen zu gewinnen.

Unser langfristiges Ziel muß es sein, in allen Bereichen der Politik aktiv mitzubestimmen. Frauen müssen erkennen lernen, was an der »großen« Politik (z. B. Innenpolitik, Verteidigung, Justiz, Wirtschaft und Verkehrspolitik) ihre Interessen berührt bzw. berühren kann. Wir müssen weibliche politische Konzepte für alle gesellschaftlichen Bereiche entwickeln, damit die Bedürfnisse und Interessen aller Gesellschaftsgruppen befriedigt werden können.

## Aufbau informeller Strukturen

Für die Lösung frauenpolitischer Probleme und die Durchsetzung von Frauenforderungen ist daher die Zusammenarbeit und Loyalität von Frauen im allgemeinen, aber auch über Organisations- und Fraktionsgrenzen hinweg, notwendig. Als ein Beispiel für die Zusammenarbeit von Frauen über Ressort- und Fraktionsgrenzen hinweg kann der Aufbau von Netzwerken und informellen Strukturen bei den Senatorinnen der rot-grünen Koalition in Berlin gelten: Die Senatorinnen treffen sich vor jeder Senatssitzung zu einem gemeinsamen »Hexenfrühstück«, um so einen Weg der Kommunikation zu schaffen, der nicht im Tagesplan der Politik vorgesehen ist. Auf diese Art wurde ein Netz zugunsten der Interessen von Frauen gesponnen.

Der Ausbau der Solidarität unter Frauen und der Aufbau weiterer Netzwerke, und das nicht nur in der Politik, ist von zentraler Bedeutung. Mit solchen umfassenden Netzwerken können die unterschiedlichsten Strategien gezielt zur Frauenförderung eingesetzt werden (siehe »Frauennetzwerke«).

## Solidarität mit ausländischen Frauen

Wenn wir noch einen Schritt weiter in diese Richtung gehen, müssen wir erkennen, daß wir bezüglich der Solidarität mit Frauen aus anderen Ländern bei uns noch eine Menge lernen müssen. Die feministische Theorie hat bisher argumentiert, daß Frauen wie auch Männer sich über die Staatsgrenzen und die eigene Kultur definieren. Frauen, die einer Minderheit angehören, müssen sich gegenüber einheimischen Frauen ihre Rechte teilweise mit den gleichen Argumenten erkämpfen, die die Feministinnen hierzulande im Kampf mit den Männern benutzen. Die Frauen in den Industrieländern distanzieren sich von Migrantinnen, Flüchtlingen und Asylsuchenden, weil sie sich nicht mit dem Geschlecht identifizieren, sondern mit einer Nation. Von den Migrantinnen wird erwartet, daß sie sich entweder an die Kultur des Gastlandes anpassen oder aber sich national als Angehörige einer fremden Kultur definieren, nicht aber, daß sie sich in ihrem Gastland emanzipieren. In der Rolle der anderen, Fremden werden sie dann entweder als Bedrohung wahrgenommen, oder sie werden zu Opfern gemacht, denen man helfen oder die man mit sozialarbeiterischem Engagement betreuen muß. Damit begeben sich einheimische Frauen gegenüber Migrantinnen sozusagen in die Postion der einheimischen Männer und spielen selbst ein Machtspiel als Helferinnen, Besserwisserinnen und Projektleiterinnen. Stattdessen sollten wir Frauen uns für eine eigenständige Aufenthaltserlaubnis, die Anerkennng frauenspezifischer Fluchtgründe, eine spezifische Arbeitserlaubnis, Bürgerrechte und schließlich auch für eine Quote für nicht einheimische Frauen einsetzen.

Die Situation der Solidarität mit ausländischen Frauen bei uns ist eng verbunden mit der Entwicklung des Feminismus in unserer Region und unserem politischen System. Die Art des Kampfes gegen Ungleichheit und Unterdrückung läßt sich nicht auf die Frauen aller Gesellschaften übertragen. Mechthild Cordes bringt hier das Beispiel von der Kooperation mit den Männern. Der Separatismus, wie ihn viele der Feministinnen bei uns anstreben, ist für viele andere Frauen nicht nachzuvollziehen. In vielen Ländern der Erde sind Männer genauso unterdrückt wie Frauen. Den Frauen der nördlichen Erdhalbkugel geht es um Themen wie Selbstbestimmung, Chancengleichheit und sexuelle Belästigung, während die Frauen in der sogenannten »Dritten Welt« gegen Armut, Unterentwicklung und für nationale und soziale Befreiung kämpfen müssen. Diese unterschiedlichen Schwerpunkte lassen sich auf die bestehenden Herrschaftsstrukturen im jeweiligen Land zurückführen. Wenn wir lediglich den Bereich der Gleichstellungspolitik erweitern, anstatt eine Veränderung unserer patriarchalischen Struktur zu erarbeiten, grenzen wir Frauen anderer Herkunft aus.

## Einseitige Sichtweise der Feministinnen

Feministische Erkenntnisse, die in einem ganz spezifischen Kontext, nämlich der weißen patriarchalen Industriegesellschaft, entwickelt wurden, erheben den Anspruch von Allgemeingültigkeit. Die von dem weißen Feminismus beanspruchte Vormachtstellung im Rahmen der internationalen Frauenbewegung ist schon früh auf Widerstand gestoßen. Deren Forderungen nach Kampf gegen alle Formen von Ungleichheit und Unterdrückung läßt die weiße Frauenbewegung unpolitisch und borniert wirken.

Christa Wichterich beschreibt die inhaltlichen Differenzen, die auf dem Weltfrauenkongreß 1975 in Mexiko aufbrachen, wie folgt:

»Frauen aus den Ländern des Westens sagten dem Mangel an Selbstbestimmung und Chancengleichheit sowie sexueller Unterdrückung ihren Kampf an. Für Frauen aus der Dritten Welt hatte dagegen der Kampf gegen Armut und 'Unterentwicklung', für nationale und soziale Befreiung Priorität. Während Nord-Frauen für eine autonome Organisierung unter Ausschluß von Männern plädierten, glaubten Süd-Frauen, ihre Probleme nur gemeinsam mit ihren Männern lösen zu können. Ebenso ratlos wie ignorant reagierten Nord-Frauen, als sie damit konfrontiert wurden, daß Süd-Frauen über die 'Vereinbarkeit von Familie und Beruf' und Chancengleichheit der Karriere nur müde lächeln konnten, daß es ihnen statt dessen zuallererst darum ging, daß ihre Töchter lesen und schreiben lernen und sie nicht zu weit zur nächsten Wasserstelle zu laufen haben. Eine Lateinamerikanerin sagte: 'Wir Frauen der Dritten Welt möchten erst einmal das Ziel erreichen, solche Nöte wie unsere Schwestern in den Industrieländern haben zu können.'«

Die angesprochenen Differenzen müssen im internationalen Kontext ausgeräumt werden. Es müßte eine Zusammenarbeit und Solidarität mit allen Frauen auf der Welt erreicht werden. Die derzeitigen Möglichkeiten, international zu arbeiten, sind noch gering; die Weltfrauenkonferenzen und die parallel dazu verlaufenden NGO-Foren (Nicht-Regierungs-Organisationen) bilden Ansatzmöglichkeiten.

1975, im Jahr der Frau, bildete die Weltfrauenkonferenz in Mexiko den Beginn dieser Zusammenkünfte, es folgten weitere Konferenzen 1980 in Kopenhagen, 1985 in Nairobi und 1996 in Peking.

Auf der ersten Konferenz wurde noch der Versuch gemacht, ein Integrationsprogramm zu entwickeln, also eine Anpassung an die von Männern geschaffenen Strukturen. Dem wurde dann aber das Konzept des *Empowerment* entgegengesetzt: Dies bedeutete einen Machtzuwachs für die Frauen. Der weitere Weg war die Vernetzung der nationalen Frauenbewegungen, und das Ziel lautete: »... eine globale, nationale und geschlechtliche Umverteilung von Entscheidungs- und Verfügungsmacht über Ressourcen (...), eine gesellschaftliche Transformation von unten.« (Christa Witterich 1995)

*Empowerment of Women* ist mit einer Umgestaltung der Welt im internationalen Maßstab und vor allem mit der Notwendigkeit einer Veränderung der Bedingungen von Frauenarbeit und der Beteiligung an den Produkten ihrer Arbeit verbunden. Grundlegende Veränderungen wird es im politisch-ökonomischen Bereich geben, die weltwirtschaftlichen Produktions- und Handelsstrukturen werden sich ebenso wie die internationalen Finanzstrategien sowie die zugrundeliegenden Wachstums- und Konsummodelle erheblich verändern.

*Empowerment of Women* führt weg von Verschwendung und Wachstumsfetischismus und hin zu sozialer Verantwortlichkeit und Gerechtigkeit, zu Selbstbestimmungsrechten für alle Menschen und einer demokratischen Verantwortung für die Entwicklung, Erhaltung und Entfaltung aller Lebensformen.

Für Frauen sind in diesem Kontext auch und vor allem die Themen Gesundheit und die Verwirklichung der Menschenrechte von zentraler Bedeutung. Sie sind zugleich eng verbunden mit dem Problem der Überbevölkerung, das nicht durch isolierte und zumeist frauenfeindliche Strategien zu lösen ist, sondern eher durch den verbesserten Zugang von Frauen zu Bildung und menschenwürdigen Lebensbedingungen. Carol Bellamy, die Direktorin des Kinderhilfswerks UNICEF, sagt dazu in einem Interview: »Geburtenplanung kann nie zwangsweise funktionieren, sondern nur dann, wenn es Frauen und Kindern besser geht, wirtschaftlich und sozial. Mädchen, die länger die Schule besuchen, bekommen weniger Kinder; nur die Pille zu verteilen oder Abtreibungen zuzulassen nützt nichts.« (*Süddeutsche Zeitung*, 28.8.1995)

Diese formulierten Ziele gehen natürlich weit über die Forderungen einer Gleichstellungspolitik hinaus. »Frauenbefreiung« ist nur möglich, wenn die feministischen Ideen und Forderungen der Frauen in verschiedenen Ländern in Zusammenhang gebracht werden.

Angesichts der vielfältigen Themen in der internationalen Frauenbewegung kann es einen »einseitigen« Feminismus, also eine begrenzte Gleichstellungspolitik nicht geben, sondern nur einen pluralistischen Feminismus. Daraus ergibt sich, daß der westliche Feminismus keinen Führungsanspruch in der internationalen Frauenbewegung erheben kann.

»Frauenbefreiung« ist nur in der Zusammenarbeit aller Frauen möglich. Ohne daß wir die anderen Frauen dieser Welt miteinbeziehen, bleibt unsere angestrebte Gleichstellung fruchtlos. Wir müssen uns um Bündnisfähigkeit bemühen, wir müssen die Unterschiede anerkennen und vor allem einen verantwortlichen Umgang mit unseren Privilegien als Angehörige der westlichen Kultur lernen. Diesen Vorsprung müssen wir nutzen, um unsere Ziele international durchzusetzen. Voraussetzung ist, daß die Zusammenhänge zwischen Rassismus, ökonomischer Ausbeutung und Sexismus klar erkannt werden.

Eine grenzüberschreitende Gleichheit von Männern und Frauen erfordert den Kampf gegen Unterdrückung vielfältigster Art im System der internationalen, patriarchalen, rassistischen und sexistischen Arbeitsteilung. Unser Ziel ist die umfassende soziale Gerechtigkeit und Selbstbestimmung aller Frauen der Erde.

Um sich größere Lebenschancen und -rechte zu erschließen, brauchen Frauen mehr Verhandlungsmacht gegenüber den Männern. Voraussetzung ist mehr Entscheidungs- und Gestaltungsfreiheit in der Gesellschaft. Die dazu notwendige Kraft, das *Empowerment* kann uns keine UN-Konferenz verschaffen. Wir Frauen müssen uns selbst ermächtigen, damit aus Frauenpower endlich Macht wird: Macht, um die Weichen der Entwicklung umzustellen.

## Ausklang

Oh Leben, wenn du schön und süß dich gibst, welch gefällige Leckereien und welch lebensspendende Trunkenheit hältst du dann für uns bereit! Wenn du aber dein Gesicht von den Menschen abwendest, wie unerträglich und peinigend wirst du dann!

Oh wahre Freude, oh Rausch der Jugend, oh Leidenschaft der Hoffnung, welch Verwirrung erzeugst du in den Herzen, und wie süß und erstrebenswert machst du das Leben!

Oh trügerische Zukunft, wenn man dich aus dem Leben entfernt, was wird dann noch bleiben?

Lebet in Fröhlichkeit, ihr hoffnungsvollen jungen Menschen! Lebet ewig, ihr Mädchen und Jungen, die ihr in eurem Herzen noch die nicht voll erblühte Knospe der Hoffnung tragt und noch nicht die ganze leidvolle Wahrheit des Lebens in seiner vollen Größe erkannt habt!

Oh, wenn doch das Unglück und die Hoffnungslosigkeit aus der Welt verschwinden würden und statt dessen Zweifel und Ratlosigkeit erschienen, denn im Protest liegt noch immer der Glanz der Hoffnung, und er läßt ein Glühen im Körper entstehen; aber Unglück und Hoffnungslosigkeit sind tödliche Pfeile, die unerwartet das Herz des Menschen durchbohren und es zum Stillstand bringen.

Ich habe zum ersten Mal diese Wahrheit erkannt: Wenn die Liebe, das Mitgefühl, die Freundschaft und Zärtlichkeit aus der Welt verschwinden, lohnt es sich nicht mehr, am Leben zu bleiben.

Mögest du ewig sein, oh Liebe! Gepriesen seist du, oh Liebe, denn wenn du dich in einem Haus niederläßt, wirst du wie ein warmer Ofen dem Körper wohlige Wärme schenken und den Menschen auf die größten Wunder vorbereiten.

*Human Pourkian*

## Literaturverzeichnis

Baluti, Elena Giannini, *Jungen werden in die Erste Welt hineingeboren und Mädchen in die Dritte Welt*, London 1984

Beauvoir, Simone de, *Das andere Geschlecht*, Paris 1949

Beklin, Eron A., *Feminin, Maskulin, Neutrum*, London 1974

Bernal, John Desmond, *Wissenschaft in der Geschichte, 1. Band*, Reinbek 1970

Bischoff, Sonja, *Frauen zwischen Macht und Mann*, Reinbek 1990

Carrel, Alexis, *Der Mensch, das unbekannte Wesen*, Stuttgart 1955

Childe, Vere Gordon, *What happen in history*, New York 1942

Cordes, Mechthild, *Frauenpolitik*, Opladen 1996

Deutsch, Helen, *The psychology of Women*, New York 1945

Diakov, Vladimir, *Geschichte der Alten Welt*, London 1951

Durant, William James, *Geschichte der Zivilisation, das Zeitalter des Glaubens*, New York 1968

Durant, William James, *Genuß an der Philosophie*, New York 1969

Erhard, Ute, *Gute Mädchen kommen in den Himmel, böse Mädchen überall hin*, Frankfurt a. M. 1997

Ewart, Andrew, *The World´s wickedest woman*, London 1961

Farhat, *Freiheit oder Sklaverei der Frau*, Teheran 1952

Goleman, Daniel, *EQ Emotionale Intelligenz*, München 1995

Hays, H. R., *From Ape to Angel*, New York 1958

Hervé, Steinmann, *Das Weiberlexikon*, Köln 1995

Kline, Nancy, *Frauen an die Macht*, Düsseldorf 1994

Leicht-Scholten, Carmen, *Auf dem Weg zum Ziel?*, Pfaffenweiler 1997

Linton, Ralf, *Der Gang der Zivilisation*, New York 1950

Mac Gregor Burns, James, *Roosevelt: The Lion and the Fox*, New York 1956

Malinowski, Bronislav, *Das Geschlechtsleben der Wilden in Nordwest-Melanesien*, Leipzig & Zürich 1930

Martin, Hernan San, *Patriarchat*, Chile 1978

Mandel, Ernest, *Das Erscheinungsbild der Wirtschaft auf dem Weg der Vervollkommnung der Gesellschaft, 1. Heft*, London 1952

Navabbachsch, A., *Die Frau im Laufe der Geschichte*, Teheran 1963

Nixon, Richard, *Leaders*, London 1982

Oltmanns, Reimar, *Frauen an der Macht: Marie Schlei, Renate Schmidt, Irmgard Adam-Schwaetzer, Rita Süssmuth, Antje Vollmer; Protokolle einer Aufbruchsära/von Reimann Oltmanns aufgezeichnet*, Frankfurt a. M. 1990

Palmer, Alan, *Modern History*, London 1984

Pilz, Peter, *Forschende Frauen, Frauen verändern die Naturwissenschaft*, Mösingen-Talheim 1995

Polm, Denis, *Die Zivilisationen Afrikas*, London 1968

Popcorn, Faith, *Clicking – Der neue Popcorn Report*, München 1996

Parivar, Ali, *Die Kunst eine Frau zu sein*, Teheran 1975

Ranjbar-Irani, Nassrin,*Verbrannte Gerüche*, Hildesheim 1995

Rentchnick, Pièrre, *Ces Malades qui font l'Histoire*, Paris 1983

Roberts, J. M., *History of the world*, London 1976

Russel, Bertrand, *Moral und Ehe*, London 1951

Sahebzamani, Naser ud-din, *Die Seele der Menschen*, Teheran 1972

Salentin, Ursula, *Ich bleibe Rita Süssmuth*, Freiburg im Breisgau 1993

Schwarz, Oswald, *The Psychology of Sex*, Harmondsworth 1949

Tolu'i, Mahmud, *Die Frau auf dem Herrscherthron*, London 1990

Wait, Ann Terry, *Die ersten Menschen*, New York 1992

Wenimkov, Egbern, *Die Grundlagen der Soziologie*, London 1967

Wichterich, *Christa, Frauen der Welt – vom Fortschritt der Ungleicheit*, Göttingen 1995

Wolf, Hans-Jürgen, *Hexenwahn – Hexen in Geschichte und Gegenwart*, Bindlach 1994

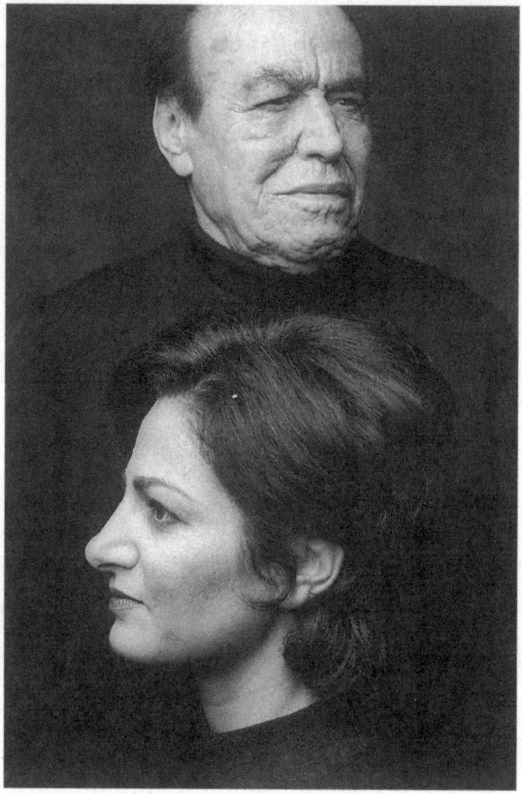

## Zu den Autoren

*Human Pourkian* wurde in Meshhad, Iran, als Sohn eines liberalen und hochgebildeten Ayatollahs und einer wohlhabenden Kaufmannstochter aus Aserbeidschan geboren und ist heute 81 Jahre alt. Nach dem Tod seines Vaters übernahm er als ältester Sohn dessen Notariat. Später zog er mit seiner Mutter und seinen fünf Geschwistern nach Teheran. Abgeschlossenes Studium der iranischen Naturheilkunde sowie der persischen Literatur und Geschichte; Autor bei der Zeitschrift *Karriere* in Teheran; Entwicklung verschiedener Medikamente auf Naturheilkundebasis und deren Patentierung in Deutschland im Jahre 1973.

Human Pourkian ist verheiratet und hat zwei Töchter und drei Söhne. 1973 Einreise in die Bundesrepublik Deutschland, wo zu der Zeit sein ältester Sohn promovierte. Seine Frau und drei seiner Kinder folgten 1975. Seit 1973 lebt er in Deutschland und in den USA, wo seine älteste Tochter lebt und wohin er sich zurückgezogen hat, um zu schreiben. Er hat verschiedene Romane, Sachbücher, wissenschaftliche Beiträge sowie diverse Zeitungsartikel in persischer Sprache veröffentlicht. Bekannt wurde er durch *Ernst Pron*, sein 1979 erschienenes kritisches Buch über den Schah, das ein Bestseller wurde.

Der Autor hat sich in seinen Publikationen mit den verschiedensten Themen aus Geschichte und Wissenschaft sowie mit internationalen Fragen der Wirtschaft und Politik befaßt. Sein Hauptinteresse gilt jedoch nach wie vor den Menschen und dessen ungenutzten Potentialen. Daß der einzelne seine Fähigkeiten zum Wohle des Ganzen zur Entfaltung bringen möge, ist Wunsch und Hoffnung dieses zutiefst humanistischen Autors.

*Hourvash Pourkian*, die jüngste Tochter des Autors, wurde in Teheran geboren und ist 39 Jahre alt. 1975 Einreise nach Deutschland, wo sie nach dem Abitur eine Ausbildung als Außenhandelskauffrau absolvierte. Danach abgeschlossenes Studium der Betriebswirtschaftslehre in Hamburg. Belegte bei längeren Aufenthalten in London und den USA verschiedene Managementkurse, sammelte in Großunternehmen Praxiserfahrungen für das Berufsleben. Nach der Rückkehr in die Bundesrepublik begann sie ihre Berufstätigkeit als Junior Chef Assistentin in einem mittelständischen Textilunternehmen. Im Jahre 1988 gründete Hourvash Pourkian im Rahmen einer Existenzgründungsinitiative ihr eigenes Textilunternehmen. Seitdem produziert und vertreibt sie Textilien unter ihrem eigenen Markenlabel »Shamo« unter anderem auf ökologischer Basis. Durch ihre Produktion und ihr Engagement hat sie zahlreiche Menschen in der Dritten Welt unterstützt. Sie ist aktives Mitglied beim *BDS Bund der Selbständigen e. V.* und dem *FIM – Frauen im Management e. V.* Sie berät Frauen und ermutigt sie, ihre Zielsetzungen zu verwirklichen, sei es mehr Unabhängigkeit zu erlangen, sei es in obere Managementetagen zu gelangen oder sich selbständig zu machen.